與那覇潤 著

荒れ野の六十年

東アジア世界の歴史地政学

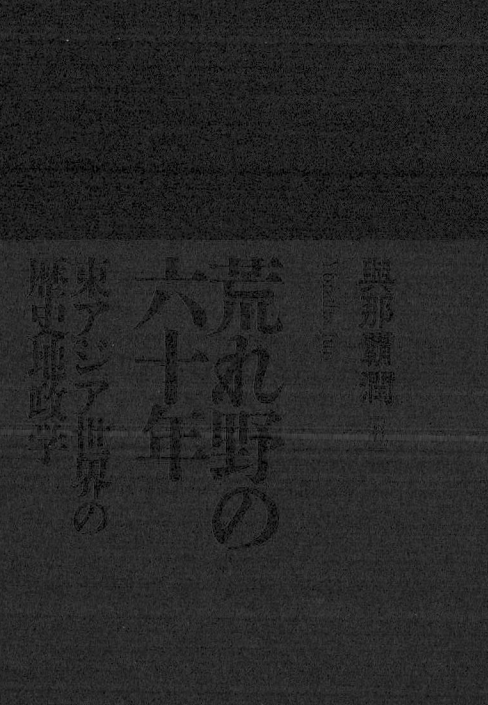

勉誠出版

まえがき――廃墟に棲む人のために

すべては無駄であった。

こう書くと『我が闘争』めいて物騒だが、しかし試みが灰燼に帰したことは否定しようがない。東アジアで共有できる歴史観を持つという、ポスト冷戦期に多くの学者たちが模索した理想は、敗れたのである。

そんな夢がそもそもあったのかと、おそらくいまの若い人びとは問うだろう。しかし政府による公的な事業にかぎっても、二〇〇二年からの日韓歴史共同研究、〇六年からは日中歴史共同研究があり〔波多野二〇一一：第九章〕、大学や民間で自発的に取りくまれた「東アジア」を冠するプロジェクトは数え切れない。

二十一世紀の初頭に人文系のアカデミズムに接した人であれば、あの浮き足立ったようなブームを覚えておられるかと思う。日韓・日中交流といえば自明のものとしてその価値が通用し、学生を相互に留学させる予算がおりて、じっさいに「意識の高い」面々が応募する。中韓の大学に勤める学者をパネリストに招けば、それだけで研究会やシンポジウムに箔がつき、狭義の学術研究をこえた「アクチュアル」な実践として自讃できる。そうした雰囲気のことである。

一九九七年に発足した「新しい歴史教科書をつくる会」のナショナリスティックな教科書は、二〇〇一年四月に検定を通過し、同月に発足した小泉純一郎政権は〇六年にいたるまで、「毎年」の首相の靖国神社参拝によって外交関係を揺るがした。しかしこの時代には眼前に歴史観の衝突があればこそ、かえってそれを克服する試みが称揚されるという弁証法が作動しており、けっして現実は「理想」をかき消すようには作用していなかった。小泉、およびその後継だった安倍晋三（第一次内閣）の政権が、先述のとおり政府の支援で歴史対話を進めた史実じたいが、それを物語る。

一九九三年に発足した欧州連合（EU）が九九年に共通通貨（ユーロ）を導入するなど、リージョナリズムの実験が世界的に注目されるなかで、東アジアや北東アジアを単位とした地域共同体の可能性を論ずるのもまた、当時の学識者の流行となっていた。古めかしい「東亜」の語を冠した学術書が一流の研究者の手で刊行され〔ex. 大沼編 二〇〇〇、原 二〇〇二〕、性急な地域統合の構想はかえって戦前の亡霊の再来をもたらすといった、いま思えばずいぶん壮大な杞憂（きゆう）が語られることすらあった〔米谷 二〇〇六：一八八〕。

わずか二十年、いや十年前においてすら、そうした空気は学界や論壇に充溢しており、国境を越えて共有可能な歴史のストーリーを描くという挑戦が、多様な人びとの手で試みられていた。――しかし、それらはいったい、なにを残したのだろう?

* * *

本書からちょうどほぼ十年前、二〇〇九年の十二月に刊行した博士論文（提出は〇七年の七月）で、私は以下のように記したことがある。

> 今日の同地域に生きる歴史研究者が、日本人は日本人にとって有利なように、中国人は中国人として耳に心地よいように、「台湾出兵」と「琉球処分」についてそれぞれ別個に独自の歴史観を信奉し続ければよいと唱えるだろうか。唱えた場合に支持を受けるだろうか。これに即座にイエスと答えられない人がいるということは、やはりこの地域でも西洋近代がもたらしたものを、一概には捨て去ってしまえないということを意味している。
> 〔與那覇二〇〇九：六四〕

もはや多くの国民は「即座にイエスと」答えるであろう。そして私自身、いまはもうそれを咎めようとは思わない。

歴史観の統一や同一化が、国境を越えてなされることは起きえないし、その必要もない。否、国内にかぎったとしても、妙に本気で「共通の歴史解釈」を国民に刷りこもうとする面妖な為政者が出てくるよりは、たんに歴史が放置され朽ちてゆくのを眺めている方がましである。

上記の文章を江湖に問うたころ、私が勤めていた大学で行っていた日本通史の講義は、まず二〇一一年に日本語の単行本となり〔與那覇 二〇一四〕、一三年の五月には広西師範大学出版社より中国語版が、同年七月にPaperroad Publishingから韓国語版が刊行された。地方大学のひとつの授業としては、それなりに野心的な挑戦ではあったと思う。もっともそれによって私が得たものは、きわめて少なかった。

日本語版はむろんのこと、中韓二か国語版のテキストも、見本が届きしだい大学の図書館に配架をお願いした。当時、中国・韓国からの留学生は日本の地方の無名大学にもつねに一定数いたので、彼らの勉学が過度の負担にならないよう、母語でも読めるかたちで教科書を提供して授業を開くのは、私のささやかな夢であった。しかしそうした構想を、実現する機会は来なかった。

いま思えばこの国の国力の低下につれて、欧米ではなく日本を留学先に選ぶアジア出身者のレベルも下がっていくのは、自然な流れであった。学内では授業の進行に問題を来す例も生じ、学外では大学出版会から刊行された博士論文が盗用だったという事件まで起きたのをみて、私は当時から留学生について「量ではなく質の確保を」と警鐘を鳴らしていたが、学科の同僚で耳を貸す者は文字どおりゼロであった。中韓の学生を出席させれば、ナショナリズムに抗して「歴史対話」を実践しているといった自慰的な神話に耽溺し、年々ハードルを下げては適性のない学生を入学させていた〔與那覇 二〇一八b：一〇一〕。

学習意欲に乏しく、日本語では日常会話もあやしいそうした留学生に「私の授業は母語でも教科書が読めます」などと売り込むのは、教育機関の自殺だろう。ある一名の、絶対にこれ以上「日本の大学」の価値を安売りしてはならないと思わせる中国人学生の登場によって、私は「三か国語での教科書を用いての日本通史」を教えることを断念し、直後に病気をして教壇を去った〔與那覇 二〇一八a〕。そのころにはすでに、留学生の卒論審査に際して代筆の疑惑が口にされ、しかし確証がないので学位を出しますといった会話が、学科の正式の会議で平然と行われる状況になっていた。

私にとって、博士論文を書き上げてから歴史研究の現場を離れるまでの七年間は、結局のところなんだったのだろう？　挑戦ゆえの挫折だった、などと自己賛美をしようとは思わない。それは本質的に徒労であり、敗北であった。

＊　＊　＊

それでも人生はつづく。

病気の後遺症が残るなかで、以前のように最新の研究書を読みとばすわけにはいきにくい。しかしその分、学問にこだわらず自分にとってほんとうに大事な本を、以前に接した地点に戻りながら繰りかえし読むことが多くなった。いわば私は歴史を喪ったかわりにはじめて、自分にとっての「古典」を持つことができたように思う。

そのなかでもっとも大切な一冊に、米国のSF作家ジョン・ヴァーリイの中編「残像」がある。初出は一九七八年。アメリカ西海岸のフラワー・ムーブメントやヒッピー・コミューンの実験が、過去のものになりつつあった時代の作品だ。

わたしは戦争というものを、まさに人が他のものたちとともに生きる一つの生活様式と考えているのだ。きみはまったく誤解しようもない言葉でもって、自分の意志を他の人々に押しつけ、その結果、相手は降参するか死ぬかきみの頭をふっとばすか三つに一つしか生き方がなくなり、このようにして、きみたちは戦争を生きるのだ。

これが、なんらかの解決になるとしても、わたしはむしろ、いっさい解決なしで生きたいと希望する。政治だって、たいして変わりはない。これの唯一のとり柄は、ときたま暴力の代用に言葉が使えるというにすぎない。〔Varley 一九八〇：四八〇〕

病気のあとに再読してこの一節を発見したとき、戦慄とともにあるなつかしさを覚えた。ここで書かれていることは、まさしく私の博十論文の主題そのものである。なんのことはない、学界の潮流に流され東アジアのなかでの日本の近代史を探究して、たどり着いたのは畢竟（ひっきょう）、高校生のときに衝撃をうけた私にとっての古典とおなじ場所だったのだ。

「残像」は、ある廃墟の物語ともいえる。あきらかに現実の米国におけるコミューン運動の蹉跌を背景として、作中世界では視覚と聴覚に恵まれなかった男女からなる城塞のなかの共同体が描かれる。「健常者」の語り手（わたし）が、そこで過ごした体験をふり返るかたちで物語は進み、幸福とも不幸ともつかない境地に到達する終幕が待っている。

――そうか。廃墟に棲むことを選ぶ人がいてもいいのだ。

東アジアで共有される歴史という棲（す）み家は、いまや訪れる人もなく荒れ果ててゆく。そもそも歴史を生きる、過去から未来へと続く長期間の時間軸をとって現在を位置づける営み自体が忘れ去られつつあるポストヒストリーの状況では〔cf. 大澤二〇一八：二一二―二一四〕、日本史という住居ですら存続するのか、あやしいかもわからない。がらんどうとなった遺跡と化して、かつてはそこで生きるという理想に情熱が注がれた場所が、ただ亡骸（なきがら）のように残りつづける。

社会の全員がそのように歴史を生きるべきだ、とする「主義」〔イズム〕は、いまやなりたたない。しかしながらそれは、趣味としてそこに暮らす道を妨げるものでもない。

歴史の進歩という考えかたを、最初に根底から疑った思想家は一九三〇年代のベンヤミンであろう。そもそも彼は一九二五年に提出した教授資格論文〔ただし撤回。批評として二八年に刊行〕でバロック文化の美学を論じ、「事物の世界において廃墟であるもの、それが、思考〔想念〕の世界におけるアレゴリーにほかならない。バロックが廃墟に傾倒するのはそのためである」と述べた。

> そこには擬（ぎ）古典趣味の追想をはるかに超えて、アクチュアルな様式感覚が貫かれている。瓦礫（がれき）のなかに毀（こわ）れて散らばっているものは、きわめて意味のある破片、断片である。それはバロックにおける創作の、最も高貴な素材である。……彼らが建てた記念碑たる廃墟には、土星の動物が棲んでいる。凋落により、そしてただひとえに凋落によってのみ、歴史上の出来事は収縮して舞台〔生起・出来事の現場〕のなかに入り込むのだ。
>
> 〔Benjamin 一九九九：五一、五二、五五〕

土星云々の比喩をのぞけば、魔術的な文体に反して伝えたいことは明晰だと思う。すべてが調和し、ひとつの有機的な世界観のもとで意味を与えられる存在としての歴史は、古典主義の崩壊とともに終わっている。それ以降を生きる人びとにできるのは、拾いあげた断片をただ、「これはあれと似ているのではないか」という感性によってつなぎあわせ（アレゴリー）、かろうじて打ち砕かれる前の歴史の秩序を思い返すことにすぎない。

たとえばいま、あたらしいファシズムが台頭しつつあるといった過去とのアレゴリーが口にされる。しかしそれはけっして、万人に受けいれられる世界像をつくりはしない。統一された歴史観を同時代の人びと全員に共有させるような、圧倒的な「時代の精神」が存在した二十世紀が遠ざかったいま、私たちが手にとれるのは引き裂かれ断片化された、「私には歴史がこう見える」という無数の語り口の山だけである。

歴史のうえに現在の社会を位置づけて生きようとする人は、じっさいにはもうだいぶ昔から、廃墟に棲んでいたのだった。そのように考えるときはじめて、二十一世紀の初頭にこの国の歴史学がこうむった巨大な喪失と凋落の体験は、意味ある再出発の場所へと変わるのだと思う。

＊　＊　＊

本書は私が歴史学者をしていたころに、拾い集めた瓦礫を積みあげた「東アジア史」のデッサンであり、いわば私なりの設計で巨大な廃墟の図面を引いてみたものだ。日中韓三か国の関係が激変していった、二〇一〇年に前後するほぼ十年の期間に書かれたものを集めている。それぞれが単独の論考として世に問われたものであるので、関心を惹く箇所から読んでいただくことができる。

あるひとりの学者がつくった廃墟にようこそ。自由に内部を散策していただいた結果、また訪れようかなと思ってくださる読者がいるなら、とても嬉しい。

【参照文献】

大澤聡 二〇一八 「全体性への想像力について」『教養主義のリハビリテーション』筑摩選書。
大沼保昭編著 二〇〇〇 『東亜の構想 21世紀東アジアの規範秩序を求めて』筑摩書房。
波多野澄雄 二〇一一 『国家と歴史 戦後日本の歴史問題』中公新書。
原洋之介 二〇〇二 『新東亜論』NTT出版。
與那覇潤 二〇〇九 『翻訳の政治学 近代東アジア世界の形成と日琉関係の変容』岩波書店。
與那覇潤 二〇一四 『中国化する日本 日中「文明の衝突」一千年史 増補版』文春文庫(原著二〇一一年)。
與那覇潤 二〇一八a 『知性は死なない 平成の鬱をこえて』文藝春秋。

與那覇潤 二〇一八b 「大学のなかでこれ以上続いてはならないこと」『現代思想』四六巻一五号。
米谷匡史 二〇〇六 「ポスト〈東アジア〉 新たな連帯の条件」孫歌・白永瑞・陳光興編『ポスト〈東アジア〉』作品社（初出二〇〇五年）。
Benjamin, Walter. 一九九九 『ドイツ悲劇の根源 下』浅井健二郎訳、ちくま学芸文庫（原著一九二八年）。
Varley, John. 一九八〇 「残像」冬川亘訳、ジョン・ヴァーリイ『残像』ハヤカワ文庫（初出一九七八年）。

目次

【凡例】

・本書には、おおむね二〇〇六年から二〇一四年にかけて執筆された文章を集めた。初出時の書誌については、執筆の背景とあわせて巻末の「あとがき」にまとめている。再録にあたっては当時の雰囲気を損なわないよう、本文の修正はなるべく控える方針とした。

・初出時の出典表記は多様なものが混在していたが、再録にあたり社会科学方式（ハーバード式）に統一した。そのため注記に関しては、かなり大きく初出の文章から動いている場合がある。なお、ほんらい文献レビュー的な性格で執筆された文章については原文にならい、紹介する書籍の書誌事項を本文中に直接記す形式のままとした。

・4章・6章・10章は文庫に寄せた解説文、補論のうち二つは学術誌に載せた書評が出典である。これらの章で本文中に記されている章数・頁数は、本書ではなく、論評の対象となっている書籍のものであることに注意されたい。

・史資料の引用が長文におよぶ際は、中途で適宜改行を施した。漢字・かなの表記は原則として原文に従ったが、一部通行の字体に改めた場合がある。

・学術論文と書評を中心とする本書の姉妹編として、同じ時期に一般向けの媒体に発表した対話や時評を集めた『歴史がおわるまえに』（亜紀書房、二〇一九年）がある。本書のテーマと共鳴するところの多い論考を収めているので、あわせて手にとってくだされば幸いである。

I　西洋化のとまった世界で——同時代への提言

1　三つの時代と「日中関係」の終わり

――今こそ読みなおす山本七平

東アジア各国におけるナショナリズムの高まりは、いよいよ抜き差しならない水準に近づいてきました。さすがに北朝鮮は容易に御しがたいとしても、本来、戦略的にはお互い提携できるはずの日中韓三国が、歴史認識のようなプライド・感情の問題でいがみあい、民意の離反を恐れて相互に妥協できないチキンゲームの様相を呈しています。

新興国で愛国主義が高まるのは世の常ではありますが、なぜ、国づくりの過程を終えて久しいはずの日本で、過激な排外主義や隣国への憎悪が沸き起こるのか。長短合わせて三つのタイムスパン、三種類の時代の「終焉」がいま、同時に訪れているという視点が必要だと思います。

まずは、東アジアで①冷戦体制が〝完全な〟終わりを迎えつつあること。ベルリンの壁が崩壊した一九八九年に終わったとされる冷戦ですが、「二つの朝鮮、二つの中国」という形で、東西対立の余波がこの地域には残り続けました。もちろん分裂国家の状況はいまも変わらないのですが、それを取り巻く国際環境が近年大きく動揺しています。

冷戦体制とは、一般の日本人が「中国の存在を忘れて暮らせた」、日本史上の例外期だったといえるでしょう。鉄ないし竹のカーテンの向こう側を無理に覗く必要はなく、共産圏対策として丸ごと同盟国たるアメリカに投げておけばよかった。しかし近年の中国の台頭と米国の衰弱は、この構図を終わらせてしまったのですね。日本人自身が、自前で中国のプレゼンスに向きあう必要が出てきました。

次にもう少し長く、明治維新以来の②「近代」の終わりという局面を考えねばなりません。すなわち、東アジアで「近代化＝西洋化」に成功したのは日本だけだというプライドが、中韓両国の経済発展によって揺るがされつつある。市場競争での余裕がなくなってきたからこそ、歴史問題でまで負けるのは癪だ、そういう気分があると思います。

さらに最も長期にわたる、③近世ないし「江戸時代」の終わりという観点が、特に日中関係を見る上では非常に重要です。一般には鎖国体制と呼ばれますが、朝鮮通信使やオランダ商館長の使節には江戸参府の機会があったのに対し、中国（清朝）とは国交もなく、長崎ないし琉球経由に限定された交易関係があるにすぎませんでした。その意味では、江戸時代は中国に対してこそ最も「鎖国」していたともいえるし、市井の庶民の視野から一見、中国が消えた時代としては、冷戦期の先駆とみることもできます。

1　「終わりのはじまり」を見抜いた山本七平

実は、この三つの時代の終わりはひそかに、一九七〇年代初頭に始まっていた――そう指摘したのが当時、イザヤ・ベンダサンの筆名で論壇に登場した山本七平だったと思います。七二年の日中国交回復を受けて、同年末から一年半にわたり『文藝春秋』で連載された『日本人と中国人』（現在は祥伝社刊）は、デビュー作『日本人とユダヤ人』（角川文庫）の二番煎じとみなされてか当時は単行本になりませんでしたが、いま読むと非常に示唆的です。

社会主義陣営内での中ソ対立が明確になり、七一年に米大統領ニクソン、翌年には田中角栄が競うかのように対中提携へ舵（かじ）を切る。つまり「第三極としての中国の台頭による、親米・反米の二極構造の融解」という意味では、冷戦はここで終わりはじめていたのですね。山本はそれが、日本人にとっては明治以降、ないし江戸以降の生き方の終焉にもつながりうることを、はっきりと認識していました。

なぜなら、山本は「大東亜戦争」の最大の後始末といえる日中国交回復を、連載中で「小東亜戦争」と呼ぶ豊臣秀吉の朝鮮出兵の戦後処理を経て生まれた、江戸時代のあり方と対照しているからです。正規の国交は結ばず、いわば対外的な正統性の問題は棚上げにして、とにかく交易だけは可能にした徳川幕府による対中関係の収拾を、山本は「エコノミック・アニマル方式」と呼

山本七平（提供：山本れい子）

んで、明らかに田中外交の原点として見ている。実際、日中戦争の戦後処理でもこの時、歴史問題に関しては「日本軍国主義有罪、日本人民無罪」で、あえて突き詰めすぎないことで手打ちをしたわけです。

その意味では朝鮮出兵の〝戦後レジーム〟だった江戸時代と同様、日中戦争後の戦後レジームたる田中派主導の自民党体制も非常に〝上手くやった〟とはいえる。しかし、その成功は永遠のものか。本当に今後も続くだろうか。「戦後レジームからの脱却」を唱える（非田中派の）総理大臣の出現を待つまでもなく、山本はそのことを問おうとして、江戸時代における儒教思想の流入に着目しました。八〇年代冒頭に『諸君！』に掲載されて代表作となる『現人神（あらひとがみ）の創作者たち』（ちくま文庫）のアウトラインは、時評として書かれたこの七〇年代初頭の連載で示されています。

2　「進歩的知識人の蹉跌」の原型は江戸の儒者に

なぜ江戸の儒学史をたどることが、戦後日本の歴史問題やナショナリズムの将来を予告しうるのでしょうか。徳川初期の日本のインテリ層は儒教思想を受容し、当初はその祖国である中国を大変持ち上げた。しかしそれが中途から転じて、むしろ日本を誇り中国を貶すための道具に変容していった。このパラドキシカルな展開に、山本はその後の日本でも繰り返される、あるパターンを見たのです。

すなわち、本来はあくまでもある思想にとっての〝理想形〟でしかないものを、海外では文字どおり実現している国があると思い込み、相手を勝手に、しかも過剰に持ち上げる。しかしやがてその国の実態が理想形とは程遠いと見るや、こんどは相手を過剰に貶め「もう、あんな国に用はない。わが日本こそが世界一だ」という自国礼賛に陥っていく――近い時期の小連載「日本教のバイブル」（現在は『日本教は日本を救えるか』さくら舎、に収録）により顕著に表れていますが、それこそが冷戦下の日本の知識人のあり方ではなかったか、と山本は批判します。

たとえば、ＧＨＱの中核すなわちアメリカを民主主義の教祖として崇め奉り、しかしベトナム戦争や黒人差別の問題に逢着すると、「米帝」ではなく平和憲法を持つ日本こそが〝真の民主主義〟だと言いはじめる。ソ連を労働者の祖国と讃美しながら、スターリン独裁を擁護しがたくなると、あれは〝真の社会主義〟ではない、むしろ毛沢東主席のアジアに期待だ、ということになる。その種の思考の原型が江戸時代、当初は中国にあるとされた〝真の中華〟は実は日本にあり、という形で始まったと考えるわけです。

幕末から戦前に猛威を振るった皇国史観は、「儒教による自国史の語りなおし」として生まれた、というのが山本の主張のエッセンスです。楠木正成を忠臣として最初に評価したのは、実は満洲族に祖国明朝を滅ぼされて日本に亡命していた、中国人儒学者の朱舜水。こうして徳川日本の朱子学受容が始まるのですが、しかし中国思想で考えれば理想の政体は皇帝独裁になるはずで、目下の江戸幕府も含めて、摂関政治から武家政治までのすべてが皇帝（天皇）を蔑ろにしてけしからん、ということになってしまう。皇国史観こそ究極の〝自虐史観〟だったわけですね（笑）。

そこで平田篤胤の国学が台頭したあたりから、元来は例外的な理想像だったはずの楠木正成こそが全日本人だと言い張り、逆に理想ではなく現実の中国をみれば「孔子という例外以外は、禽獣の国ではないか」と主張しはじめた。〝外国に仮託した理想で現実の日本を批判する〟進歩的知識人が反転して、〝自国のごく一部を過剰にフレームアップして理想化し、外国の現実を叩く〟存在になり果てた。

自国史からは美談、隣国からは醜聞ばかりを抜き出して溜飲を下げる書籍の目立つ昨今の書店は、そのさらなる劣化コピーでしょうか。購買層の心理にも「最後はわかってくれるはず」と一方的に期待していた隣国に裏切られたと、〝勝手に失望〟している側面があるように思います。

3　東アジアに存在するのは「士大夫のナショナリズム」

バッシング本や陰謀論、ヘイトスピーチなどの横行もあって、「いまこそ、それらとは異なる〝健全なナショナリズム〟が必要だ」という論調が高まっていますが、しかしそう叫ぶだけでは〝真の中華〟、〝真の民主主義〟の蹉跌と同じ繰り返しに終わるでしょう。むしろ、なぜ日本（ないし東アジア全般）のナショナリズムは、いびつな形に歪んでしまうのか。それこそが問われなければなりません。

その点で注目されるのは、文藝批評家の福嶋亮大氏が二〇一三年に話題となった『復興文化論』（青土社）の中で、やはり山本の着想を引きながら行っている問題提起です。私流に言いかえると江戸時代以来、日本人がナショナリズムだと思ってきたものは、じつは中国の「士大夫意識」のコピーに過ぎないのではないか、という提言です。

福嶋氏も連なる京都大学の中国研究の学統では、開祖の内藤湖南以来、中国史上の画期を宋朝の成立に置きます。宋朝は遼（契丹人）・金（女真族）など周辺異民族の侵入が相次ぎ、最後は元（モンゴル）に滅ぼされるわけですが、宮崎市定ら湖南の後継者たちは、これを東アジアにおける国民意識、民族主義の勃興として捉えていました。

これは、人民主権や議会制民主主義につながっていく近代ヨーロッパ風の〝国民意識（ナショナリズム)〟とは別物ではあるのですが、しかし目下の東アジア各国で台頭している感情のルーツとしては、むしろよくあてはまるのです。儒教的素養をみる試験（科挙）で選抜された宋朝の官僚＝士大夫にとって、異民族は野蛮人と同義であり、自国よりも遥かに格下の存在です。しかし、現にそちらに負けてしまい、時には王朝滅亡までいってしまう。

結果として生まれたのが「正しい思想に基づく〝美しい国〟が、道義をわきまえぬ外敵に踏みにじられる。そんな歴史が許されるのか」という、士大夫層に特有の悲憤慷慨（こうがい）調・現世否定的な感情の高ぶりであり、これが漢詩文などのテキストを通じて、徳川日本にも流入して皇国史観を作った。特に江戸時代の日本人の場合、自分たち自身は平和で、中国史書の講読というバーチャルな体験を通じてかような情緒に触れたため、より一層リアリズムとの乖離が激しくなったのではないか、と福嶋氏は指摘します。

士大夫意識は、やがて普通選挙を導いた西洋の国民意識とは異なり、強烈な選良主義、エリーティズムです。科挙に合格した〝意識の高い〟俺たちだからこそ、愚昧な衆庶と違って国家の〝真の危機〟がわかっているのだ、という態度になる。一般庶民が飯を食えるなら、歴史認識のひとつやふたつ譲ってもいいではないか、といった「戦後レジーム」は〝間違い〟だ、という次第にもなるわけです。

4　国家のリアリティが欠如した中国と日本

東アジアではしばしば、ナショナリズムが「国民全般を豊かにする思想」ではなく、（愛国者を称する）「一部の人の〝意識の高さ〟を満足させる思想」へと堕してしまう。おそらくその理由は、日本と中国がそれぞれ別個に、国家のリアリティを欠いた社会であることに由来します。

中国は伝統的に、とにかく国土が広く人口が多すぎるので、国家が国民一人ひとりの生活の面倒など、最初からみようがない。だから自分の一族（宗族）から科挙合格者を出せるよう投資するなど、士大夫「個人」とのコネクションを作ることは重視しても、国民全体のことは考えない。

日本、特に江戸時代では逆に、狭い列島がいくつもの領国に分割され、しかも稲作が普及してそこそこ豊かになったので、自分が属するムラ、つまり「中間集団」の範囲で十分に自活できてしまうから、やはりそれより大きな「国」（日本）という単位には、生活上のリアリティが乏しい。

いわば中国人は〝国家が頼れないので〟、日本人は〝国家に頼らなくていいので〟、それぞれに国家単位での利益というものを考える思考の伝統が弱かった。その結果として「天下国家を論ずる」のは、そういう社会で疎外感を抱えた、一部の〝意識の高い〟人の趣味になってしまった面があります。彼らノイジー・マイノリティは、しかし国政に熱い関心を注ぐ貴重な票田（中国では、騒擾要因）でもあるので、政治家たちがそちらに振り回されてしまう。

江戸時代の鎖国のような交流関係の希薄化（③）、明治維新の成功がもたらした片方の一方的優位（②）、そして米ソ対立の構図が外交関係すべてを覆ってくれた構造（①）。これらの緩衝装置のおかげで、そうした日中両国の国民感情は、直接的な衝突を長らく避けてくることができました。しかしそのすべてが終わったいまでは、裸の「日中関係」が生々しい闘争のかたちで目の前にある。七〇年代初頭に山本が鳴らした警鐘に、時代が追いつきつつあるのです。

5 「韓国モデル」は未来の解決策を示せるか

その山本は、東アジアの隘路を抜ける道として、朝鮮半島の歴史が育んだエートスに着目していた節があります。『洪思翊（こうしよく）中将の処刑』（ちくま文庫）では、日本への留学中に祖国喪失（韓国併合）を体験した洪思翊が、なぜその後も帝国陸軍に留まり、BC級戦犯として処刑されるにあたっても弁明をしなかったか、その謎を解こうとしている。

山本が見出したのは、前近代には中国、近代には日本に頭を押さえられていたからこそ、〝理想形〟――洪にとっては韓国の独立――の実現を性急に求めるのではなく、遠い将来を期して胸に秘め、しかし忘れずに保ち続ける、そうした理想との距離感でした。現実と理想との矛盾・乖離は、時間をかけることでしか埋まらない、そういう正しい意味での〝歴史〟の感覚を、韓国系の将校はみな持っていたとも、自身の軍隊体験に基づき回想しています。

もっとも同書の原形は七〇年代末の連載で、単行本となった一九八六年は全斗煥（チョンドゥファン）政権の末期でした。その後の急激な民主化を経験した今日の韓国には、彼らにとっての〝理想形〟の実現を、日本以上に焦る傾きも見られます。儒教文化圏とも呼ばれる東アジアは、近代化と経済成長を経てなお、共通の病を抱えているのかもしれません。

クリスチャンの一家に生まれた山本は、内村鑑三の心酔者だった父親のもと、「聖書の理解のためにこそ、論語が必要だ」という教育を受けて育ったといいます（『論語の読み方』祥伝社）。われわれはいったい何者であり、なにゆえにいま争っているのか。その理解には、みずからの歴史的文脈の再把握が欠かせません。そのための新たな古典として、従来は日本学と通称されてきた山本の著作が、東アジアに開かれた視点でこそいま、ふたたび紐解（ひもと）かれることが望まれます。

（談）

山本七平『洪思翊中将の処刑』

2　再近世化する世界？

――東アジア史から見た国際社会論

はじめに

本章は、東アジアという地域の歴史的経験から、今日の国際社会論の基本概念に対して刷新を提言することをめざす。国際政治学という確立された学問分野をより幅広い視野のもとで捉え直そうとする、国際社会論や国際関係思想の試み自体にも表れているように、近代西洋の知的環境を陰に陽に前提としてきた既存の諸学問を相対化し、新しい可能性を見いだそうとする潮流は、今日では広い意味でのポストモダニズムの流行とともに、議論の前提となりつつある。しかしながら、そのような試みの中で「アジア」がいかなる位置を占めるのかは――なにがしかの位置を占めさせようというかけ声ばかりは盛んなのだが――目に見える形で定式化されていないように思われる。

なぜ、そうなのだろうか。どうして「西洋近代の限界」や「アジアの時代」が高唱されて四半世紀になるにもかかわらず、真に「アジア」の歴史や経験に立脚した新しい政治思想や社会構想が登場したという気がしないのであろうか——このような問題意識のもとに、現在のアジア研究の成果と問題点とを照合し、東アジア（史）発の「国際社会論」という処方箋を提示するのが、本章の課題である。

1　リ・リオリエント——アジア時代のグローバル社会論

今日のアジア論の多くが上述したような「食い足りない」状態にとどまっていることの原因は、典型的には「脱西洋近代」の潮流を領導してきた哲学・思想史の議論から理解できる。たとえばドゥルーズの思想に啓発されながら中国の伝統思想を研究してきた現代フランスの哲学者ジュリアン〔一九九九：一一八〕は、日本での講演で、自らの試みの狙いを「内側からの、西欧思想の伝統の中からなされた脱構築はうまくいかない……中国を経るというわたしのプロジェクトの基礎には、脱構築を再開＝修正すること、しかも「ある外部から」おこなうことがあった」と説明している。「外（中国）から考える」という講演の題目にも表れているように、彼らヨーロッパのポストモダニストたちにとって、端的にいえば中国は西洋思想の「外部」であるが故に価値があるのだ。要するに西洋思想が行き詰ったので、「そうでないもの」をアジアに発見しようという戦略なのだが、しかしそのような「西洋とは異なる」という点においてアジアを意味づける発想自体が、特に当の「外部」に住み続けている人々にとっては、随分「近代西洋的」なオリエンタリズムに聞こえるところがある。実際、京都学派などの日本の哲学者たちが太平洋戦争時、西洋近代の「超克」を謳って侵略行為を正当化してしまったことに対する反省もあり、東アジアのポストモダニストによるアジア論では、「西洋とは異なるアジア」というビジョンを持ち上げることにむしろ躊躇する傾向が強い。

たとえば戦後日本の代表的な中国文学者・アジア主義研究者だった竹内好の思想は、近年、ポストコロニアルの文脈で一人勝ちの如く注目を独占しているが、しかしその再評価の仕方は「竹内が「西洋の生み出した普遍的価値をより高める」ために西洋を巻き返すといい、その巻き返すべきものが己れの側に実体としてあるわけではない、しかし方法としてはありうるといっていることにわれわれは十分な注意をはらうべきだ……これは決して「実体としてのアジア」の主張ではない」〔子安二〇〇〇：一一-一二〕、「竹内好は、一貫してある種の臨界状況の中で仕事をしていた……この、西洋理論のモデルあるいは土着の心情によっては簡単に回収され得ない空間こそが、私たちが向かい合わざるを得ない近代性の真実の状態なのであり……かくして「アジアは何を意味するか」という問題は、自己自身への一つの切実な問いかけに変る」〔孫二〇〇二：二五一二七〕などといった形で、アジアと真摯に向きあうべきだという心構えを説くばかりのものが多い。逆にいえば、その「簡単に回収され得ない空間」に「実体」として何があるのかについて、明示的に語ることは少ない。自らの足元を見直せというスローガンは伝わってくるものの、その結果、いかなる新しいビジョンが得られるのかという肝心な点がはっきりしないのである。

国際関係論におけるアジア論もまた、同種の問題を抱えているといえる。近年、ウェストファリア型の近代西洋的な国際秩序が行き詰っているという認識のもとで、歴史上存在した「異なる国際システム」に目を向ける動きが高まってきたとはいえ、その多くは「かつては様々なシステムがあったが、結局は近代にヨーロッパ起源の主権国家秩序に包摂された」という、それ自体が西洋近代的な単線的歴史観を覆すには至っていないと思われる〔Watson 一九九二、Buzan and Little 二〇〇〇〕。その結果として、今日の世界がもはや近代国際秩序を無批判に前提とはできない段階にあると認識されるようになっても、そこでの東アジアの位置づけは「世界がウェストファリアの先へ行こうとして〔国境を越えた人権や民主化を議論して〕いる時に、中国はウェストファリア体制〔主権国家原理〕の忠実なる守護者として立ちつくすのである」〔Zhang 二〇〇一：六三〕といった平凡なものにとどまりがちである。

これでは、かつて近代化に乗り遅れたのと同じように、ポストモダンにも乗り遅れるアジア、というまさしく近代西洋的な序列化そのものだろう――その一方で東アジア共同体論のような、より政治の現場に密着したアジア論では、具体的な「共同体」の内実や実現の方途がほとんど明らかにされないままに、ひたすら「現在とは違う秩序」の必要性だけが唱え続けられるという、万年野党的な傾向が蔓延している。煎じ詰めていえば、アジア再評価の理由を、それが西洋の「外部」にある点に求めるやり方は、西洋がすべてではない（なかった）ということを示すには十分であっても、そこから西洋産のそれを代替しえるような普遍的モデルを導き出すには、あまりにも不十分なのである。

様々な分野で今日のアジア論が抱えるこのような問題は、竹内好をめぐる上記の引用が示す通り、多くのポストモダニストたちが逆説的ながら（教科書的な意味での）「近代」に拘泥し過ぎていることと密接な関係がある。[1] 彼らは「近代」を西洋のヘゲモニーが全世界を覆った時代として捉え、それに対する抵抗や葛藤の痕跡をアジアに探そうとするわけだが、そのように「西洋が勝者・アジアが敗者」という構図が最もはっきりした時代（だけ）を見て思考しているのでは、最初から西洋に取って代わりうるビジョンなど出てくるはずがない。このことは、より長期的な歴史的視野のもとに描かれたマクロ経済史のアジア論が、実にあっけらかんと前近代の世界経済における東アジア、なかでも中国の先進性や、ヨーロッパの後進性・局地性を説いていることと比べるとはっきりしよう〔Frank 二〇〇〇：二〇七–二三一、Abu-Lughod 二〇〇一：第一〇章〕。つまり、実際には「巻き返す」までもなく、アジアの方が普遍だった時代は現に存在したのである。

さらにいえば「西洋近代」なるものについても、それが本当に前近代の残滓（ざんし）を払拭して確固たる新しいシステムを樹立したのかという問いが、科学社会学者のラトゥール〔一九九三〕や哲学者のトゥールミン〔二〇〇一〕らによって提起されている。彼らに従えば「実体」として存在しないのはむしろ、近代西洋が作り上げたとされる科学主義・合理主義的世界の方になる。実際に国際政治学の内部でも、近代西洋国際体系の根幹をなしてきた「国家主権」は今日になって融解し始めたというより、最初から観念上の約束事としてしか存在していなかったのではないかとするクラズナー〔一九九九〕の問題提起がある。(2) 彼らの示唆を踏まえれば、「前近代の中華世界秩序から、近代の西洋国際体系を経て、ポスト近代の〈帝国〉へ」といった単線的な移行史観は相対化され、むしろアジアではなく「西洋近代」こそが、歴史上の特殊な一時期にのみあたかも存在するかのごとく見なされた、実体なき幻影だったことになる。

本章は以上のような観点から、これまでのアジア論の欠陥——すなわち、闇雲に西洋との違いを模索するだけで、積極的な歴史的・政治的ビジョンの提示に至らなかったり、アジアの「特殊性・例外性」をモデル化するにとどまり、近代西洋産の「普遍理論」を揺るがすには程遠かったりするものが多かったという事実を乗り越え、今日の国際関係の分析において、むしろ「普遍的」に応用できる洞察を、東アジアの歴史社会の中から導くことを目的とする。そこでは当然、狭義の「近代」よりも深い歴史的な視野が採用されるとともに、そもそも「近代」とは何であったのかというレベルにまで遡（さかのぼ）った考察がおこなわれる。具体的には、順に①ナショナリズム論、②朝貢外交論について、いかに東アジアの歴史的経験から普遍的なモデルを構築しえるかを論じ、然る後にそのような視座から、現代世界における③帝国論の文脈をいかに組み替えていくことができるかを明らかにする。

2　民族とナショナリズム（の違い）

（一）東アジア史の知見：想像（されただけ）の共同体——ナショナリズムの不在と抑制

前近代を視野に入れた東アジア史の研究者にとって、その「限界」が常々指摘されている西洋産のモデルに、国民国家の成立についてのアンダーソンの議論がある。周知の如く、アンダーソンはネイション（国民／民族）の枠組みとなる「想像の共同体」を人々に意識させ、国民国家建設の基盤となる要因として、「官僚の巡礼」と「印刷資本主義」とを挙げたが、これら二つはまさに、伝統中国が世界の他地域に先駆けて発展させたものだったからである。

前者について中華帝国は、宋代にすでに世襲的な貴族政治を撤廃し、科挙による官僚登用システムと地方官巡回制度を定式化していた。また後者についても、アンダーソン〔一九九七：六〇–

七九〕はヨーロッパ出版史の古典的成果を種本として〔Febvre and Martin 一九九八〕、十五世紀のグーテンベルク革命によるメディア環境の激変＝印刷資本主義の成立を「国民国家＝想像の共同体」の基盤として位置づけていたが、実際には「印刷本の歴史において、欧州がなお揺籃期に在った時、中国はもうとっくに成人期に達していた」〔井上二〇〇二：ii〕。

つまりアンダーソンの理論に従う限り、中国史に関していえば、遅くとも（宋代における官僚巡礼制度の整備をすでに経て）出版資本主義が事実上成立した明末の時点で、国民国家ができていなければおかしいことになる〔三谷一九九七：二二〕。換言すれば、長らく世界の「後進地域」であった西洋世界に則した理論で、「世界最先進地域」だった東アジアの歴史を説明しようという態度が、そもそも倒錯しているのである。それを可能だとするのはヨーロッパによる世界覇権の確立後の、国民国家の建設競争を経た現代の視点に立っている（と西欧があたかも最初から先進国であったかのように見える）からであって、それ自体が西洋中心主義なのである。

ベネディクト・アンダーソン『想像の共同体』

ではアンダーソンの議論が完全に誤っていたのかといえば、必ずしもそうではない。実際、明末清初の中国における出版資本の成立は、歴史に材を採った大衆小説の筋書において、確かに「民族」に近似した共同体的イメージを生み出したとされる〔笠井 二〇〇二：七〇-七一〕。一方、明清交替と同じ十七世紀に出版業が成立して以降、日本でも『太平記』等の歴史物語の社会的な共有とそれを通じた「国」意識の涵養（かんよう）や政治主体形成の試みが広範に観察されたという〔若尾 一九九九：二九八〕。つまり出版業の発展に伴い、メディア上で身分を越えて社会的に共有される物語が成立し、その中で人々の歴史意識を織り込みつつ「想像の共同体」のイメージが編成されてくるというアンダーソンの見立て自体は――その成立が従来言われていた「近代国民国家の形成」よりも遥かに遡るという一点さえ認めるなら――東アジアにも当てはまるのである。

このような東アジアの歴史像が教える教訓とは、メディア上での物語の共有を通じて作り出される「想像の共同体」の存在と、統治機構の正統化イデオロギーとしての「ナショナリズム」の成立とは分けて考える必要があるということである。つまり、ネイションに相当する歴史的文化的集団のイメージが人々に広く受容されていることと、それがナショナリズムの論理によって統治機構の正統性の根拠として活用されることとは、別次元の問題なのである。

日本の場合、徳川公儀は、政権を武士という身分集団が独占したために、その正統化原理はもっぱら「武威」という一職分の個性に依拠することになった〔渡辺 一九九七：第一章〕。一方、中国は「異民族王朝」としての清朝が成立したために、その統治原理においては儒教的な普遍主義の徹底化がなされ、支配階級の（人種・民族的な）出自は政治的な正統性と無関係であるとされた〔岸本 一九九八：四七‐五〇、平野 二〇〇四：八二〕。すなわち日中両国ともに、近世初頭にはすでに「想像の共同体」と見なしうる集団概念が存在していたにもかかわらず、いや、いたからこそ、それぞれの政治的事情によって、一般民衆を包摂する「民族共同体」の理念による、支配の正統性の根拠づけという道は選ばなかったのである。

これに対して教科書的な意味での「近代」、すなわち十九世紀後半のいわゆる「西洋の衝撃」以降の、既存の国民国家論やナショナリズム研究、竹内好的なアジア論が好んで扱ってきた時代とは、東アジア諸国においても「想像の共同体」が統治機構の正統化イデオロギーとして採用されることで、名実ともに政治体制としての国民国家が形成されるようになった時期だといえる。しかし実際には、そのような狭い意味での「国民化」において地域内先進国であったとされる日本においてすら、近世期に見られた共同体概念と政治的正統化原理との未結合状態は、従来の指摘よりも長く持続した。すなわち、十九世紀後半の「琉球処分」の時点においてもまだ、該当部分が日本語に抄訳されていたペリー艦隊軍医の調査報告（一八五四年）などの日琉同祖論的な言説が存在し、かつ一八七九年夏には元米国大統領グラントによる調停を見たにもかかわらず、琉球住民の出自が日中間の交渉で争点となることはなかった。

つまり、国境を居住民の人種・民族性によって根拠づける政治の力学＝ナショナリズムは、発現に至らなかったのである。当時、明治政府が中国側に示した琉球領有論の根拠は「十七世紀の薩摩藩の征服以来、現地の徴税権を取得している」というものであり、一方『申報』等の中国側メディアでなされた日本批判も儒教的な論理に則って政府の「徳」を問題にするか、出自論を話題にするにしても琉球の「住民」ではなく「国王」の系統を問うもので、「琉球住民は日本系か中国系か」といった人種・民族論的な論争は生じなかったのである〔與那覇二〇〇九：第二章〕。

(2) 今日的含意：「新人種主義」は（そもそも）存在したか？

このように東アジアの前近代をヒントに、共同体意識としての「ネイション」と正統化原理としての「ナショナリズム」を分けて考える手法を取ると、現代世界に関するもうひとつの西洋産の社会理論を、全く新しい形に組み替えることが可能になる。すなわち、移民差別問題など近年のレイシズムをめぐる議論でしばしば耳にする「新人種主義」なる概念である。

「もはや人種主義はあからさまに人種の概念を用いた差別をしなくなってきた。その代わり、人種の役割を担って登場するのは国民文化であり……文化主義が人種主義としての動きを示し始めてきた」〔酒井一九九六：二六〇〕。つまり実質的には帰属集団の相違に基づく差別をおこなっているにもかかわらず、その根拠として生物学的な人種分類や先天的な遺伝形質を持ち出すことはせず、「文化」に代表される後天的要因の相違がもたらす社会への不適応を挙げるようなタイプの人種主義が、旧来のような疑似科学的主張の維持が困難となった現代社会で台頭しているとされるのである。「新人種主義イデオローグは遺伝の狂信者ではなく、社会心理学の「現実主義的」技術者であるというわけだ」〔Balibar 一九九七：四二〕。

しかしすでに見た通り、「人種や民族に類する集団的アイデンティティの概念は存在しているが、それを直接に政治的な言説としては活用しない」という体制は、まさに近世期の東アジアで数百年間持続しており、新しい現象でもなんでもない。たとえば江戸時代の日本では、「人種に基礎をおいて人々を権利から排除しているという実感はなかった。むしろ存在したのは、社会的な機能・秩序・作法と政治的な従属との語彙によって定義された、無数の段階的社会序列の組み合わせである。このことから、なぜ近代日本において最も普及した差別の様式、すなわち被差別部落と呼ばれる共同体への差別が、「人種的」には全く異なる所のない人々を対象としてきたのかを理解できる……それは明らかに、日本に限らず二十世紀の他の諸社会でも観察される「人種なき人種主義」という広範な現象の一部なのである」〔Morris-Suzuki 一九九八：八三‐八四〕。

ある意味で東アジアにおける差別は最初から『新人種主義』だった――というよりもむしろ、肌の色や生物学的出自を唯一絶対の基準とし、（疑似）科学によって理論武装することでそれを露骨に振りかざす「古典的」な人種主義の方が、近代西洋という極めて特殊かつ限定的な時空間において生まれた（のだが欧米列強がヘゲモニーを握る過程で全世界に普及してしまった）、「新しい」政治体制だったと考えたほうがよい〔竹沢 二〇〇五：三五-四二〕。人種主義における新と旧、ないし特殊と普遍は、東アジアと西洋におけるそれとともに、反転されて然るべきだといえよう。この点では、アジア主義者やポストモダニストたちが意識的に「巻き返そう」とするまでもなく、近代に特殊な西洋的世界観は、より普遍的な近世東アジア的社会へと回帰していることになる。

3　近代東アジアの国際的契機——朝貢外交システムと現代アジア

(一)　東アジア史の知見：ヨーロッパ覇権以降——もうひとつの外交システム

こうなると、これまでアジア研究で活発な論争が続いてきた、十九世紀における「近代西洋の到来」の意味は何だったのかという疑問が湧いてくる。この問題を考えるうえでは、東アジア国際関係史で長らく議論されてきた、西洋との遭遇が清朝の「外交」の形をどう変えたのか、という論点に着目することが有益だろう〔浜下 一九九〇、茂木 一九九七、川島 二〇〇四〕。

実際近年では、「近代西洋との遭遇後も中華世界の伝統的国際秩序は堅固に維持された」とするいわゆる朝貢システム論に対する再批判が進展し、たとえば一見「中華世界的」と見える「属国自主」という秩序概念が、実は西洋に対する説明のレトリックとして初めて成文化された、一種の「伝統の創造」であったことが明らかにされている〔岡本 二〇〇四：二三-二四〕。西洋国際体系の到来は東アジアの外交のあり方に、確かに変化をもたらしたのである。本章はその中でも、国家間の相互認識における相違や多元性の扱いが、「西洋の衝撃」の前後でいかに変わったかという点に注目したい。

非漢族王朝たる清朝の中国征圧（一六四四年）以降の東アジアが、同国以外に日本・朝鮮・ヴェトナムの各国が独自に自ら「中華」を称し「近世を通じて互いに相手より自国のほうが優越していると言い張りあった」〔Toby 一九九〇：四四〕、いわゆる小中華主義の体制となっていたことはよく知られるが、本章では、いずれの国も「中華」の所在に関する自身の解釈を他国と共有しようとしなかったからこそ、そのような体制が存続しえた点を特に重視したい。「中国王朝と周辺諸国とのあいだに交わされた儀礼は、双方の思惑を隠蔽することによって双方の境界を維持する装置［であり］……それぞれに一方的な意味づけ、拡大解釈が可能になっていた」〔茂木 二〇〇〇：五七〕。つまり国際関係の場面においても、儀礼的な政治行為を各国が「中華」たる自身に有利なよう独自に意味づけ、決して相手側の認識には踏み込まないことで維持されてきたのが、近世期の東アジアの外交体制であったといえる。

このような近世東アジア諸国間における認識の多元性の尊重（ないし放置）が、単に「どちらが中華か」といった儀礼的な上下関係の位置づけだけではなく、国境線の所在にまで及んでいたことを示すのが、琉球帰属問題である。琉球は近世初頭以来、内政面では薩摩藩に従属しつつ、独自の国家として中国にも朝貢していた。この事情について一八四四年の薩摩藩士・五代秀堯の献策書『琉球秘策』では「邦君ノ命ニテ〔琉球が〕薩摩附庸ノ国タルコトハ海外諸国ニ泄スコトヲ禁セラレ〔ているが〕……然トモ唐土及ヒ海外諸国モ其実ヲ知ラサルモノナシ。其事、唐土諸書ニ多ク見ユ」〔黒田 一九八三：二七〕と述べている。琉球の「薩摩附庸ノ国」という実態は建前上「海外諸国」に対して秘されているが、実は「唐土」（中国）もそれを知っているということを、日本（薩摩）の側も認識していたのである。

実際、明治維新以降になっても、この問題に関する限り近世的な外交様式は容易に消滅しなかった。たとえば一八七四年の台湾出兵は、台湾で遭難した琉球人民が日本の支配下にあることを、中国に認めさせようとして起こされたものだが、結局その講和条約（同年）は敢えて「琉球」の語を入れない曖昧な文面とし、日本側は条約中の「日本国属民」および「保民義挙」の文言を中国が琉球漂流民を「日本人」と認めたものとみなし、中国は「撫卹」の語が自国の琉球への宗主権を承認したと解釈する形で決着した〔茂木 一九九二：六八〕。局地紛争と条約締結を経ても、両国の日琉関係認識を同一化することはできなかったのである。

これに対し、西洋的な意味での近代国家の政治権力は主権国家間の明確な国境線の所在について、関係諸国との間に認識を一致させることにより、まさに再帰的に国境線を存在させることを前提としている〔Giddens 一九九三：九四-九六〕。前近代の日琉関係のように「双方が各々都合のよい解釈をして、独自に自国の従属国だと考えあっている」のではなく、両国が共通の見解を持つこと、日中どちらの解釈を日琉関係の「本当の意味」と見なすかを決定することが要請されるのである。そしてこの時、琉球の帰属に関して「両国間で一致している（べき）国境認識」という近代的な議論の舞台を提供したものこそ、「西洋の到来」によって東アジア諸国の間に張り巡らされた、英字新聞というニューメディアの言論圏であった。

具体的には一八七九年四月の沖縄県設置後、日本の宍戸璣（たまき）駐清公使が英国人の新聞編集者バルフォアを同年夏から八一年六月にかけて雇用し、台湾出兵講和条約についての日本側の解釈を、同条約の「真の意味」として喧伝させるという情報活動を展開している。つまり、それまでは相互に認識の同一化を回避してきた日中双方の政治言説が、英語という第三者的な文脈の登場によって初めて同じ土俵に乗り、「どちらが日琉関係に関して結ばれた条約の「本当の意味」であるのか」が問題化されるようになった〔與那覇 二〇〇九：第一章〕。

その帰結としてたとえば一八八八年には、清韓両国の公使館が米国本国の新聞紙上で「朝鮮は清の従属国であるか否かに関して、中国・朝鮮のどちらの主張が正しいのか」を議論する事態が出現する〔岡本 二〇〇四：二六四-二七四〕。英語という西洋（語）の到来が、間地域的に共有される（べき）認識の場を作り出すことで、結果として国家や外交の形をも変えたのである。

（2）今日的含意：近世、未完のプロジェクト

しかしながら、前節においてと同様、ここでもまた普遍（西洋）と特殊（東アジア）を逆転させることができる。琉球所属問題に顕著なように、お互いが自身に都合のよい解釈を独自に積み重ね、相手側の認識を自分のものと強引に一致させないですませる中華世界の伝統的な外交様式は、問題を曖昧にすることで国際紛争を回避するという外交上の手段として、現在も生きているからである。たとえば、外交体制の近代化が完了したはずの今日の東アジアでも、「中華民国（台湾）は国家か、中華人民共和国の一地域か」や「竹島（独島）は日本領か、韓国領か」といった問いに関する、各国の認識は一致していない。政治的な判断として、自国側の認識を相手にも強要して――まさしく西洋の衝撃以降、「近代」の東アジアがそうなったように――対外関係の悪化や戦争を招くよりも、お互いに違いを放っておくことを選んでいるのである。

この意味では、「近世東アジア外交体制」こそが今も機能している普遍的なシステムであり、そのような曖昧さを認めず関係各国の認識を一致させようとする「近代西洋国際体系」の方が特殊な発想だということになる。通常、国際政治学の文脈で「中華世界システムの持続」というと、たとえば北朝鮮を自国の勢力圏と見なすような中華人民共和国の周辺外交に対象を限定した議論になることが多いが〔秋月 一九九三〕、こうした「認識の不一致を放置するやり方」という意味では、「西洋化」したはずの日本も中国と同様に、「中華主義的」な外交を展開し続けているのである。

今日の東アジアで認識が統一されていないものの代表といえば、もう一つは歴史認識問題である。近年ではいつまでも食い違う各国間の歴史認識の背景として、互いに自国を道徳的に相手よりも優位に置き「正しい歴史の解釈」の独占を主張する、「中華思想的」的な思考様式の存在を指摘する議論が増えてきた〔古田 二〇〇五：第二章、小倉 二〇〇五：第六章〕。さらに昨今では「教科書」や「靖国」をめぐる着地点が見えない歴史論争の中で、そもそも国が違えば歴史観も違うのであって、同じにすることは不可能なのだから、各国間での合意をめざすよりも、むしろお互いがいかにうまくやりすごすかを考えたほうがいいという、まさしく近世期の国境認識のような発想が高まってきたように見える。(3)

事実上、この種の気分を前提として運営されているのが、インターネットの世界である。よく知られているように、これらの政治的なテーマを扱うネット上の議論において、対立する両陣営が同じ土俵で相互に対話し、全面的ではないにせよ可能な範囲での認識の同一化に至るケースは、極めて稀(まれ)である。最初から同一見解の「同志」ばかりが特定のスレッドに結集し、内輪向きの怪気炎を延々と上げるだけで、異なる意見の持ち主どうしが話しあう場所として機能していないことがほとんどだ。いわゆるサイバーカスケード現象である〔Sunstein 二〇〇三：第三章〕。

冷戦終焉以降の国際政治学において、一時期、国境を超えて活動するグローバルな非国家主体の増加とそれによる（先進）国家間での相互依存の緊密化を、個人の帰属や君臣関係が境界を超えて複合化していた中世封建ヨーロッパ的な世界の再来と見る「新しい中世」論が盛んになった〔田中二〇〇三：第七章〕。しかし、サイバースペースの空間分割のような諸現象から考察して、世界システム論の山下範久〔二〇〇二：七二-九〇、二〇〇三：二三〇-二三二〕は、現在のグローバル化はむしろ「新しい近世」の段階にあるという、刺激的な洞察をおこなっている。アーキテクチャ（技術的な基盤をなす構造や標準）の設計次第で人々がアクセスする「世界」の範囲を自在に切り分けることができるＩＴテクノロジーの増殖に象徴されるように〔Lessig 二〇〇一：第七章〕、今日はあたかもかつての近世東アジア諸国の如く、複数の「世界」がお互いの認識を交渉させることなく、並存する時代になっているというのである――ここでも「巻き返す」までもなく、国際社会のモデルがヨーロッパからアジアへと移行しているのだとすれば、興味深い。

本章の視点から再解釈すれば、「近代」の諸制度が実は西洋起源の極めて特殊かつ一時的なものであったことが明白になるにつれ、実は人間社会にとってより普遍的な状態だった、近世期の東アジア世界に通底する特徴が次第に露出し、メディアやプラットフォームもそちらに合わせて整備されるようになってきたということになる。いわば「新しい」近世というよりも、今一度の近世への「回帰」である。

4　中華〈帝国〉──再近世化の世界秩序と東アジア思想の可能性

このような「近世への回帰」という歴史像は、グローバル化の進む今日の世界を扱う国際社会論に対して、どのような貢献をするだろうか。実は、「新しい近世」概念の提唱者である山下範久自身〔二〇〇二：八六─八八、二〇〇三：二三五〕が明確に指摘しているように、社会科学や現代思想の分野でネグリとハート〔二〇〇三〕の図式に則り、「〈帝国〉化」と呼ばれているものこそ、本章で述べてきた世界の「再近世化」のことに他ならない。〈帝国〉化した世界においては主権やネイションの概念や、国家間ないし産業や社会の間に引かれた明確な境界線といった、近代の統治機構が依拠する基盤が融解し、資本や権力の所在がグローバル規模のネットワーク状に分散していく。

アントニオ・ネグリ、マイケル・ハート『〈帝国〉』

そのような世界では正統化イデオロギーの一元化が進展し、国籍や人種、文化に関係なく受け入れるべき（だとされる）普遍的理念によって、主権国家間の境界線に頓着（とんちゃく）することなく全世界規模での統治や介入がおこなわれる（軍事と警察の一体化）。一方、この新しい世界秩序に不協和音をもたらすような相反する思想や認識は、同一化を強制されるというより、そのような対立構造が顕在化しないように社会のアーキテクチャが設計されることで、人目に触れぬよう単に排除される（フーコー的規律権力からドゥルーズ的管理権力へ）。生物学的人種主義の失効および「新人種主義」への再編や、認識の齟齬を統一するのではなくむしろやり過ごすテクノロジーの優越といった、本章で指摘した今日の諸現象は、確かにこのような〈帝国〉化の図式によく当てはまる。

しかしながら既存の〈帝国〉論のほとんどが抱える問題は、上述した支配のメカニズムを「フォーディズムからポストフォーディズムの段階に入ったグローバル資本主義や、社会民主主義や国民福祉構想に替えて新自由主義を採用した西洋先進諸国が他の地域に輸出する、最新型の世界統治体制」として、何か新しいもののように捉えがちなことである（的場（編）二〇〇四、西谷ほか二〇〇五）。したがって、それらの議論で〈帝国〉との異同が云々されるのが往々にしてアメリカ合衆国である一方、非西洋地域はあたかも十九世紀の帝国主義時代と同様、「進んだ」西洋が強要する新たな権力装置に蹂躙され翻弄される「遅れた」客体として描かれる傾向がある。

ポストモダンの権力論を自称するわりには、随分「近代的」なものの見方である。このような「近代主義的ポストモダニスト」ともいうべき形容矛盾した人々は、しばしば西洋産（だと彼らが考える）の〈帝国〉に対する代案をアジアに期待し、たとえば「アメリカ帝国に対抗する東アジア共同体構想」を打ち上げようとする。しかしながら〈帝国〉化を「再近世化」として理解するのであれば、全く新たなビジョンが見えてくる。

再近世化論における〈帝国〉は、「西洋近代」が進化し変異した新たな権力体というよりも、むしろ西洋近代的なるものの失効ないし退却に伴う世界諸地域での「近世」の顕在化として把握される。だとすれば、〈帝国〉的な秩序の立ち現れ方やそれへの適合性も、むしろ「近世」におけるその地域や社会のあり方に規定されることになろう。この点で、西洋史研究者の野田宣雄〔一九九八：一八一―一八二〕による「中国という国は日本とは対照的に国民国家形成の条件に欠け、したがって国民国家が世界の大勢であった近代史の局面にうまく対応できなかった。だが、いまや経済をはじめとして多くの事柄が国民国家の枠を超えて急速にボーダーレス化しつつある状況のもとでは、新たなタイプの「中華帝国」形成の条件が生まれつつある」という洞察は興味深い(4)。主権国家を基本ユニットとしていた近代世界の構造が融解する〈帝国〉化ないし再近世化の状況では、日本よりも中国社会の伝統のほうがその趨勢に適合しているのではないか、という問題提起である。

近世期の日本と中国とが、ともにネイションに近似した共同体の概念を有しながら、それぞれ別個の理由により、それを政治権力の正統化に用いてこなかった点はすでに指摘したが、日本の事情とは基本的には身分制の問題であり、逆に言えばそれ以外の面では近世期からかなり「国民国家」に近い制度が作られていたとも考えられる。たとえば中世史家の勝俣鎮夫〔一九九六：四、三二一三八〕は大名の支配領域ごとに「国家」という意識が芽生え、その防衛のために住民に割り振けられる「国役」（税負担や義務）や商業取引における「国質」といった国家をベースとする政治的・経済的諸制度が成立したことを以って、戦国時代に事実上「国民国家」が成立したと位置づける。

近世史の尾藤正英〔二〇〇六：三三一四六〕も同様に、江戸時代における「役」の社会的機能を重視し、武士層においてはそれが事実上の官僚制として機能したほか、「家」ごとに職業が分割された庶民層においても、やはりコーポラティズム的な社会秩序への包摂の役割を担ったと主張する。いわば「ナショナリズム抜きの国民国家」が、教科書的な意味での近代にかなり先行して形成されていたのが、近世期の日本だったのである。

これに対し近世中国——特に異民族王朝であった清朝——でナショナリズムのイデオロギーが発生しなかったのは、先に見たとおり、それが多民族統合の原理となっていた儒教的な普遍主義と抵触するからだった。確かに、どちらが「国民国家」（近代）に向いていて、どちらが〈帝国〉（ポスト近代）に適しているかは、一目瞭然である。

実際、近年の中国近世社会史の諸研究を手に取ると、そこで描かれている世界は徹頭徹尾「ネオリベラル」である。「後期帝政時代中国の社会経済史を論じた研究が一致して指摘していることは、この時代の中国の経済成長はマクロ的には規模を拡大させながらも同時に一人当たりの生活水準を着実に引き下げ、そして猛烈な勢いで生活環境を破壊させて王朝交代に至る「外延的経済成長」の繰り返しだったということである」〔本野二〇〇二：八〇〕。[5] 新自由主義的な競争社会では能力主義の過度の強調と、それによる格差の拡大とがしばしば問題になるが、科挙制度の徹底化による貴族制の全廃を達成した近世中国社会は、広範囲から有能な人的資源を獲得し選択的に投資するための人的ネットワークとして、宗族（そうぞく）の形成をもたらした〔井上二〇〇〇：七五〕。限定された居住空間と生来の職種に特化した経営をおこなう日本的な「家」とは正反対のベクトルを持つ、広域的かつ流動的な人的紐帯を可能にする「血」の論理を媒介とした、いわば伝統社会版のSNS（ソーシャル・ネットワーキング・サービス）である。

あらゆる公的サービスの民営化が進展するネオリベラリズムの〈帝国〉をめぐる、もうひとつの熱い論点は、セキュリティや軍事の民間委託の問題だが〔Davis 二〇〇一、Singer 二〇〇四〕、警察権や徴税権が事実上地域の有力者に移譲されており、正規軍と私兵、盗賊との線引きが曖昧化して「そのステイタスに関係なく誰もが公権力をあてにしていなかった。有力者も自衛が基本であった」［澁谷二〇〇四：二八］のも伝統中国の地方社会の特徴である。経済史家の黒田明伸〔一九九四：三三三〕が明らかにしたように、貨幣流通の管理まで民間に委ねていた近世中華帝国はウォーラーステインがいう意味での「世界帝国」（自由経済の抑圧機構）ではなく、西洋国民経済以上の自由市場だった。最初から「帝国」というよりも〈帝国〉だったのである。

ネグリとハートが〈帝国〉を概念化するに当たり、トクヴィルらが描き出したアメリカの歴史社会像をモデルにしていることはよく知られるが〔北田 二〇〇三〕、〈帝国〉に近似した伝統を持つ社会は他にもあった。東洋史学の泰斗(たいと)・内藤湖南〔二〇〇四：二二八〕はすでに一九二八年に「日本も四千年になったら支那と同じようになるかもしれない……支那の国民性と思っておったことは何百年、何千年の後になると日本にもできる」と述べたが、「民営化」や「市場競争」のかけ声とともに万事がアメリカナイズしていく二十一世紀の日本においてこそ、その予言は迫真性を持ってくる。

このように考えてくる時、帝国主義という近代の枠組みでたとえば「アメリカ帝国」と（現時点での）同盟国日本を同じカテゴリーに入れ、その犠牲者たる中国と対置するという既存の「ポストモダン」や「ポストコロニアル」の東アジア論が制度疲労を起こしており、そもそも「ポスト」になっていないことは明らかだろう。本当の意味で近代以降、（近代的な国家主導の）植民地主義より後の〈帝国〉という視点から見れば、米中の共通性に対して日本の方が例外だったのである。(6) それが正しいとすれば、アメリカニゼーションと同時に、近世中華帝国への回帰が進む現代の世界で、国際社会論が相続しえる歴史的な資源のありかも明らかになってこよう。

歴史認識において近世化の局面が果たした役割を強調する朝鮮史家の宮嶋博史〔二〇〇六：一七－二三〕は、十九世紀以降の狭義の「近代」以上の東アジア諸地域の分岐点として、十六世紀以降の中国・朝鮮の近世社会が朱子学による国家の理想化と、それによる現状批判・改革運動のダイナミクスによって運営されたのに対し、日本はそうならなかった点を強調している。前者では小農＝士大夫階級が科挙制度のもとで登用されることで、儒教の理念によって公共秩序を形作る政治文化が形成されたが、後者では農民と弁別された武士階級の軍事力独占（武威）による事実上の社会平和の確保が優越したからである。改憲問題をはじめとする所謂「戦後民主主義の危機」なるもの、すなわち今日の日本における九条平和主義的な理想論に対する現実主義的な再軍備論の優越についても、近世という歴史的深度に立ち返って考察しなければ、その本質はつかめないというのである。

護憲の立場に立つと思しき宮嶋（二〇〇六：二二）は、現状の悲惨な実態とは乖離した普遍的な理念を、それでもなお国是として立てておくが故に、まさに「それ［腐敗した現実］を革める「バネ」として、批判の根拠として、この理想論は現実的な機能を果たしてきた」として、朱子学的な理想国家のダイナミクスを賞賛するが、これは米国の哲学者ローティ（二〇〇〇）が常々アメリカニズムの理念によって『われわれの国を仕上げる（*Achieving Our Country*）』ことの可能性として説くところに、ほぼ等しいと見ることができる。[7] 高度に抽象化された普遍主義の言説によって全世界を統治しようとする〈帝国〉の時代に有効な批判は、そのような普遍主義を単純に拒否することではなく、むしろ徹底することからしか生まれ得ない。そして現在進行する〈帝国〉化が世界の「再近世化」でもある以上、そのような実践のための資源となりうる思考様式の伝統は、明らかにこの東アジアという地域の中に「ある」のである。

おわりに

イラク戦争に際し、アメリカに〈脱領域的な〈帝国〉ではなく〉責任を持って当該地域を統治する「帝国」たれ、と訴えて毀誉相半ばする反響を呼んだ西洋経済史家ファーガソン〔二〇〇四〕は、実はそのキャリアの出発点となった共同研究『仮想歴史学』においてすでに、場合によってはありえたかも知れない、帝国に比して「国民国家」が意味を持たなかった「もうひとつの近代史」を描いている。ステュアート朝が清教徒革命を回避し、絶対主義的ではない王権のもとに分権的かつ連邦制的な統治システムを発展させていれば、アメリカの独立もなく環大西洋的な英・仏の二大帝国が維持され、したがって欧州大陸ではフランス革命もナショナリズムの勃興も生じず、ドイツ統一も国民国家の建設ではなく神聖ローマ帝国の再生という形をとったのではないか、というのである〔Ferguson 一九九七：四一六-四二五〕。

そのように考えれば、西洋（史）の文脈においてすら、「主権国家および国民国家を主軸とした近代の国際社会システム」は歴史の必然というよりも、偶然の所産に過ぎない。だとすれば、歴史が東アジアの（なかんずく中国の）近世に回帰したとしても、別段驚くほどのことはないだろう。「社会主義は資本主義への回り道」という警句になぞらえるなら、いわば「西洋近代は東洋的近世への迂回路」であった。内藤湖南〔二〇〇四：一九一―二〇二、cf. 小島 二〇〇五：第九章〕の説いた「宋代以降近世説」が今日意味しているのは、歴史は自由主義の社会主義に対する勝利によって「終わった」のではなく、産業資本主義もナショナリズムも福祉国家も経由せずに新（真？）自由主義的な中華〈帝国〉が成立した時点で、すでに「終わっていた」ということなのかも知れない。(8)

かつて――主として「近代」の時代に――多くの西洋人や日本人が嘲笑した、中国人が唱える儒教的な理想論のお題目と、彼らの悲惨な現実とのギャップは、今日の国際社会では西洋も東洋もなく、世界中の人々が味わっている幻滅である。そしてそのような世界を生き抜くには、それでもなお現実を「理想」の方に近づけてゆく、西洋のポストモダニスト風に記せばそれこそ「(不)可能」な努力を続けるしかないというのが、この地域の歴史が教える教訓である。

東アジア思想史の諸成果が明らかにしたように、十九世紀の近代に西洋列強が東アジアへと進出してきたころ、同地域の伝統知識人の一部はしばしば自らが依拠する漢学の知識によって、自身が属する世界の「近代化・西洋化」を儒教的な理想社会の実現として把握しようとした〔佐藤 一九九六：第一章、渡辺 一九九七：第九章、苅部 一九九二〕。二十一世紀のポスト近代における〈帝国〉の到来は、ある意味で彼らの試みが二世紀遅れで実を結びつつあるのだと考えることもできる。

単なる西洋の「外部」、既存の支配秩序では「ないもの」としてのみ言挙げされてきた否定神学的な東アジア論がその役割を終え、アジア的でありつつ同時に普遍的でもあるような新しい国際社会論が、東アジア史の歴史的文脈の中から生み出される日は近いと信じたい。

【注】

（1）逆に内藤湖南の「宋代以降近世説」以来の蓄積を持つ東洋史の分野では、「近世」を丸ごと「初期近代」として把握することで、今まで「近代」と呼ばれてきた時代の定義自体を再検討しなおす議論が盛んになっている。さしあたりのレビューとしては、三谷博〔二〇〇六：二二六-二二九〕のものを参照。

（2）ただしクラズナー自身〔二〇〇一：一九五〕の東アジア近代史像は、「この主権概念の特性を最も上手く活用したのが日本、次が中国、一番下手だったのが朝鮮」という平板なもので、「近代主権国家体制」を実体化している論者と大差ない。

（3）たとえば六〇万部売ったといわれる養老孟司〔二〇〇六：一一五-一一六〕のエッセイ集は、靖国問題について「おまえがすっきりすると、おれがすっきりしないとなる［から］……無理にすっきりさせるようなことはやめたほうがいい」と提言している。

（4）中国研究の専門家では、足立啓二〔一九九八：三、二七五-二七八〕から同様の指摘がなされている。

（5）宋代以後——つまり「近世」——に中国社会が「「外延的経済成長」の繰り返し」に陥った原因として、近年では海外のマクロヒストリー研究も、明清中国の「構造は政府非介入モデルに近い」点を指摘している〔Jones 二〇〇七：一四〇〕。

（6）「反米・反中」の保守強硬派しかこの点を指摘しないのは〔佐伯・関岡・西尾 二〇〇六：八二〕、歴史観を欠いたままグローバル化に翻弄される日本の「論壇」の不幸である。

（7）「プラグマティズムはアメリカの歴史的文脈でしか有効に機能しえない」とするのはローティ批判の定番だが〔ex. 北田 二〇〇三〕、この「意外にローティ的な思考法が当てはまってしまう地域があるのではないか」という問題は、あまり追及されないままとなっているように思われる。

（8）あるいは、東洋史学の京都学派において内藤の衣鉢を継いだ宮崎市定〔一九八七：二三四〕の世界史観を敷衍すれば、国家を超える普遍宗教の成立とネットワーク的なバーザール社会の同時形成という点で、宋代中国よりもさらに以前、イスラーム勃興期の西アジアで歴史は「終わっていた」ことになるかも知れない。当該地域の専門家による議論を待ちたい。

【参照文献】

秋月望 一九九三「華夷システムの延長線上にみる中国・朝鮮半島関係　中韓国交樹立と中朝関係」『アジア研究』四〇巻三号。
足立啓二 一九九八『専制国家史論　中国史から世界史へ』柏書房。
井上進 二〇〇二『中国出版文化史　書物世界と知の風景』名古屋大学出版会。
井上徹 二〇〇〇『中国の宗族と国家の礼制　宗法主義の視点からの分析』研文出版。
岡本隆司 二〇〇四『属国と自主のあいだ　近代清韓関係と東アジアの命運』名古屋大学出版会。
小倉紀蔵 二〇〇五『歴史認識を乗り越える　日中韓の対話を阻むものは何か』講談社現代新書。
笠井直美 二〇〇二「〈われわれ〉の境界　岳飛故事の通俗文藝の言説における國家と民族　下」

『言語文化論集』(名古屋大学) 二四巻一号。
勝俣鎮夫 一九九六 『戦国時代論』岩波書店。
苅部直 一九九一 「「利欲世界」と「公共之政」 横井小楠・元田永孚」『国家学会雑誌』一〇四巻一・二号。
川島真 二〇〇四 『中国近代外交の形成』名古屋大学出版会。
岸本美緒 一九九八 「東アジア・東南アジア伝統社会の形成」『岩波講座世界歴史13 東アジア・東南アジア伝統社会の形成』岩波書店。
北田暁大 二〇〇三 「〈アメリカ〉のモナドロジー ネグリ＝ハート『〈帝国〉』は〈アメリカ〉を馴致しうるか」『大航海』四七号。
黒田明伸 一九九四 『中華帝国の構造と世界経済』名古屋大学出版会。
黒田安雄 一九八三 「『琉球秘策』について」『愛知学院大学文学部紀要』十三号。
小島毅 二〇〇五 『中国の歴史7 中国思想と宗教の奔流 宋朝』講談社。
子安宣邦 二〇〇〇 『方法としての江戸 日本思想史と批判的視座』ぺりかん社。
佐伯啓思・関岡英之・西尾幹二 二〇〇六 「「保守」を勘違いしていないか」『諸君！』三八巻十二号。
酒井直樹 一九九六 『死産される日本語・日本人 「日本」の歴史―地政的配置』新曜社。
佐藤慎一 一九九六 『近代中国の知識人と文明』東京大学出版会。
澁谷由里 二〇〇四 『馬賊で見る「満洲」 張作霖のあゆんだ道』講談社選書メチエ。
孫歌 二〇〇二 『アジアを語ることのジレンマ 知の共同空間を求めて』岩波書店。
竹沢泰子 二〇〇五 「人種概念の包括的理解に向けて」竹沢泰子編『人種概念の普遍性を問う』人文書院。
田中明彦 二〇〇三 『新しい「中世」 相互依存深まる世界システム』日経ビジネス人文庫（原著一

九九六年）。

内藤湖南二〇〇四『東洋文化史』礪波護編、中公クラシックス。

西谷修ほか　二〇〇五『非対称化する世界『〈帝国〉』の射程』以文社。

野田宣雄一九九八『二十世紀をどう見るか』文春新書。

浜下武志一九九〇『近代中国の国際的契機　朝貢貿易システムと近代アジア』東京大学出版会。

尾藤正英二〇〇六『江戸時代とはなにか　日本史上の近世と近代』岩波現代文庫（原著一九九二年）。

平野聡二〇〇四『清帝国とチベット問題　多民族統合の成立と瓦解』名古屋大学出版会。

古田博司二〇〇五『東アジア「反日」トライアングル』文春新書。

的場昭弘（編）二〇〇四『〈帝国〉を考える　アメリカ、東アジア、そして日本』双風社。

三谷博一九九七『明治維新とナショナリズム　幕末の外交と政治変動』山川出版社。

三谷博二〇〇六『明治維新を考える』有志舎。

宮崎市定一九八七『アジア史概説』中公文庫（原著旧版一九四七-四八年）。

宮嶋博史二〇〇六「東アジア世界における日本の「近世化」　日本史研究批判」『歴史学研究』八二一号。

茂木敏夫一九九二「中華帝国の「近代」的再編と日本」『岩波講座近代日本と植民地1　植民地帝国日本』岩波書店。

茂木敏夫一九九七『変容する近代東アジアの国際秩序』山川世界史リブレット。

茂木敏夫二〇〇〇「東アジアにおける地域秩序形成の論理」辛島昇・高山博編『地域の世界史3　地域の成り立ち』山川出版社。

本野英一二〇〇二「アジア経済史研究者からの三つの質問」川勝平太編『グローバル・ヒストリーに向けて』藤原書店。

山下範久 二〇〇二 「グローバリゼーションの帰結、あるいは「新しい近世」？」佐伯啓思・松原隆一郎編『〈新しい市場社会〉の構想　信頼と公正の経済社会像』新世社。
山下範久 二〇〇三 『世界システム論で読む日本』講談社選書メチエ。
養老孟司 二〇〇六 『超バカの壁』新潮新書。
與那覇潤 二〇〇九 『翻訳の政治学　近代東アジア世界の形成と日琉関係の変容』岩波書店。
若尾政希 一九九九 『「太平記読み」の時代　近世政治思想史の構想』平凡社選書。
渡辺浩 一九九七 『東アジアの王権と思想』東京大学出版会。

Abu-Lughod, Janet L. 二〇〇一 『ヨーロッパ覇権以前　もうひとつの世界システム　下』佐藤次高ほか訳、岩波書店（原著一九八九年）。
Anderson, Benedict. 一九九七 『増補　想像の共同体　ナショナリズムの起源と流行』白石隆・白石さや訳、NTT出版（原著初版一九八三年）。
Balibar, Etienne. 一九九七 「「新人種主義」は存在するか？」須田文明訳、E・バリバール＆I・ウォーラーステイン『新装版　人種・国民・階級　揺らぐアイデンティティ』大村書店（初出一九八八年）。
Buzan, Barry and Little, Richard. 二〇〇〇 *International Systems in World History: Remaking the Study of International Relations*. Oxford: Oxford University Press.
Davis, Mike. 二〇〇一 『要塞都市LA』村山敏勝・日比野啓訳、青土社（原著一九九〇年）。
Febvre, Lucien and Martin, Henri-Jean. 一九九八 『書物の出現』関根素子ほか訳、ちくま学芸文庫（原著一九五八年）。
Ferguson, Niall. 一九九七 “Afterword: a Virtual History, 1646-1996.” *In Virtual History: Alternatives And*

Counterfactuals, edited by N. Ferguson. New York: Picador.
Ferguson, Niall. 二〇〇四 *Colossus: The Rise and Fall of the American Empire*. London: Penguin Press.
Frank, Andre G. 二〇〇〇 『リオリエント　アジア時代のグローバル・エコノミー』山下範久訳、藤原書店（原著一九九八年）。
Giddens, Anthony. 一九九三 『近代とはいかなる時代か？　モダニティの帰結』松尾精文・小幡正敏訳、而立書房（原著一九九〇年）。
Jones, E. L. 二〇〇七 『経済成長の世界史』天野雅敏ほか訳、名古屋大学出版会（原著初版一九八八年）。
Jullien, François. 一九九九 「外（中国）から考える」中島隆博訳、『思想』八九六号。
Krasner, Stephen D. 一九九九 *Sovereignty: Organized Hypocrisy*. Princeton: Princeton University Press.
Krasner, Stephen D. 二〇〇一 "Organized Hypocrisy in Nineteenth-century East Asia." *In International Relations of the Asia-Pacific,* 1(2).
Latour, Bruno. 一九九三 *We Have Never Been Modern*. Translated by Catherine Porter. Cambridge, Massachusetts: Harvard University Press.（原著一九九一年）。
Lessig, Lawrence. 二〇〇一 『CODE　インターネットの合法・違法・プライバシー』山形浩生・柏木亮二訳、翔泳社（原著一九九九年）。
Morris-Suzuki, Tessa. 一九九八 *Re-inventing Japan. Time, Space, Nation*. Armonk, N.Y.: M.E. Sharpe.
Negri, Antonio and Hardt, Michael. 二〇〇三 『〈帝国〉グローバル化の世界秩序とマルチチュードの可能性』水嶋一憲ほか訳、以文社（原著二〇〇〇年）。
Rorty, Richard. 二〇〇〇 『アメリカ　未完のプロジェクト　20世紀アメリカにおける左翼思想』小澤照彦訳、晃洋書房（原著一九九八年）。

Singer, Peter W. 二〇〇四　『戦争請負会社』山崎淳訳、ＮＨＫ出版（原著二〇〇三年）。

Sunstein, Cass. 二〇〇三　『インターネットは民主主義の敵か』石川幸憲訳、毎日新聞社（原著二〇〇一年）。

Toby, Ronald P. 一九九〇　『近世日本の国家形成と外交』速水融・永積洋子・川勝平太訳、創文社（原著一九八四年）。

Toulmin, Stephen E. 二〇〇一　『近代とは何か　その隠されたアジェンダ』藤村龍雄・新井浩子訳、法政大学出版局（原著一九九〇年）。

Watson, Adam. 一九九二　*The Evolution of International Society: a Comparative Historical Analysis*. London: Routledge.

Zhang, Yongjin. 二〇〇一　"System, Empire and State in Chinese International Relations." In *Empires, Systems and States: Great Transformations in International Politics*, edited by Michael Cox et al. Cambridge: Cambridge University Press.

3　中国化する公共圏？
——東アジア史から見た市民社会論

1　西洋史からモデルを作る——アレントとハバーマス

市民社会を下支えする公共性／公共圏（publicness / public sphere）を論じる際、つとに参照される二人の西洋哲学者アレントとハバーマスには、共通するグランド・セオリーがある。〈政治的な公共圏は、個々人の私的利害に過ぎない経済的イシューを排除することができた時点で、初めて十全に機能する〉という価値観がそれである。端的にいえば、「金勘定」の議論を公的な場に持ち込んでしまうと、自己利益の最大化という一点のみが価値判断の尺度となってしまい、多様な議論を理性的に調和させていく政治の役割が果たせなくなるので、経済問題は公共圏の外で、自分の力で処理するのが望ましいということである。

ハンナ・アレント『人間の条件』

公共性問題に関する両者の主著である『人間の条件』と『公共性の構造転換』は、ともに公的空間の設計に関する彼らの哲学を、時間軸上のマスター・ナラティヴへと変奏することで、独自の西洋史を編み上げた歴史叙述の書ともなっている。アレント〔一九九四：第二章〕は、前記の条件が完全に満たされたのは、経済（economy）がもっぱら家政（oikonomia）として運営され、生存欲求を満たすための労働（labor）が家内奴隷に委ねられていたため、公的空間に参加する市民たちが金銭的な損得勘定を度外視し、純粋に論理や弁舌の優劣のみを競いあう活動（action）に専念することができた、古代ギリシャのポリスであるとし、そのような「人間の条件」は、その後の歴史の展開を通じて喪われていったと説いた。アレントに言わせれば、本来は奴隷が行う卑俗な営みであったはずの労働が神聖視され、「一般庶民をいかに食べさせるか」が公的議論の最大の関心事となった近代市民社会とは、公共圏の失墜過程にほかならない。

アレントのペシミズムと異なり近代を好意的に評価するハバーマス〔一九九四：第五章〕の場合は、自律的な市場経済が成立した近代初頭の市民革命期にあっても、私有財産に立脚するブルジョワ階層の間に、合理的な討議精神のみを尊重する市民的公共圏が成立したと主張した――いわば、アレントよりも「人間の条件」を長続きさせた歴史像を提示したわけである。しかし、資本主義の高度化と国家による経済介入の強化により、財政と市場を統合した福祉国家レジームが出現することによって、組織からの自立性に乏しい産業人どうしが再分配を主眼とした政治運営を行うようになる「公共性の構造転換」が生じたとし、それが民主制の機能不全を招くことを懸念した。

社会民主主義の可能性を信じるハバーマスと、スターリニズムに社会主義の帰結を見るアレントの政治的立場には相違も大きいが、自らが属する西洋文明圏における歴史過程を〈経済から独立した政治から、経済に従属した政治へ〉という形で物語化し、そこに人間性や主体性の危機を見出す思考の作法は、共通しているといえる。

アレントの古代像やハバーマスの近代史が、歴史学的に見て正確かについては議論があろう。しかしアジアにおける市民社会を論ずる上で重要なのは、このような西洋史をモデルとして作り上げられた彼らの公共性論を座標軸として、非西洋地域の「近代化」なり「民主化」なりを論じることが持つ意味である。たとえば、「近代西洋で初めて成立したところの市民社会は、民主主義国となった日本においてもまだ根づいたとは言えず、中国はさらに遅れをとっている」といった、極めて月並みな――しかし日本人の九割以上が素朴に信じている――「アジア市民社会論」

を考えてみよう。この平凡なる市民社会論は、ヨーロッパこそが人類史の先端を常に走っており（西洋の先進性）、その地域が歴史的に辿った軌跡をアジア諸国も必ずこれから追いかけることになるという（西洋史の普遍性）、二重の信憑を前提にしている。

しかしアレントやハバーマスが提起したのは、そもそも西洋という歴史的文脈においても、理念的な公共圏を形作る「人間の条件」は、偶然によって一時的にしか整わないのであり、しかもその幸福な瞬間が過ぎ去ってしまえば、好ましからぬ方向に「構造転換」していく可能性も高い、きわめてエフェメラルなものに過ぎないという洞察である。いわば西洋史上においてすら、公共圏や市民社会とは十分に普遍的なものではないのだ。さらに、基本的に西洋の歴史過程しか見ようとはしない、両者が問うていない問題がある。ヨーロッパは、果たして本当にアジアの市民社会にとってモデルとなり得るような、先進地帯であったのかという問いである。

2　東アジア史からモデルを作る（I）——清朝中国

そもそも一定以上の富が存在しなければ、市民の経済的自立ということ自体があり得ないので、アレントとハバーマスが公共圏成立の指標とした政治からの経済の分離は、ある程度の経済成長の達成を前提とするが、そもそも前近代で最も富裕な地域は東アジアであり、元来ヨーロッパは世界システム上の辺境として始まったというのが、今日のグローバル・ヒストリーの常識である〔Abu-Lughod 二〇〇一：一二五、一三一－一三二、Frank 二〇〇〇：五二〕。経済がすべてを規定するというマルクス主義的な下部構造論に立つ必要はないが、しかし少なくとも、ヨーロッパにアジア以上の富をもたらした資本主義の出現自体が、歴史の大いなる「偶然」であったことが明らかにされている以上[1]、公共性や市民社会のあり方についても、ヨーロッパ・モデルが普遍的なものとして世界に流通する以前に、この東アジアという地域にどのようなモデルが存在していたのか——むしろそちらこそが、近代という「例外」的な時代以外においては、普遍性を有するのではないか、という問題を考えなければなるまい[2]。

実際、所得再分配を公的な政治の課題にしないという意味での、経済と政治の分離に関して、西洋近代との遭遇前の近世中国、すなわち大清帝国に勝る政治体制を想定するのは、ひょっとすると困難であるかもしれない。歴史上しばしば北方遊牧民による支配を経験した伝統中国は、移動と職業の自由化・貨幣経済の振興・間接税制の採用などに代表される、社会全体のノマド的な流動性に基づく統治の伝統を持っているが[3]、現在のところ最後の遊牧民王朝となっている清朝こそは、近代西洋のレッセ・フェールをも凌駕する、究極の自由放任主義ともいうべき政策を採ったことで知られる〔岸本 一九九八：六九〕。

公式な土地税の負担率がわずか三％と推定される最小政府の下〔岩井 二〇〇四：四八八〕、一七三一年には全土で人頭税の徴収が放棄された結果、国家は民衆個々人の所在の把握に無関心となり〔上田二〇〇五：三二九―三三二〕、当然ながら公的な社会保障など存在しなかった。排他的土地所有権の概念が存在せず、事業の経営権・収益権ごとに自由な取引が認められた結果、小作人は地主〔小作料収益権所有者〕から独立に自身の小作権を転売していた〔岸本二〇〇四：二八―二九〕。

税金や小作料は金納制で、江南では牙行（がこう）と呼ばれる仲買商が徴税請負を兼ねる場合もあり、農民はどこの市場のどの牙行に産品を売り込むのも自由で、高値で引き取らせれば自らの取り分、安く買い叩かれれば自分の損失であった。このため両者の間で商談を取り持つ仲介業者が存在したが、彼らはいわばフリーランスのブローカーで、鎮市の船着場で声をかけた生産者を複数の商家へ案内し、売り込みに成功した場合のみ手数料を受け取っていた〔古田二〇〇四：二〇九―二一三〕。

このように、個人事業者どうしをその都度マッチングさせる市場機構によって経済が運営されていたため、大規模な流通管理業が編成されず、大工場や巨大経営体を擁する組織資本主義は出現しなかった〔足立一九九八：一八五―二〇二〕。ハバーマスがいう近代西洋の市民公共圏の参加者は、自律的な経営権を獲得した新興ブルジョワジーのみだが、近世中国では零細農民や都市下層民も含めて、あらゆる一般民衆が市場での「自立」を要請されていたのである。

前近代の時点でそこまで徹底した「自由化」を行ってしまった地域で、果たして社会秩序が存立し得るかは大きな問題だが、中国史上の主要王朝の長命さが証明するように、実際に存立していたのである。世界の伝統社会の例に漏れず、当時の中国にも秩序安寧の核となる地域有力者が存在し、彼らは一般に郷紳と呼ばれた。しかし世界の他地域と異なり、近世中国ではこれらの地方ボスも身分制や世襲制で保護されることなく、機会均等の「自由競争」によって選抜された。

すなわち、科挙に合格して有力官僚となったもの、および彼と父系血縁の繋がる親類縁者（宗族）が台頭して居住地域の支配者に成り上がり、しかし貴族制と異なり科挙官僚制の地位は世襲ではないため、当該官僚が死去するごとに縁者たる郷紳も没落したのである。親戚から科挙合格者が出たという一報が入った瞬間、その家には奴僕として仕えることを希望する周囲の一般民衆が殺到し、しかし合格者が死去ないし失脚した時点で、彼らは即座に旧主を見捨てて同家を飛び出し、新たな有力者に乗り換えたという〔岸本 一九九九：六〕――奴隷が家政に囲い込まれ、市民との間の身分差も固定していたアレントの古代ギリシャに比して、なんと「自由」で「平等」な公共圏であろうか。近世中国では、「市民」は（男性であれば）万人に門戸の開かれた試験で選ばれ、「奴隷」も仕える家を自ら選択し、両者の境界さえ定期的に変動するのだから。

むろんアレントのそれと同様に、この近世中国的な「人間の条件」にも暗黒面が存在する。「小さすぎる政府」だった清朝では、地方官赴任者が現地採用するスタッフ（幕友）が無給であるなど、統治機構に十分な財源が手当てされておらず、地方財政は恣意的な非正規の財源徴発、ないし贈賄に拠って運営されていた(4)〔岩井 二〇〇四：四四、上田 二〇〇五：三八三、三九二〕。「公的」な側面ではギリシャの弁論術よろしく、高邁な儒教古典の政治理念に基づいて採用されている科挙官僚たちが、財源の裏づけのない「私的」な範囲で極めて裁量的な統治を行ったが故に、一般民衆にとってはその都度ごとの有力者の庇護を得ることが不可欠だったのである。

しかし少なくとも、古代的な奴隷制を前提とするアレントのポリス・モデルや、経済的な自由が一部の階層にしか与えられないハバーマスのブルジョワ・モデルが「公共圏」の理念型として幅広く承認されている以上、ここで見てきた近世中国モデルを新たな公共圏の一類型として採用するのは、フェアな歴史観の持ち主にとって当然の義務である。それを拒む者は、〈いかなる欠点があろうと西洋の社会体制は優れており、いかなる長所があろうとアジアのそれは劣っている〉という、無知で傲慢な偏見を表明しているに過ぎない。

おそらく近世中国公共圏の住人たちは、そのような者たちに言うのではないか――確かに官吏の汚職は激しく、庶民の生活も変動的で、個人所得の格差も大きい。しかし、ここには同時代の西欧にはなかった、身分制からの解放と職業選択の自由がある。自分自身が科挙に挑戦して官吏となることも、地元の有力者に取り入って分け前に与る（あずか）ことも、現有財産を処分して他地域に転出することも、市場経済での投機に賭けてみることもできるのであって、そのような自由を与えられているにもかかわらず成功できないのは「自己責任」である、と。

3　東アジア史からモデルを作る（II）――徳川日本

一方、東アジアにおける市民社会を論ずる上では、近世公共圏のもうひとつのモデルを検討しておく必要がある。すなわち清朝とほぼ同時代に成立した、徳川日本の社会編成である。いわゆる近代化論の分析視角が、近代西洋への距離感に基づいて日中両国を序列化する――当然、やや西洋に近い「進んだ」日本と、最も遠い「遅れた」中国という結論になる――のに対し、筆者はむしろ、「西洋化」という評価基軸をいったん棚上げした上で、日本と中国におけるふたつの「近世化」を直接に比較した方が、現在にまで通底する両国の政治文化の相違の解明に資すると考えている〔與那覇 二〇〇九：二二一―二二七〕。

一般に幕藩体制と呼ばれる徳川日本社会の性格を決定したのは、十六世紀の全国的な内乱状況である戦国時代の経験である。この時代の日本が恒常的な飢餓状態にあったことを前提に〔藤木 二〇〇五：一〇〇〕、戦国大名は――中国の官吏とは対照的に――領域住民に対するセキュリティの保障を第一義の政治目的とし、巨大城郭の建設や大規模な公的軍事力の担保、交通インフラの整備を行う「大きな政府」を構成した〔山室 一九九一：三五二―三五四〕。

むろん、住民は一定の代償を求められた。戦国期から既に、自衛のための村組織が編成された上、民衆は大名ごとの「国」に帰属し義務を割り当てられるものとされた結果、社会移動の自由度は低下した[5]〔勝俣 一九九六：四、三二―三八〕。十七世紀に徳川体制が安定軌道に乗ると、エリートである武士階層ですら仕える家を変更することは不可能となった〔福田 二〇〇五：一七一―一七三、cf. 笠谷 二〇〇六：一九八―一九九〕。属する「家」ごとに従事可能な「職」が定められた上、宗門人別帳によって農民はその所在地を厳密に把握された。統治階級は身分に従って選抜され、人口比で見ると清朝中国の百倍以上に相当する公的政府の職員を抱えた結果[6]、「五公五民」という慣用句に従えば名目上の公式税率は五〇％前後に達した。

徴税は地元の統治者に直接物納（米納）する方式であり、米の換金は生産者が行うのではなく大名と商家の間で決済されたため、自由市場と呼ぶには指令経済色が強い物流構造が構築された〔宮本 一九八八：四三六―四三八〕、近代以降の軽工業化の側面でも、流通経路を予め業者が管理・掌握して各家に発注する問屋制家内工業という、中国には見られない在来的発展のルートが形成された〔谷本 一九九八：七〕。庄屋と呼ばれる地方ボスは世襲されることが多く、徴税も村単位で請け負う体制だったため、居住地の変更には困難が伴った――ある意味で近世の時点で既に、経済的な独立自由人を直接の担い手とはしない、組織優位型の公共性へと「構造転換」していたのである。

ただしそのことは、特権的な支配者の専横が罷り通り、被支配者との間の公共性が絶無であったことを意味しない。むしろ事情は反対で、統治者も被治者も居住地域が固定された結果、両者の間に長期的な恩顧・従属関係（patron-clientelism）が形成されたことは、大名側が自由意思で住民側との暗黙の合意を破ることに対する掣肘（せいちゅう）となった。税額算出の根拠となる石高が十七世紀末に固定されたため、増税は不可能に近く、それ以降に新田開発や農事改良によって生産性を高めた分は農民の手元に残った結果、実効税率は二〇%台に下がったと見られる〔Smith 二〇〇二：第二章、速水二〇〇三：一一六〕――これは今日の日本人の租税負担率にほぼ等しく〔水谷二〇〇七：八二〕、非正規部分を含めた近世中国の税率よりも有利だったかもしれない。

身分制度とはすなわち職業選択の自由がないことを意味するが、逆に「家」ごとの職分割り当ては、定業に従事する限り新規の参入者との市場競争から保護されるという、一種の生活保障でもあった――高額の税負担を伴う富者から貧者への直接再分配ではなく、企業集団に対する保護主義を通じた長期雇用の確保によって事実上の社会福祉を提供する、二十世紀後半のいわゆる「日本型福祉国家」〔Schoppa 二〇〇七：第三章、宮本二〇〇八：三一―三四、一六六〕は、その近代版と見ることができる。

アレントが「社会的なもの」（the social）の台頭として嫌悪したように、構成員の固定した恒常的中間集団どうしが共棲を図る場合、議論の焦点を生計の維持のみに絞ってしまい、互いの「取り分」が確保された時点で、なし崩し的に妥協が成立することがある。民俗学者の宮本常一〔一九八四：二一〕が描いた対馬の寄合のように、そのような公共圏で必要とされるのは、常に同じ対話相手とこれからも共存し続けるであろうという安心感を確保し、「せまい村の中で毎日顔をつきあわせていても気まずい思いを」しないようにすることであって、厳密な論理的思考や華麗な弁論術を対立者と競いあうことではない。

したがって日本型公共圏における諸集団の共存は、あくまでも同一の秩序像の共有を前提とした上での利害調整の結果であって、アレントが「政治的なもの」(the political) の指標とした、思想的立場の多元性を保証するものではないことには、注意が必要であろう。幕末期に英国議会を観察した福沢諭吉〔二〇〇八：一六二〕にとって衝撃的だったのは、激論を交わす議員どうしが閉会後は平和裏に交際するという英国紳士の美風ではなく、「太平無事の天下」でも複数の「徒党」が「政治上の喧嘩をしている」という議会政治の仕組みそれ自体であった。

近世日本の身分制社会を憎みぬいた福沢にして、当初は党派が存在しない政治を自明の前提としていたのである。明治日本の政治言説が、国家単位での一元性を「公」、そこに意見対立を持ち込む諸党派を「私」とする形で編成され〔塩出 二〇〇四：五七-六二〕、今日もなお「野党」(opposition) は政府に反対 (oppose) してばかりだからよくない」という英訳不可能な政治論がしばしば流通していることもまた、徳川公共圏の名残ということができる。

4　世界史を描き直す——日本化から中国化へ？

このように、東アジアにおける二つの「近世」に則した公共圏のモデルを立てることによって、二十世紀後半以降の国際社会における当該地域の台頭に関しても、新たな意味づけが可能となる。第二次大戦後の日本が奇跡的な経済復興を達成し、NIESと呼称された中国大陸沿岸諸国がそれに追随して雁行型発展を遂げたことは「アジアの奇跡」と呼ばれたが、前近代の圧倒的経済格差を逆転した近代資本主義の誕生こそが「ヨーロッパの奇跡」〔Jones 二〇〇〇〕だったのであって、東アジアの伝統社会のパフォーマンスが西洋を凌駕するのは、むしろ歴史の常態に過ぎない——だとすれば、ヨーロッパの尺度を「世界標準」としてアジアの実績を採点するのではなく、アジアのモデルでヨーロッパを含めた世界を理解することを、考えてみなければならない。

たとえば徳川公共圏モデルに立脚した日本型資本主義が、個人の権利の代わりに帰属集団の現状を保護する手法によって「低負担高福祉」の生活保障を実現し、経済成長と政治的安定を両立し得たことは、当時の世界経済の構造が労使協調を通じた国内再分配（corporatism）を主軸とする形で、いわば「日本化」していたことを示唆するものだ。実際、大恐慌から復興する過程で二十世紀前半の世界経済を席巻した、「大きな政府」による有効需要の創出を通じて中央指令型の市場コントロールをめざすケインズ政策は、ある意味で徳川日本が戦国時代の荒廃から復興する際

デヴィッド・ハーヴェイ『新自由主義』

に期せずして用いた手法が〔速水 二〇〇一：七九〕、より自覚的に理論化されてグローバルに用いられたものとさえいえる。

これに対し、近年ついに米国と並んでG2とまで称されるようになった国際社会における中国の復権は、単に上述の雁行的経路を追うものではなく、むしろ世界経済自体の構造が、日本モデルではなく中国モデルに近似した形へと転換したことを意味している。実際、ケインズ革命を終焉させたいわゆる新自由主義（neo-liberalism）の発明は、「レーガン、サッチャー、鄧小平」[7]〔Harvey 二〇〇七：九-一〇〕によって、一九八〇年前後の英米中三国で同時に着手されたのであった。

改革開放後の中国が「世界の工場」として君臨できたのは、重厚長大型の製造業主導からサービス産業中心への経済構造の転換と、グローバルな通信・運送技術の発展によって、先進工業国内の長期安定契約が全世界を対象として最安値を探索する短期スポット取引に切り替わったポストフォーディズムの市場動向と、同国の伝統的な経済社会のあり方が巧みに結合したからだと考えられている〔Reich 二〇〇八：八一-八六、野田 一九九八：一九四-一九七〕。国内親会社との紐帯一本に依存する日本の系列構造と異なり、現代中国の地方工場は複数のグローバル・ブランドと下請け契約を結ぶことで、絶えざるコストダウンを要求し頻繁な契約更改を行う非情なサプライチェーンの需要に応えているといわれる〔Harney 二〇〇八：三〇九-三一〇、三六五〕。

行政官による裁量の余地が大きい柔軟な法構造もまた中国社会の伝統であるが、それが――不法な労働コストの切り下げという副作用を伴いながら――特区制度をはじめとする外資への優遇措置を可能にしたと見られる〔季 一九九九：一七四-一七五〕。ごく少数に厳選されたグローバル・エリートと、地場産業での豊富な低廉労働力への二極分解という、かつては国民統合の阻害要因と見なされた科挙時代以来の格差構造が、今日ではむしろ経済発展上のメリットとして論じられる〔小林 二〇〇八：一四九-一五〇〕。

郡県制を想起させる集権的で昇進競争を伴う地方官巡回システムが、やはり前近代以来の公的セクターの民間請負慣行（包）と相俟って、多くの腐敗官吏を抱えながらも、彼らが成長抑制的なレント・シーキングに傾くことを防いだと評価される〔加藤・久保 二〇〇九：一八〇-一八五〕。中産階級の形成自体は見られるが、それらの新中間層が――ハバーマス的なブルジョワ市民公共圏の前提と異なり――西洋近代型の「民主化」ではなく、共産党一党政権による安定支配の持続を希望することで、近世の状態に後戻りする「過去へ進化する社会主義」〔園田 二〇〇八：一七六-一七八〕が形成されつつある。

このような世界経済の「中国化」は、政治文化の面でも再度の「公共性の構造転換」をもたらすだろうか。多くの福祉国家の経営が行きづまり、国家が再分配の政治から撤退する傾向が見られる。グローバルな水平分業の進行に伴い、企業が長期的な従業員の帰属集団ではなく、短期的な株主の投資プロジェクトとしての性格を強め、物価は上がっても実質賃金が下がる現象が生じていることは、西洋起源の諸制度もまた近世期の原点——産業資本主義以前の「重商主義」の時代に回帰しつつあることを示唆している〔水野 二〇〇七：一二〇-一二三〕(8)。これに伴い先進国の労組の組織率は顕著に低下し、労使を問わず、何らかの中間集団が所属メンバーの意思を安定して代行することが困難になりつつある。

そのような国際情勢の下でネグリとハート〔二〇〇三〕は、国民国家ではなくグローバルな〈帝国〉を舞台に、可変的でアド・ホックな人的紐帯としてのマルチチュードを展開することによって、新しい民主主義が可能になると主張している。しかし、それは本当に明るい展望であろうか。

5　歴史から未来を描く——アジア市民社会像の新構築

マルチチュードによる民主主義とは、端的にいえば政治面での「中国化」にほかならない。組織資本主義の解体の果てに見出されたマルチチュードが民衆運動の新たな主体に見えるのは、ネグリらが西洋の歴史的文脈しか知らないからであって、近世から既に身分集団が存在せず、地域共同体も職能集団も弱体で、政治も経済もアド・ホックな個人のネットワークで運営されてきた伝統中国とは、最初から「マルチチュードしかいない国」なのだ――中国社会の人的紐帯が「渦巻」や「磁力」に喩えられてきた所以である〔深尾・安冨二〇〇三：三二四、深尾・安冨二〇〇九：五一八、本野二〇〇四：二四三〕。したがってグローバルな市民社会の将来を占うためにこそ、中国的公共圏の歴史を紐解く必要がある。

実は、その都度ごとの科挙合格者の邸宅に中国の衆庶が群がったのは、単に彼によってもたらされる免税特権等の私的利害を求めたためだけではない。朱子学的な修養の度合いが問われる科挙とは、西洋近代的な意味での能力主義（meritocracy）に留まらず、徳性の面でも人格的に卓越した人物を選抜する制度だということに理論上なっていた。つまり単なる事務処理能力のみではなく、道徳的にも優れたものが統治官僚に採用されるというのが――西洋近代的な政教分離とは異なる――近世中国の徳治主義の建前であり〔溝口・池田・小島二〇〇七：一六六〕、このことが翻って、裁量的行政による法治の無視をも可能にしたのである。

したがって、理想的徳治者であるはずの科挙官僚が道徳に違背した（と見なされた）際の憤激はすさまじかった。汚職官吏を糾弾し、清廉な行政官を守ろうとする運動はしばしば有象無象の大衆を動員し、特に明朝崩壊時、皇帝に殉ぜず李自成の反乱軍に投降したとされる「従逆」官僚やその縁者たちは、不忠を論難して暴徒化した地元の民衆に財産を略奪され、私刑による暴行を受け、嬲り殺し同然に殺害されたという。無学な一般庶民でも真情に照らせば自ずと道理がわかると説いた陽明学による、いわば道徳感情の民主化が、これらの動向に拍車をかけた〔岸本 一九九九：第三−六章〕。

日中戦争後の漢奸弾劾や、文化大革命期の人民裁判は、おそらくはナショナリズムや共産主義のみの帰結ではなく、この近世中国的な公共圏の歴史的特性に由来しよう。中国における統治技術とは、近世以来、抵抗権ならぬ「反乱権」〔Wittfogel 一九九五：一四一−一四四、cf. 石井 二〇〇八：八九〕としてのかようなマルチチュードの暴発を、時に制御し、時に誘導する能力であったと見ることができる。

中間集団相互間の妥協によって特徴づけられる徳川以来の公共圏を有する日本でも、「中国化」する世界経済の影響下で、同様の公共空間の再編が緩やかに、しかし確実に進展している。そもそも個人の権利保障の弱さを集団単位での現状維持が代替する日本社会には、近世村落や現代企業のような時代ごとの標準的中間集団に帰属していない人物を、（いわゆる村八分という形で）最小限のセキュリティ提供からも除外してきた歴史がある——構造的に、近世中国的な保護されぬ流民層を、一定数抱え込んできたとも言える〔與那覇 二〇〇九：三四−三八〕。戦後日本的な長期雇用の崩壊と、業界団体や労働組合などの政党支持組織の弱体化によって、マルチチュード的に行動

する無党派層のコントロールが、日本政治の帰趨を左右する状況が生まれている。(9)

インターネットの普及が（中国と同じく）彼らに活動の場を与え、そこではしばしば非現実的なまでに硬直化した道徳的正論が（やはり中国と同じく）「群情激憤」への共感に支えられながら、可変的で流動的な競合関係を日々産出している〔季二〇〇四：二五九、二六七―二六八〕。ここで、アメリカ批判の反戦デモや「派遣切り」を弾劾するインディーズ系労組ならマルチチュードで、首相の靖国参拝や憲法改正を熱望するネット右翼はポピュリズムだというような、アンフェアな二重基準を採用するべきではあるまい。(10) そのどちらもが、情動的正義感に突き動かされた散発的群集行動が、既存の組織的秩序を凌駕し時には理性的討議をも圧倒する、公共圏の「中国化」の表れにほかならない。文革の例を引くまでもなく、群衆の喝采に乗じた妥協を知らない絶対的規範の強硬は巨大な不幸を生む危険性があり、この点では一党制を採る中国のみでなく、「民主化」したとされる日本にとっても対岸の火事ではない。

アレント〔一九八一：二二二―二二四〕は第二次大戦の経験に基づき、多党制が全党に配慮する独裁者への待望を招いて全体主義に急転しやすいのに対し、二大政党制は常にもう一つの選択肢を維持する効能があるとして、後者を高く評価したことがあるが、実は戦前の日本は二大政党制からファシズムに移行した世にも稀な事例なのである。理由の説明は困難だが、「党派」自体の存在を嫌う日本型公共圏の特質に加えて、明治期に西洋化の外見の下で浸透した「必ず一つの理想にすんなり行き着くべきだという」「儒教型の公論」〔苅部 二〇〇九：一一二、苅部・片岡 二〇〇八：一一七〕、ないし陽明学的な道徳一元論と共感の政治学が作用している可能性が高く〔小島 二〇〇六：第五章、林 一九八九：六四–七三〕、歴史が繰り返さないという保証もない。

かような日中両国の現状、および正負ともにあるその公共圏の歴史を遺産として、真に未来志向の新しいアジア市民社会を創り上げるために、われわれは何ができるだろうか。まず重要なのは、近代以降も日中両国で機能してきたのは、アレントやハバーマスが理念化した「西洋的公共圏」以上に、各々の伝統的公共圏モデルであったことを認め、それぞれの長短をよく自覚することである。たとえば近代西洋の尺度から見た場合、中国型公共圏の問題点として指摘されるのは、法の支配や普遍的人権や議会制民主主義の「欠如」であるが、むしろ逆になぜ「西洋型公共圏」にはそれらが存在するのか、を歴史的に問うてみる必要がある。

おそらくその原因は、中国に対する西洋社会の「後進性」――逆ではない――に見出されよう。法治主義にせよ、人権にせよ、議会制にせよ、その多くは元来、西欧中世で国王に対する封建貴族の既得権益として保持されてきた諸権利が、近代化に伴って国民に開放されたものだが、[1]宋代の科挙制度の全面化により世界で最初に身分制を放棄した時点で、中国的公共圏には貴族など存在しなくなったし〔内藤 二〇〇四：一九三–一九九〕、今もいないからである（同じことは、ある程度まで日本にも当てはまる）。西洋よりも先行して発展した中国型公共圏や日本型公共圏が、その成立の時点ではそれなりに完成した体系であったがゆえに今日、ある種の袋小路に行き当たっている以上、単純な「西洋化」の鼓吹は有効な解決策にならないであろう。むしろナショナリスティックな反発を引き起こし、逆効果となる危険すらある。

それではどうすればよいのだろうか。世界経済全体が「中国化」している現在こそ、中国型公共圏の放棄ではなく改訂によって、それを真に普遍化する希望があると考える。政治と道徳を分離せず自らの主張を普遍的に語る中国的公共圏にも、少数者の抑圧や意見の多元性の破壊さえ伴わなければ――計算合理性のみを徹底化してしまった西洋近代にはない――メリットがある以上、「非西洋的」ないし「前近代的」の一語でそれを否定するのではなく、むしろその改善に資する伝統を、当該社会の内部に探求するべきであろう。

たとえば古代律令制下での均田・班田制の経験は、個人に最低所得を保障するベーシック・インカムの理念に転用できるかもしれず〔山森 二〇〇九：一八六―一八七〕、多民族帝国時代の宗教的寛容政策が、民族的マイノリティとの共生に資する可能性もある〔平野 二〇〇四〕。むろん中国型公共圏が不如意な分野を、日本型公共圏の応用によって補っていくこともあり得よう。第一次産業が主軸を占める地域は地球上に未だ多く存在するが、複数農家に連帯責任制の中間集団を組ませて融資するマイクロクレジットの実践には、清朝中国よりも徳川日本の統治技法が活きるかもしれない〔伊藤 二〇〇七：二四二〕。

黒人というかつて差別された人種に属するバラク・オバマが、「アメリカというこの連合体をもっと完全にする道を歩み続ける」〔三浦（編訳）二〇一〇：三七〕とするビジョンと、インターネットを通じた草の根の個人のネットワークに支えられてアメリカ大統領に当選し、米国の伝統をより自由で、より平等、より寛容なものとして新たに語りなおす姿は、世界の人々の感動を呼んだ。しかし東アジアの歴史的文脈から見れば、それは夷狄として蔑まれてきた満州族の清朝雍正帝が、朱子学的な徳治主義が真に普遍的なものであるのなら、天命が漢族ではなく満州族に下っても構わないはずだと説いた際のロジックが〔岸本 一九九八：四七-五〇、平野二〇〇四：八二〕、ようやっと西洋世界でも当然視されるようになったに過ぎない。この意味では三〇〇年以上遅れて今、西洋文明が中華文明に追いつきつつあるとさえ見ることができる現在、東アジアから新しい市民社会のモデルを創り出すことの可能性は、決して未だ汲みつくされていないものと考える。

【注】

（1）生活水準に関して前近代西欧のアジアに対する優位を主張する論者でさえ、今日ではこのことを認めている〔Clark 二〇〇九：二八、一二〇-一二二〕。

（2）この問いへと筆者を誘ってくれた論考としては、明治維新史の三谷博〔二〇〇四〕、日本政治思想史の渡辺浩〔二〇〇八b〕、中国地域研究の深尾葉子と安冨歩〔二〇〇九〕のものが特筆される。

（3）杉山正明〔二〇〇三：二三八〕によれば、中国史上「純粋の漢族王朝」と呼べるものは漢・宋・明の三王朝のみに留まる。

（4）なお、この点はある程度までは徳川幕府の行政機構にも共通する〔山本 二〇〇九：一一二一一三〇〕。

（5）久留島典子〔二〇〇九：一〇二〕によると、一五世紀末の近江の農村で既に、七歳以上になってからの転入者は十全な村民と認めないという差別規定が存在した〔cf. 渡辺 二〇〇八a：二八七一二八八〕。

（6）渡辺浩〔一九八五：一〇四〕によれば、幕末の成人武士の人口比約一・三%に対し、清末の官人のそれは〇・〇一%に満たなかった。

（7）新自由主義論の標準的なテキストである同書（の原著）で、ハーヴェイ〔二〇〇七：第五章〕は「「中国的特色のある」新自由主義」と題して改革開放政策に一章を割いているが、日本を扱う章はない。

（8）近世に西洋で出発した株式会社は本来、リスクの高い航海事業への投資を募るためのもので、その都度出資者（＝株式購入者）に利益を分配して解散することが常態であった〔Micklethwait and Wooldridge 二〇〇六：三三、羽田 二〇〇七：七九〕。これ以外にも現在の世界を「近世への回帰」として捉えうる諸点については、前章を参照のこと。

（9）同様の傾向が、先進国の民主主義全般に当てはまるとする指摘もあるが〔Crouch 二〇〇七：九二、一二二、一五一一一五二〕、それこそが政治の「中国化」であり、経済の「重商主義化」であろう。

（10）戦間期の街頭公共性の評価をめぐる佐藤卓己〔一九九六：一八八〕の提言を参照のこと。

(11) これは法制史（村上一九七九：一一三―一一四）や国法学（樋口二〇〇七：八―九）の標準的な見解であり、政治学の入門書（杉田二〇〇一：一三―一四）にも記されているが、なぜか「進歩的」な歴史研究者には頑なに認めない人も多い。本書第二部は歴史認識における「西洋中心主義」（西洋＝先進国史観）が、かくも強固であった理由の探究としても読むことができる。

【参照文献】


足立啓二一九九八『専制国家史論　中国史から世界史へ』柏書房。

石井知章二〇〇八『K・A・ウィットフォーゲルの東洋的社会論』社会評論社。

伊藤亜人二〇〇七『文化人類学で読む日本の民俗社会』有斐閣。

岩井茂樹二〇〇四『中国近世財政史の研究』京都大学学術出版会。

上田信二〇〇五『中国の歴史9　海と帝国　明清時代』講談社。

笠谷和比古二〇〇六『主君「押込」の構造　近世大名と家臣団』講談社学術文庫（原著一九八八年）。

勝俣鎮夫一九九六『戦国時代論』岩波書店。

加藤弘之・久保亨二〇〇九『中国的問題群5　進化する中国の資本主義』岩波書店。

苅部直二〇〇九「「公議」「公論」の光と影」三谷博・並木頼寿・月脚達彦編『大人のための近現代史　19世紀編』東京大学出版会。

苅部直・片岡龍二〇〇八「思想の漢文脈と和文脈　荻生徂徠から小林秀雄まで」『大航海』六七号。

季衛東一九九九『超近代の法　中国法秩序の深層構造』ミネルヴァ書房。

季衛東二〇〇四「中国的公論の諸相　基層秩序生成の動態と言説媒体」三谷博編『東アジアの公論形成』東京大学出版会。

岸本美緒 一九九八 「東アジア・東南アジア伝統社会の形成」『岩波講座世界歴史13 東アジア・東南アジア伝統社会の形成』岩波書店。
岸本美緒 一九九九 『明清交替と江南社会 17世紀中国の秩序問題』東京大学出版会。
岸本美緒 二〇〇四 「土地を売ること、人を売ること 「所有」をめぐる比較の試み」三浦徹ほか編『イスラーム地域研究叢書4 比較史のアジア 所有・契約・市場・公正』東京大学出版会。
久留島典子 二〇〇九 『日本の歴史13 一揆と戦国大名』講談社学術文庫（原著二〇〇一年）。
小島毅 二〇〇六 『近代日本の陽明学』講談社選書メチエ。
小林英夫 二〇〇八 『BRICsの底力』ちくま新書。
佐藤卓己 一九九六 「ファシスト的公共性 公共性の非自由主義モデル」『岩波講座現代社会学24 民族・国家・エスニシティ』岩波書店。
塩出浩之 二〇〇四 「議会政治の形成過程における「民」と「国家」」前掲『東アジアの公論形成』。
杉田敦 二〇〇一 『デモクラシーの論じ方 論争の政治』ちくま新書。
杉山正明 二〇〇三 『遊牧民から見た世界史 民族も国境もこえて』日経ビジネス人文庫（原著一九九七年）。
園田茂人 二〇〇八 『不平等国家中国 自己否定した社会主義のゆくえ』中公新書。
谷本雅之 一九九八 『日本における在来的経済発展と織物業 市場形成と家族経済』名古屋大学出版会。
内藤湖南 二〇〇四 「概括的唐宋時代観」『東洋文化史』中公クラシックス（初出一九二二年）。
野田宣雄 一九九八 『二十世紀をどう見るか』文春新書。
羽田正 二〇〇七 『興亡の世界史15 東インド会社とアジアの海』講談社。
速水融 二〇〇一 『歴史人口学で見た日本』文春新書。

速水融二〇〇三『近世日本の経済社会』麗澤大学出版会。

樋口陽一二〇〇七『国法学　人権原論　補訂版』有斐閣（原著二〇〇四年）。

平野聡二〇〇四『清帝国とチベット問題　多民族統合の成立と瓦解』名古屋大学出版会。

深尾葉子・安冨歩二〇〇三「中国陝西省北部農村の人間関係形成機構〈相夥〉と〈雇〉」『東洋文化研究所紀要』（東京大学）一四四号。

深尾葉子・安冨歩二〇〇九「中国農村社会論の再検討」安冨歩・深尾葉子編『「満洲」の成立　森林の消尽と近代空間の形成』名古屋大学出版会。

福沢諭吉二〇〇八『福翁自伝』岩波文庫（原著一八九九年）。

福田千鶴二〇〇五『御家騒動　大名家を揺るがした権力闘争』中公新書。

藤木久志二〇〇五『雑兵たちの戦場　中世の傭兵と奴隷狩り』朝日選書（原著一九九五年）。

古田和子二〇〇四「中国における市場・仲介・情報」前掲『イスラーム地域研究叢書4　比較史のアジア』。

三浦俊章（編訳）二〇一〇『オバマ演説集』岩波新書。

水谷三公二〇〇七「近代社会を育んだ「統治の作法」」『中央公論』一二二巻七号。

水野和夫二〇〇七『人々はなぜグローバル経済の本質を見誤るのか』日本経済新聞出版社。

溝口雄三・池田知久・小島毅二〇〇七『中国思想史』東京大学出版会。

三谷博二〇〇四「序論　公論形成　非西洋社会における民主化の経験と可能性」前掲『東アジアの公論形成』。

宮本太郎二〇〇八『福祉政治　日本の生活保障とデモクラシー』有斐閣。

宮本常一一九八四『忘れられた日本人』岩波文庫（原著一九六〇年）。

宮本又郎一九八八『近世日本の市場経済　大坂米市場分析』有斐閣。

村上淳一 一九七九『近代法の形成』岩波全書。
本野英一 二〇〇四『伝統中国商業秩序の崩壊　不平等条約体制と「英語を話す中国人」』名古屋大学出版会。
山室恭子 一九九一『中世のなかに生まれた近世』吉川弘文館。
山本博文 二〇〇九『江戸に学ぶ日本のかたち』ＮＨＫブックス。
山森亮 二〇〇九『ベーシック・インカム入門　無条件給付の基本所得を考える』光文社新書。
與那覇潤 二〇〇九「中国化論序説　日本近現代史への一解釈」『愛知県立大学文学部論集　日本文化学科編』十一号。
林毓生 一九八九『中国の思想的危機　陳独秀・胡適・魯迅』丸山松幸・陳正醍訳、研文出版（原著一九七九年）。
渡辺京二 二〇〇八ａ『日本近世の起源　戦国乱世から徳川の平和へ』洋泉社ＭＣ新書（原著二〇〇四年）。
渡辺浩 一九八五『近世日本社会と宋学』東京大学出版会。
渡辺浩 二〇〇八ｂ「トクヴィル氏、「アジア」へ」『ＵＰ』四二三号。
Abu-Lughod, Janet L. 二〇〇一『ヨーロッパ覇権以前　もうひとつの世界システム　下』佐藤次高ほか訳、岩波書店（原著一九八九年）。
Arendt, Hannah. 一九八一『全体主義の起原２　帝国主義』大島通義・大島かおり訳、みすず書房（原著一九五一年）。
Arendt, Hannah. 一九九四『人間の条件』志水速雄訳、ちくま学芸文庫（原著一九五八年）。
Clark, Gregory. 二〇〇九『一〇万年の世界経済史　上』久保恵美子訳、日経ＢＰ社（原著二〇〇七年）。

Crouch, Colin. 二〇〇七『ポスト・デモクラシー　格差拡大の政策を生む政治構造』近藤隆文訳、青灯社（原著二〇〇三年）。
Frank, Andre G. 二〇〇〇『リオリエント　アジア時代のグローバル・エコノミー』山下範久訳、藤原書店（原著一九九八年）。
Habermas, Jürgen. 一九九四『公共性の構造転換　市民社会の一カテゴリーについての探究　第2版』細谷貞雄・山田正行訳、未来社（原著一九六二年）。
Harney, Alexandra. 二〇〇八『中国貧困絶望工場「世界の工場」のカラクリ』漆島稔訳、日経BP社（原著同年）。
Harvey, David. 二〇〇七『新自由主義　その歴史的展開と現在』渡辺治監訳、作品社（原著二〇〇五年）。
Jones, Eric L. 二〇〇〇『ヨーロッパの奇跡　環境・経済・地政の比較史』安元稔・脇村孝平訳、名古屋大学出版会（原著一九八一年）。
Micklethwait, John and Wooldridge, Adrian. 二〇〇六『株式会社』鈴木泰雄訳、ランダムハウス講談社（原著二〇〇三年）。
Negri, Antonio and Hardt, Michael. 二〇〇三『〈帝国〉グローバル化の世界秩序とマルチチュードの可能性』水嶋一憲ほか訳、以文社（原著二〇〇〇年）。
Reich, Robert B. 二〇〇八『暴走する資本主義』雨宮寛・今井章子訳、東洋経済新報社（原著二〇〇七年）。
Schoppa, Leonard J. 二〇〇七『「最後の社会主義国」日本の苦闘』野中邦子訳、毎日新聞社（原著二〇〇六年）。
Smith, Thomas C. 二〇〇二『日本社会史における伝統と創造　工業化の内在的諸要因　一七五〇—一九二〇年』大島真理夫訳、ミネルヴァ書房（原著一九八八年）。
Wittfogel, Karl A. 一九九五『オリエンタル・デスポティズム　専制官僚国家の生成と崩壊』湯浅赳男訳、新評論（原著一九五七年）。

【補論Ⅰ】

社会の「支え方」の日中比較史

――陶徳民ほか編『東アジアにおける公益思想の変容――近世から近代へ』書評

『東アジアにおける公益思想の変容』は、渋沢栄一記念財団の支援の下、「渋沢国際儒教研究チーム」によって二〇〇四～〇五年に日中両国で開催されたシンポジウム「比較視野のなかの社会公益事業」「中日近代企業家の人文精神と社会貢献」の報告をもとに編まれたものであり、同じ編者の手になる論集『近代東アジアの経済倫理とその実践――渋沢栄一と張謇を中心に』（日本経済評論社）の姉妹篇にあたる。具体的な内容は、以下のとおりである。

姜克實「解題　近代化における伝統と公益思想」

第Ⅰ部　歴史における公益思想の諸相

①余英時「基調講演：近世中国における儒教倫理と商人精神」（陶徳民訳）

②陶徳民「東アジアの救済施設としての社倉――中井竹山『社倉私議』考」

③ルーク・ロバーツ「近世における経済道徳と慈善事業との関係――一つの試論」
④坂下史「近世イギリスの社会公益事業――救貧・慈善をめぐる議論と救済の現場」

第Ⅱ部　近代日本における公益思想の変遷

⑤姜克實「近代日本社会の形成と儒学思想」
⑥桐原健真「「病院」の思想――幕末維新期における西洋社会事業観念の展開」
⑦山名敦子「渋沢栄一にみる公益という名の慈善――東京養育院に関わる」
⑧室田保夫「留岡幸助の慈善事業思想――その形成と展開」

第Ⅲ部　近代中国の公益思想

⑨夫馬進「中国社会福祉史上における近代の始まり――特に「教養兼施」の「新しさ」について」
⑩朱英「近代中国実業家の社会奉仕――張謇の慈善・公益思想と活動」（姜克實訳）
⑪趙明遠「近代南通における社会保障システムの構築と張謇の役割について」（尾崎順一郎訳）
⑫陳瑋芬「張謇・熊希齢にみる近代社会公益思想の展開――渋沢栄一との比較を通して」

本編を構成する全十二章について、掲載順に沿って概略を解説する作業は、冒頭に置かれた編者の一人・姜克實による「解題」に尽くされているほか、渋沢栄一や張謇（ちょうけん）の事績をはじめ、複数の章に重複して記述される内容も多い。そこでこの書評では、同書を通読した場合に看取される共通テーマやトピックに応じて、評者なりの見地からある程度、順序を組みかえつつ各章の内容を紹介した上で、私見を述べることとしたい。

1　構造

東アジア史上の「公益思想」を概観する本書において、大きな分析軸をなすのはむろん、中国起源の政治思想である儒教が果たした役割である。余英時①は、大企業家だった子貢(しこう)が『論語』や『史記』で孔子の弟子としても高く評価されていることから、儒家の倫理は元来、貨殖と道徳の両立可能性を説くものだったとし、それが賤商観に傾いた漢代から宋代（朱子学を含む）をむしろ儒教史における逸脱の時期と位置づける。これに対し王陽明が商人に士大夫と同様、「道」の実践者としての資格を認めた十六世紀以降、人口増加により官吏への道が狭まった儒者が商業に転ずる「棄儒入賈」現象とも相まって、「義」（士魂）と「利」（商才）は矛盾せず一致するという商業道徳が、明清時代に定着したとする。

夫馬(ふま)進⑨は、イギリスでは十八世紀の資本主義化に伴って形成された世俗市民の自発的結社による福祉の実践が、実は中国江南では十七世紀前半から「善会」によるチャリティ活動（善挙）として普及しており、清代中期以降の人口過剰によって一層発展したと指摘する。つまり、欧米では産業革命によって創出された都市貧民層が、中国では人口圧力のために近代以前から問題化されており、同じ東アジアでも日本では大正期まで人口過剰が意識化されず、かつ同時期の工業化によって増加人口がスムーズに解消されたのとは、対照的だったという。したがって近代にも日本人と異なり、中国人は当初、自国の社会福祉をむしろ欧米よりも盛んなものと捉える傾向があり、従来のように貧者を収養するのみでなく、職業と教育を与えて自立させる「教養兼施」の思想――およびその裏面である、自律した労働主体たりえないことを「罰」の対象とする発想――は、必ずしも近代西洋から輸入されただけではなく、近世以来の社会的文脈に則して内発的に誕生したものでもあったという。

西洋史上で怠惰や貧困を一種の「罪」と見なす思考の典型とされるのは一八三四年の新救貧法だが、同法に至る英国慈善事業史を概観するのが「福祉の複合体」史の観点に立つ坂下史④の論考である。十六世紀以降、市場経済の浸透と人口増加によって、全欧州的に――中国の「善会」とは異なり――公権力や教会による救貧事業が開始されるが、地方税（救貧税）によって教区の貧困者を救済する制度が全国一律に、かつ長期にわたって維持されたのは、イングランドのみの特徴だった。結局、税負担の増大がマルサスやベンサムによる公的扶助への批判を招いて新救貧法の成立へと至るのだが、その過程でも税による「法定チャリティ」としての救貧事業と民間の私的慈善とは、常に互いに補いあうべきものとして同時代人に捉えられており、慈善家の事業を支えた論理もまた、キリスト教的な博愛精神から国富論的な社会改良志向までが混淆する、複合的な福祉レジームであったという。

翻って、日本はどうであろうか。桐原健真⑥は、戦国時代の十六世紀後半にキリシタン宣教師が伝えた宗教的慈悲心に基づく病院事業が、その後の禁教下で抑圧されたために、日本には既成共同体からの疎外者に承認を与え、単なる肉体的治癒のみでなく精神の救済を担うキリスト教圏のhospitalの思想が根づかなかったのではないかと問う。一七二二年創立の小石川養生所は、江戸の人口過密状態を背景に生まれた例外的施設に留まり、領主層による「御救（おすくい）」行為も極限的飢餓状態でのみ発動されるもので、平時の貧困一般の解消という理念を伴ってはいなかった。これに対し、一八五四年以降に日本でも流布する魏源（ぎげん）『海国図志（墨利加（アメリカ）洲部）』が、カトリシズムに比して世俗性の高い米国のプロテスタント系救貧事業を「仁会」と訳して紹介したことにより、キリスト教徒の慈善を海外侵略の道具と見る従来の発想を越えて、近代西洋を儒教的な「王道政治」の体現と読み替える認識が吉田松陰や横井小楠（しょうなん）らによって唱えられ、明治以降の社会事業思想の礎となったという。

これに対し陶徳民②は、儒学的な王道思想や民本主義に則った「社倉」制度が、近世の日中両国でともに観察されることに目を向け、老中松平定信に『草茅危言』、龍野藩主脇坂侯に『社倉私議』（一七七四年）を提出して農村復興を企図した懐徳堂（かいとくどう）の儒者・中井竹山の構想を採り上げる。

竹山の社倉論は、それまでの山崎闇斎らの非常用備蓄としてのそれとは異なり、官・民双方の折半（上下合体）で拠出した原資を大坂へ「廻米」して運用しつつ、貯まった利息米を地域の共同財産として管理していくもので、実際半世紀後の一八一九年にその弟子・小西惟冲（いちゅう）によって龍野藩に社倉が設けられた際には、大庄屋の自主管理による低利貸付基金として制度化され、天保期には地域住民への無利息貸付の実例も生んだという。

一方、L・ロバーツ③は、十九世紀前半の英米で自活能力のない貧民が不道徳な存在と見なされたのと同様、近世日本の慈善思想を支えた神道や仏教にも貧者を「穢（けがれ）」や「仏罰」の表徴として捉え、「御救」にすがるものを「非人」として卑しむ通念があったことを重視し、特に親類縁者の保護や地域共同体の相互扶助（講）から外れた流浪者（野非人）の場合、旧身分を捨てて非人集団の一員となる以外に公的な保護を受ける道がなかったという構図を描く。つまり家族・地域・身分と経済の制度とが一体のものとして連結しているがゆえに、ひとつのカテゴリーから脱落すると他のカテゴリーの成員権も失った点に、近世日本社会の問題を見出しているのである。

2 実践

かように近世東アジアの歴史的文脈を位置づけた上で、著者たちは近代の日中両国で公益事業に従事した実業家・活動家の個々の軌跡をも分析している。姜克實⑤は儒教を徳川日本ないし近代天皇制国家の体制イデオロギーとするいわゆる丸山（真男）学派のテーゼと、儒学的な通俗道徳による自己鍛錬が民衆の主体形成に転化した側面を重視する安丸（良夫）民衆史の双方に配慮しながら、『論語』を経営の指針とした渋沢栄一や、二宮尊徳の『報徳記』に啓発された大原孫三郎（倉敷紡績）など、日本で伝統思想が近代資本主義のエートスを支えた事例を豊富に提示する。一九〇〇年代後半から展開された地方改良運動もまた、儒学的徳目による官民双方からの地域経済更生の試みであり、同時期から大工場で形成され始めた日本的労使関係（鐘紡（カネボウ）の武藤山治に代表される温情主義経営）も、前近代以来の家族・村落的共同体意識に淵源する一種の厚生事業で、労働者への「施恩」を通じて社会に「報恩」するという経営者の治国平天下的意識の産物だったという。

山名敦子⑦は渋沢栄一が一八八〇年代、公費による補助が打ち切られた後も東京養育院長として貧民救済に当たる一方、商工会代表としては都市計画上、細民地区改善に反対して商業地域活性化を優先する二つの顔を有していたことに触れ、「公益」と「私益」とを合理的に両立させるところに、渋沢は実業家の道徳性を見出していたと結論する。室田保夫⑧は、十九世紀末から監獄改良や啓蒙活動を通じて日本における社会事業の定着に務めた、キリスト教慈善思想家である留岡（とめおか）幸助の前半生を追う。同志社入学や欧米視察に代表される西洋からの影響と同時に、受洗後も漢学塾に学び、著述でも近世儒者の説いた「仁政」や「徳政」を慈善の根拠づけに流用するなど、常に「近代性」を「土着性」で裏づけようとする留岡のバランス感覚を評価する一方、その運動が徹底した人権擁護や抜本的な社会改革には進まず、国家の公共政策に回収される一因ともなったと指摘している。

一方、近代中国の社会事業家として本書が幾重にも検討するのが張謇である。張謇は一八五三年に江蘇省に生まれ、苦学して四十二歳の時に科挙制度上最後の状元（首席合格者）となったものの、しかし清末民初の動乱の中で官職を諦め、自らの経済事業によって同省北部の都市・南通の基盤整備に尽くした人物であった。

朱英⑩は同時代中国の社会事業に比しての張謇の先進性として、実業・教育・慈善の三者を包括した地方自治を構想し、それが当時稀な障害児教育の実践に結実したことや、災害後の救済のみでなく事前の防災の必要性（本末兼治）を主張し、特に江淮の治水事業に科学的な手法で取り組んだ点を挙げ、善事の慣習を持つ中国でも、一都市のインフラを公費や募金でなく、個人一人の事業収益から支出して賄った事例は他に絶無であるとする。趙明遠⑪も儒士出身の張謇が、統治者による「王政」が今や不可能である以上、民間の慈善家が「地方自治」の担い手となるべきだという現状認識の下で、書芸の販売等によって資金不足を補いながら、南通を社会保障部門が完備し、浮浪者の少ない点で欧米よりも先進的とさえ当時評されたほどの都市に変貌させたと評価する。また民間に広く協力を呼びかける過程で、その思想も儒教の「仁」を基礎としつつ、墨家の「兼愛」や道家の「積善」、仏教の「布施」など他の伝統思想を取り込んだ広範な人道主義へと転化していったという。

陳瑋芬⑫は張謇に加えて、同時代の熊希齢（ゆうきれい）の事績を採り上げ、かつ日本の渋沢栄一との比較を試みている。熊希齢は一八七〇年に湖南省で生まれ、梁啓超（りょうけいちょう）らと交わって清末民初の政治改革に従事、袁世凱の下で組閣するも袁との対立から政界に失望したため、一九一七年の大水害を機に罹災児童の救済事業に転じ、北京で香山慈幼院の経営に従事して南通の張謇と並び「北熊南張」と併称された。幼少時に苗（ミャオ）族の家屋に育ったことからか、慈幼院でも多民族の文化を尊重したほか、収養のみでなく教育を重視して成果を挙げたという。五四運動のような全面的西洋化論に与せず伝統思想との中庸をめざした点や、道徳規範と自己修養を強調する儒学の立場を基軸としながら、精神的苦境を緩和する意味で仏教やキリスト教にも功能を認め諸宗教の共存を説いた点も、また、張謇と共通するとともに、儒教的な道徳によって義利を調和させつつ、一九一二年には三教帰一（神道・仏教・キリスト教の融合）を唱えた渋沢栄一にも比定できるとする。

3 考察

以上がこの書物全体の提示する歴史像の要約だが、全体を貫いているのは、東アジアの社会福祉や公益事業を、単に十九世紀以降の欧米「先進」諸国からの輸入思想としてのみ捉えるのではなく、一六〇〇年前後から東洋／西洋を通じて「同時」に形成され始めた、地域ごとの伝統的な社会システムの延長線上で把握する視座であろう（⑨一九九頁）。これは「長い十六世紀」を地中海資本主義の誕生と近代世界システムの形成期とみなすグローバル・ヒストリーや、近年ついに通史叙述においても基本視角として採用され始めた〔三谷二〇〇九：一九－二〇〕、当時の経済的ヘゲモニーが西欧ではなく中国にあった事実に依拠して前者を修正する、いわゆる東アジア近世論の動向にも沿うものである。

すなわち十六世紀の混乱――日本では戦国時代、欧州なら宗教戦争――を収束させたところに成立した、十七世紀の社会システム――日本の徳川公儀、中国の明清交替、欧州の「ウェストファリア体制」――を、近世ないし初期近代（ともにEarly Modern）として定義することで〔宮嶋二〇〇四〕、ヨーロッパを常に先進地域と錯認しがちな欧米中心主義を回避しつつ、世界史の展開を並行的に把握する視角である。評者自身はこれらの研究動向を、一六〇〇年以降の「長い近代」（全世界での同時的な伝統社会の形成）というタイムスクールの設定によって、一八〇〇年以降の「短い近代」（西洋の一時的な東洋への優越）を相対化するものと理解しているが（與那覇二〇〇九a：二三一－二六）、「近世から近代へ」という副題を持つこの論文集の諸論考の総体は、まさに同じような歴史認識の構図を示すものとしても読むことができる。

一方、評者はそのような知見に立った場合、「長い近代」を通じて形成された各地域の社会類型の比較においては、必ずしも旧来のように「ヨーロッパ」と「アジア」を対比させるのではなく、むしろ「日本」と「中国」を両極とし、「西欧」はむしろその中間的形態と見た方がよいのではないかと考えている（本書第三章参照）。このことは、いわゆる近代西洋的なモダニティが、（A）市場経済を原動力とした身分制や共同体規制の解体、個人の自由化という流動化のベクトルと、（B）国民国家を重心とした共同体意識の再編と社会統合の強化、すなわち集団の固定化というベクトルの双方を、相矛盾しながら抱え込んでいたことを想起すれば、理解しやすい（この二面性をドゥルーズ〔二〇〇七〕は「管理社会」と「規律社会」の対照として、ハーシュマン〔二〇〇五〕は「離脱」と「発言」の力学上の相違として、トゥールミン〔二〇〇一〕は「十六世紀人文主義」と「十七世紀合理主義」の質的差異として、ジェイコブズ〔二〇〇三〕は「市場」と「統治」の倫理の二類型として、それぞれに表現した）。

しかし近世中国とは、科挙による身分制の撤廃と職業の自由化とによって、前者（A）のベクトルだけを徹底的に極限化した社会であり、逆に近世日本では、村請制と宗門人別帳に代表される前近代社会では稀な住民管理を通じて、後者（B）のベクトルのみが絶対化された（この相違を中根千枝〔一九六七〕は「ヨコ社会」と「タテ社会」と呼び、それらの形成過程を岸本美緒〔一九九八〕は「柔らかい伝統社会」と「堅い伝統社会」として叙述し、その帰結を安冨歩〔二〇〇九〕は「網状組織」と「樹状組織」として対照化した）。このような観点から見ると、著者たちによって描かれた近世日中間での社会保障システムの相違は、それ自体が極めて興味深い。

すなわち、清朝中期から西欧に先んじて民間主導のボランタリーな相互扶助の組織化が展開されていた（⑨一九七頁）のは、中国近世が西洋世界では産業資本主義の駆動を待って始まる、市場経済による地域共同体の解体を、既に推し進めていたがゆえの帰結としても把握できよう（同じことを、清という王朝は十九世紀自由主義時代の欧米に先立つ、「市場志向の小さな政府」であったといってもよい）。逆に江戸時代に地域を追われたり、イエや身分集団から脱落したりした場合、あらゆる社会的承認と生活保障を剝奪されたという指摘（③六六頁）は、近世日本が徹底した社会の団体化・集団化の積み重ねの上に構成される秩序を有していたからだといえる（稲葉二〇〇九：一九）（その意味では、二十世紀に形成された企業ごとの福利厚生を家族単位で享受する「日本型福祉レジーム」（宮本二〇〇八）や、二十一世紀に顕在化した失業や離婚と同時にあらゆるセーフティネットから取り零（こぼ）される「すべり台社会」〔湯浅二〇〇八〕は、既に徳川公儀によって作為されていたことになろう）。

このような日中両国の相違がいかにして生じたのか、十全な説明は困難だが、ここでも本書が

アラン・マクファーレン『イギリスと日本』

指摘する人口問題という視角（①二二頁・⑨二二五頁）が有益だと思われる。たとえばマクファーレン（二〇〇一：三五七―三六五）の歴史人類学によれば、ヨーロッパで英国、アジアで日本が工業化の先頭に立ったのは、前者が家事の市場化によって、後者が血縁を要件としない養子慣行によって、多産の必要性を減らし適切な人口規模の維持に成功したからだという（対して、近世中国が「マルサスの罠」に陥っていたことは、すでに明らかだろう）。

もっとも速水融の「都市の蟻地獄」仮説が指摘したように、十八世紀日本における全国人口の「停滞」は、農村部の増加人口をイエや村から排除された都市流民層の高死亡率ないし低出生率（独身化と晩婚化）が食い潰す形で「たまたま」維持されていたのであり（速水二〇〇九：七五、二四五）、このことはまさにguesthouseの欠如（⑥一一七頁）をはじめとして、本書が述べる徳川日本の社会保障の限界点と相応しよう。また公権力が救貧事業を制度化していたイングランドでも、地方税に依拠して教区ごとに運営される仕組みゆえに地域単位での救済が原則とされ、域外からの来訪者は排除される傾向があったという指摘（④八二頁）は、日本の諸藩でも乞食や野非人の領内入国が規制された史実（③六二頁）とあわせて、東西を問わず「集団」を基礎とした社会福祉に共通する教訓として読み解くことができよう。

むろん、「集団」ではなく個人を単位とした社会もまた、福祉の運営に際して種々の障害を抱えるのであり、財源問題はその一つだろう。日本の中井竹山の社倉構想は、官民折半で拠出した原資を藩財政の立て直しに利用しつつも、万一藩主（官）が転封（てんぷう）の場合には残額を地元の村方（民）へ帰属させることが想定されていたというが（②四二頁）、行政官の転任や住民の移動が比較にならぬ程頻繁（ひんぱん）で、メンバーシップの永続する地域共同体を欠いていた近世中国の場合、負担者と受益者との間に安定した相互関係を構築することは、より困難だったと想像される。

十九世紀後半の杭州で運営された同業ギルドによる善挙連合体の収入の最大部分が、釐金（りきん）支払時に一〇％上乗せして徴収する「一種の商税」に依拠していたという史実は〔夫馬 一九九七：五六五-五六六〕、その対処法の一例かもしれない。一方で一九〇六年の張謇による、江淮地方の水害に対する支援物資の輸送にあたり、関所での徴税時に頻繁なピンハネが行われて効果を削いだとの告発（⑩二三四頁）は、かような福祉財源の徴発方法が持つ欠陥を指摘したものとも読むことができ、市場自由化と雇用関係の流動化が極まった社会における福祉システムの姿を考える上でも示唆が深い（たとえば、為替取引から微税を徴収してグローバルな厚生基金に充てようとするトービン税の構想など〔橋本 二〇〇七：三九五-四〇〇〕、制度設計に際して大いに清朝に学ぶところがあるであろう）。

このように近世（初期近代）の歴史的文脈をグローバルな視点で対比しておくことは、「短い近代」に入って以降の公益思想の変化を扱った諸論考にも、新たな読み方を可能にするように思われる。つまり西洋産のモダニティを、日本型近世と中国型近世の折衷的な混成体と見るのであれば、近世日本にとっての西洋型の近代化はある程度まで「中国化」〔與那覇二〇〇九b：三九〕として、近世中国からのそれは「日本化」としての側面を有することになるからである。

主として論集の第II部が描くように、幕末から明治にかけての多くの日本人が、近代西洋の文明社会を伝統中国の理想である「王道」・「仁政」の実現として理解し、儒教的な徳目をモデルとして公益事業や社会福祉を説いたことは、当時の日本人にとって「西洋化」が「中国化」として経験されたがゆえと考えれば、まさに必然といえよう。一方で、辛亥革命時の「各省の独立」という形に帰結した中国社会における「近代化」を、〔単に欧米化ではなく〕「地方の自立」という観点から把握する視角は、今や研究上の新たな定説となっている〔溝口・池田・小島二〇〇七：二〇二〕。第III部の叙述もその流れに棹さすものといえようが、そこで主題化された張謇の南通都市建設の事績もまた、その「地方自治」の理念〔⑪二四八頁〕や、また張と相通ずる熊希齢が事業視察のため日本に遊学したという点〔⑫二六七頁〕から考えても、下からの中国社会の「日本化」、地域集団ごとの生活保障システム構築の模索としても捉えうるのではなかろうか〔さらに後の、上からの国民化や共産化は、「日本化」の極限形態ともいえようか〔安富二〇一〇：一七八〕〕。

4 批判

以上のごとく極めて豊かな歴史像を提供するこの研究に対し、以下はいささかないものねだりの批判となるが、特に社会事業家の個人研究の形をとった論考の場合、執筆者の研究対象に寄せる情熱ゆえにか、時として「偉人伝」としての筆致に傾く筋はないでもなかったかと思う。たとえば概ねどの章でも、渋沢なり張なりの事業家が西洋文明的な福祉社会のモデルと、東アジアの伝統的な道徳志向とを両立させたことが、内発的な近代化の実践として高く評価される点がそれである。むろんここまで論評してきたとおり、評者もまたその視角に共感し、西洋中心主義的な近代史叙述を排するものである。

しかし、明治期日本の「文明開化」に「儒教化／中華化」の側面があったことを先駆的に指摘してきた日本政治思想史の分野では、近年ではむしろ、儒学思想が担い手となったがゆえに「西洋近代」のいかなる部分を受容し損ねたかという点が、改めて主題化されているように思われる。たとえば儒教的な公共観や徳治主義が、政教一致した一元的な「正しさ」を前提とするがゆえに、英米型リベラリズムの本義である意見の多元性の擁護という側面を、近代日本の自由思想や議会政治は取り込めなかったのではないか、とする指摘である〔渡辺二〇一〇：四六八-四六九、苅部二〇〇九：一一二〕。このことは、徳川日本では飢饉に際しても、「御救」に頼るのをまっとうでない存在（道徳的な劣位者）に堕ちる道として忌避する傾向があったという本書の指摘（③六〇頁）と対照するとき、東アジアの公益思想の躓き（つまづき）がちな陥穽を示唆するものとして、極めて有益ではなかろうか。

この共同研究においても「解題」が総括的にこれらの問題を提起するほか（一〇―一一頁）、近代的な個人の自我や社会主義の思想と比較して日本の福祉事業を限界づける指摘（⑧一八七頁）もなされているが、より日中の伝統思想に内在的な形で、その臨界を明らかにする叙述が本論として用意されてもよかったかと思われる。上述してきた日中間での相違にもかかわらず、この法治よりも徳治を政治の根幹におく統治構造は、東アジア近世に共通の特色とされるがゆえに〔深谷二〇〇六〕、渋沢や張の道義的事業を称賛するのみでなく、彼らの個人的な徳性に依存せざるをえなかった両国の社会構造が持つ問題性についての分析も読みたかったと思う。

もう一点は、むしろ評者にとっての自戒でもあるのだが、東アジアをフィールドとしながら朝鮮史の論考を欠いていたのは、一読者として残念の感もあった。周知の通り、李氏朝鮮はある意味で同時代の日中両国以上に、朱子学の教義を体制イデオロギーとして絶対化したとされる王権であり、その徹底した王政理念による「国家的再分配の道徳経済」を、人口増加と森林の過剰開発のために維持できなくなったことが、経済停滞と社会の混乱をもたらす「十九世紀の危機」に帰結したという見解もあるがゆえに〔李二〇〇八：一九九〕、東アジア全体の教訓とする上でも、朝鮮における公益思想の可能性と限界を問う論考が併録されていれば、本書の価値はより一層高まったであろうと惜しまれる。

以下は門外漢ゆえの放言であるが、おそらく朝鮮社会は、西洋近代とはまた異なった意味で、日中双方の「近世」の混淆した政体として特色づけられるのではないかと思う。たとえば飢饉が頻発した十八世紀後半の日本では、凶作時ほど「穀止め」という形で生活保障が地域ごとに仕切られ、自給自足が要請される国制の構造の中で、儒学思想の浸透の下、藩主の事績を領民生活の救済者として神格化する『明君録』の流行を見たことが知られる（小川 二〇〇八：二〇五、二六八）。このことは今日もまた、軍事的に市場が寸断された統制経済の下で、近世以来の儒教道徳と王権神話を取り込んだ首領制による統治が行われている地域を内在的に理解する上でも（鐸木 一九九二：一五六―一六〇、一八七―二〇二、木村 一九九九：一五四―一五九）、糧にならないであろうか。

以上、評者の研究領域と能力とを大幅に超える内容について、有意義な論評をなしえたか心もとないが、今日的な課題意識と歴史的な叙述の深度とを併せ持つこの書物の意義を、多少なりとも伝えることができていれば幸いである（舌足らずおよび勇み足の点に関しては、著者各位のご寛恕を乞うほかない）。前世紀以来、速度や順序に差はあれど世界経済における台頭が著しい東アジア諸国においても、その発展のかなりの部分が、長期的に見れば人口転換に伴う生産年齢人口比率の一時的な増大（人口ボーナス）に依存していたことが明らかになり、今後は少子高齢化に伴って各国で発生する福祉のコストを、いかなる論理で誰がどう担うのかが、この地域に共通する思想課題となることは間違いない（大泉二〇〇七）。そのような歴史の転換点にあって、国境を越えた執筆陣の手になり、古の事績を参照しつつ未来の処方箋を描く上で必須の洞察を数多く含む本書が、広く読まれることを願いたい。

（日本経済評論社　二〇〇九・三刊　A5　三〇二頁　三八〇〇円）

【参照文献】


稲葉継陽二〇〇九『日本近世社会形成史論　戦国時代論の射程』校倉書房。

李榮薫二〇〇八「朝鮮における「十九世紀の危機」」金鎔基、チョン・ギョン訳、今西一編『世界システムと東アジア　小経営・国内植民地・「植民地近代」』日本経済評論社。

大泉啓一郎二〇〇七『老いてゆくアジア　繁栄の構図が変わるとき』中公新書。

小川和也二〇〇八『牧民の思想　江戸の治者意識』平凡社。

苅部直二〇〇九「「公議」「公論」の光と影」三谷博ほか編『大人のための近現代史　一九世紀編』東京大学出版会。

岸本美緒一九九八「東アジア・東南アジア伝統社会の形成」『岩波講座世界歴史13　東アジア・東南アジア伝統社会の形成』岩波書店。

木村光彦一九九九『北朝鮮の経済　起源・形成・崩壊』創文社。

鐸木昌之 一九九二 『北朝鮮 社会主義と伝統の共鳴』東京大学出版会。
中根千枝 一九六七 『タテ社会の人間関係 単一社会の理論』講談社現代新書。
橋本努 二〇〇七 『帝国の条件 自由を育む秩序の原理』弘文堂。
速水融 二〇〇九 『歴史人口学研究 新しい近世日本像』藤原書店。
深谷克己 二〇〇六 「東アジア法文明と教諭支配 近世日本を中心に」『アジア地域文化学叢書2 アジア地域文化学の発展 21世紀COEプログラム研究集成』雄山閣。
夫馬進 一九九七 『中国善会善堂史研究』同朋舎。
溝口雄三・池田知久・小島毅 二〇〇七 『中国思想史』東京大学出版会。
三谷博 二〇〇九 「日本社会の近世」前掲『大人のための近現代史 一九世紀編』。
宮嶋博史 二〇〇四 「東アジアにおける近代化、植民地化をどう考えるか」宮島博史ほか編『植民地近代の視座 朝鮮と日本』岩波書店。
宮本太郎 二〇〇八 『福祉政治 日本の生活保障とデモクラシー』有斐閣。
安冨歩 二〇〇九 「森林の消尽と近代空間の形成 樹状組織の出現」安冨歩・深尾葉子編『「満洲」の成立 森林の消尽と近代空間の形成』名古屋大学出版会。
安冨歩 二〇一〇 「マルサス人口論の呪縛 孫文の中国革命プログラムとの関係を中心に」『東洋文化』(東京大学) 九〇号。
湯浅誠 二〇〇八 『反貧困 「すべり台社会」からの脱出』岩波新書。
與那覇潤 二〇〇九a 『翻訳の政治学 近代東アジア世界の形成と日琉関係の変容』岩波書店。
與那覇潤 二〇〇九b 「中国化論序説 日本近現代史への一解釈」『愛知県立大学文学部論集 日本文化学科編』十一号。
渡辺浩 二〇一〇 『日本政治思想史 十七〜十九世紀』東京大学出版会。

Deleuze, Gilles. 二〇〇七　『記号と事件　一九七二〜一九九〇年の対話』宮林寛訳、河出文庫（原著一九九〇年）。

Hirschman, Albert. 二〇〇五　『離脱・発言・忠誠　企業・組織・国家における衰退への反応』矢野修一訳、ミネルヴァ書房（原著一九七〇年）。

Jacobs, Jane. 二〇〇三　『市場の倫理　統治の倫理』香西泰訳、日経ビジネス人文庫（原著一九九二年）。

Macfarlane, Alan. 二〇〇一　『イギリスと日本　マルサスの罠から近代への跳躍』船曳建夫監訳、新曜社（原著一九九七年）。

Toulmin, Stephen. 二〇〇一　『近代とは何か　その隠されたアジェンダ』藤村龍雄・新井浩子訳、法政大学出版局（原著一九九〇年）。

II　歴史のよみがえりのために——古典にさがす普遍

4　革命と背信のあいだ
――逆光のなかの内藤湖南

1　中国を通じて語られる自画像

中国に、なにを見るか。それによってその人の政治的な立場が決まってゆくという事態が、ここ日本ではめずらしくない。

たとえば、中国に「夢」や「理想」を見ようとした人々がいた。戦前であれば北一輝（一八八三～一九三七）のような「右翼」も含めたアジア主義者たちが、辛亥革命の渦の中にみずからの解放を夢見ようとし、戦後しばらくは「左翼」の陣営が、毛沢東の共産革命に理想社会への道程を重ね見ていた。文化大革命の幻想が破綻したのちは、教条的な社会主義への期待は薄まったとはいえ、少なくとも対米追従一辺倒よりは日中友好の道を歩むことの方に、世界平和へと資するプ

内藤湖南

ライオリティを見出す立場が「リベラル」と呼ばれてきた。——月並みだがしごく大雑把にいえば、ここ一〇〇年くらいの構図はそんなところだろう。

むろんそうではない、中国の「現実」を見ろと主張する人々もつねにいた。中国に近代化は無理だ、革命など成功しない、共産党は独裁政権だ、彼らは平和勢力ではなく軍事的脅威である、云々。そして二〇一〇年代、尖閣諸島をめぐる紛争が空前のピークをつけるなかでこの立場のリアリティは圧倒的に向上し、ついに夢や理想を駆逐したといえよう（それが今日、わが国の「右傾化」と呼ばれているものの一側面だ）。結果としていま日中両国民の関係は、国交回復以来最悪と呼ばれる状態として、私たちの眼前にある。

内藤虎次郎湖南（一八六六〜一九三四）もまた、かような「転向」を指摘されてきた思想家の一人である。いわく、いまだ辛亥革命の熱気冷めやらぬ一九一四年の『支那論』では、共和政へと向かう中国の進歩に期待を寄せたのに対し、その夢のしぼんだ二四年の『新支那論』では逆に中国停滞論を唱えて、日本による侵略を肯定したのだと。この度収録された二著について、そのような批判が寄せられるのが戦後の通例であった。

しかし中国にむけるまなざしのスタンスが、国内での政治的な議論の基軸をかたちづくってしまう現象は、決して戦後の産物でも、また近代起源のものでもない。徳川時代から荻生徂徠（一六六六〜一七二八）のような儒学者は、現実の中国よりも「先王の道」という理想化された中華を追い求めてその担い手たらんと欲したのだし、逆に賀茂真淵（一六九七〜一七六九）らを始祖とする国学者は、からごころの「理り」で国が治まるという教条こそ空疎な幻想だと嘲笑した（松本三之介『近代日本の中国認識――徳川期儒学から東亜協同体論まで』以文社、二〇一一年）。「真の社会主義」（なる理想）の体現者をユーラシアに求め歩いた戦後左翼と、海外標準など持ち込んでも決して実現しない日本（なる現実）をただ肯定しようとした戦後右翼との、嚙みあわない論争の原風景は、探そうと思えば江戸以来の水脈にまでさかのぼれる。

内藤湖南とは、自身がその系譜に連なることにもっとも自覚的であり、近代よりもはるかに深い歴史の奥ゆきを背景において、自国と隣国を見ていた人だった。少なくとも私には、いま湖南を読むことの意義は、そこに存するように思われるのである。

2　一身にして二生を経ず

内藤虎次郎は一八六六年、現在の秋田県鹿角市の儒者の家に生まれた。湖南とは「十和田湖の南」からつけた号であり、漢学者の父・調一（一八三二～一九〇八）が湖の地形から「十湾」と号したのにちなむ。本名の虎次郎は寅年生まれだったことに加えて、吉田松陰（一八三〇～五九）の通称・寅次郎から借りたものとされる。調一の師だった那珂（江幡）梧楼（一八二七～七九。東洋史の祖と言われる通世の養父）は松陰の学友で、未遂に終わったとはいえ兄の仇討に旅立つ梧楼を励まし、ともに怒りともに泣く仲であった。しかし彼らの仕えた南部藩が戊辰戦争で会津側についたため、梧楼は逆賊として新政府に逮捕され、出征した調一もまた一時、家督争いが重なる不幸もあり無一文になったという。湖南が三歳の頃である。

三十代で維新を迎えた福沢諭吉（一八三五～一九〇一）が、『文明論之概略』の諸言で「方今我国の洋学者流、其前年は悉皆漢書生ならざるはなし」という様子を、「一身にして二生を経る」と形容したのはよく知られる。その同世代人でありながら、調一は巧みな時流への転換に失敗した、いわば維新の敗者であった。『福翁自伝』を読むと福沢もまた、洋学以前には自身の経書解釈の速習ぶりを周囲に誇った節がみえて微笑ましいが、代々儒者の家系に生まれ、尊攘運動の起爆点となった松陰とさえ近い位置にあったにもかかわらず、官軍に蹂躙された東北の地政学は、福沢のような華麗な転身を調一に許さなかった。

父ゆずりで漢籍の素養を深めた息子は、それに飽き足らなかったらしい。湖南の最終学歴は、一八八五年の秋田師範学校高等師範科卒業（ただし、教授就任後に京大から博士号を受けた）。そのまま地元の小学校で首席訓導（事実上の校長）となったが、わずか二年後には東京に出奔、ジャーナリストとしての人生を歩み始める。仏教者・大内青巒（せいらん）（一八四五〜一九一八）の明教社や三宅雪嶺（せつれい）（一八六〇〜一九四五）の政教社など、在野のナショナリストによる媒体を転々とし、一九〇〇年に大阪朝日新聞（再入社）に落ち着くまでは、著名な『万朝報（よろず）』のほか地方紙『三河新聞』、植民地紙『台湾日報』なども渡り歩いている。

その湖南にとって、明治維新とはなんだったのか。一九一六年、京都帝大教授として執筆した論説「支那の政治」には、以下のごとき一見意外な一節が見出される。

日本の近頃の政治上の過程は、若し之（これ）を支那に比較すれば、宋代に比較す可（べ）きものである。

（全集四巻、五五三頁）

3　唐宋変革・明治維新・辛亥革命――『支那論』

湖南がジャーナリズムから、京都帝国大学の史学科講師に転じたのは一九〇七年のこと（二年後に教授）。その主要学説たる「宋代以降近世説」の構想を初めて公表したのが、一九一四年の『支那論』だった。屈指の「支那通」として辛亥革命の帰趨を論じた同書の冒頭で、湖南は明清時代を「近世」と呼ぶ巷間の常識を批判して、中国における近世は唐末から北宋にかけて成立したと説く（二四頁）。

それでは、その宋代になにが起きたのか。それは皇帝への権力集中を通じた、貴族という中間勢力の排除であった。唐代までは有力貴族の連合政権にすぎなかった王権が、突出して権力を独占する天子の独裁に変わる（三四頁）。このとき皇帝が旧来は貴族層の私的利害によって壟断された政局を排し、国民全体の民意を酌んで執行する公的な存在として振る舞うなら、その独裁制は人民の勢力の伸長とは矛盾せず、かえってそれを促進するものとなりえよう。これが「無限の君主独裁の国である……と同時に支那は非常な輿論の国である」（一七四頁）ことのゆえんになる。

実際に北宋では科挙制度が実質化され、貴族ではなく試験に合格した庶民が政治を担当することになったほか、王安石（一〇二一～八六）の改革によって労役を貨幣で代納することが認められ、民間経済の活力を阻害しない統治が模索されはじめた（四六-四七頁）。ましてや、現在はそこにヨーロッパから共和思想が入ってきているのだから、民意に反して辛亥革命への流れを止めることは至難だろうというのが、この時点での湖南の見方だ。

こうみれば二年後の「支那の政治」で、日本の近代化を「宋代に比較す可きもの」と湖南が述べたことにも合点がいこう。維新によって諸大名による分権的な領国統治は排除され、天皇の下に全国統一の政府が作られた。武士による政権独占は終わり、官僚の地位は高等文官試験に開かれた。年貢と異なり地租は金納化され、市場での土地売買も公認されて、経済活動が身分によって規制されることがなくなった。洋学時代と漢学時代の「二生相比」することを説いた福沢よりも頑固に、「洋学者流」へと転ぜず「漢書生」のままで維新を見るなら、そこで起きたのは宋朝下での中国社会の変容と同じことである。

それではかような「明治＝宋朝」体制の下で、民意は天子を通じて政治に届いただろうか。実は湖南には十五歳だった一八八一年、東北巡幸時の明治天皇に奉迎文を奉った経験があり、真偽は未詳ながらその漢文の素養で、侍講を務める儒者・元田永孚（一八一八～九一）を驚嘆せしめたとする伝承がある。また一八九六年、薩摩閥の松方正義が進歩党の大隈重信と提携して松隈内閣を作ると、内閣書記官長（現在の官房長官）に就任した上司・高橋健三（一八五五～九八）を支えて大阪朝日を辞め、施政方針演説の起草に当たった。ことばの力で、なかんずく維新の過程で不当にも没落させられた家系の伝統を引く漢籍の力で、民意が政治に届く回路を作る。経学を修めて国政に参与せんとする儒生、ないしは宋朝下の士大夫にも似た心意気が、その言論を支えたこともあったろう。

しかしながら、畢竟彼は維新の敗者であった。執筆した草稿は藩閥政治家のあいだでもみくちゃにされ、また高橋の早逝もあって湖南は政界を去る。歴史家として大成したのち、一九二四年初版の『日本文化史研究』に収めた「維新史の資料に就て」でも「敗者の材料」こそを歴史叙述の基礎にせよと述べているように、湖南にとっての明治維新とは、必ずしも手放しで誇れるものではない。一見すると辛亥革命の模範として称揚するかに見えながら、明治政府の財政上の成功は旧藩の「負傷の義務」の放棄によるとし、袁世凱の暗殺政治と同様、米沢藩から集議院に臨んだ雲井龍雄が「虐殺」されたと述べる『支那論』の維新像にもまた、その出自は影を落としていよう（二一六―二一七、二三五頁）。

4　漢籍の語で近代を評価する

薩長の有司専制に帰した維新を未完に終わったものとみなし、より広範な国民の手でそれを完遂しようと訴える姿勢は、戦前には至極ありふれたものである。民衆が議会を取り巻いて桂太郎内閣を倒した一九一三年の第一次護憲運動は、当時「大正維新」と呼ばれたし、三〇年代に青年将校が「昭和維新」を叫んだことも広く知られよう。同時期に骨格が造られ、やがて戦後歴史学へと受け継がれた講座派マルクス主義の「中途で挫折したブルジョワ革命」としての明治維新像も、その点ではこれらの亜種とみなしうる。

かような「さらなる維新」への夢を大陸にまで輸出し、現地の民衆とも連帯して世界の変革を期すアジア主義の思想は、竹内好（一九一〇～七七）らの研究者によって戦後しばしば取り上げられてきた。しかし東洋史学上での赫々たる名声に比して、そちらの文脈での湖南の評価は必ずしも高くない。それは湖南が日中両国を見る視野の深さゆえに、理想の背後にある歴史的な現実を語ってしまったからかもしれぬ。明治維新さえ宋代の変革に擬える湖南は、革命を口にするにはニヒルにすぎるところがあるのだ。

『支那論』において湖南は「元来が政府を信用しない支那の社会組織は、比較的自治団体が発達しておることが、一つの長所」（一二五頁）とのべて、同業組合や保甲制度などの伝統的な中間団体による自治制の確立を繰り返し説いている。政府に依存せず、民間主導で社会の気風をリードする中間層を作り出すべきとは、明治日本でも洋学者としての福沢が英国の「ミッヅルカラッス」を模範に説いたところであるし（『学問のすゝめ』五編）、上層自作農と独立自営業者との提携が期待された立憲制導入期には、徳富蘇峰（一八六三～一九五七）も「田舎紳士」に地域の秩序の担い手を求めたことで知られる。

しかし実はこれも維新の達成という以前に、中国史の文脈では「封建の意を郡県の中に寓する」ことを唱えた明末清初の顧炎武（一六一三～八二）に端緒を持つ、しごく伝統的な構想にほかならない（張翔・園田英弘編『「封建」・「郡県」再考――東アジア社会体制論の深層』思文閣出版、二〇〇六年）。郡県制のもとで国土を巡回する「渡り者」となった官吏が、互いに盗賊を隣の行政区へ追いやりあう愛郷心のない統治を行ったところに明朝滅亡の原因を指摘する、湖南もまたその系譜にみずからを置いていたことは（一〇六―一〇七頁）、文中での頻繁な言及に照らしても疑いなかろう。だとすればやはりここでも、維新以降の日本の近代化は「漢書生」のままで十分に説明のつく、大陸では昔から論じられてきた歴史の一コマに過ぎぬことになる。

維新の成果を大陸へ輸出することを訴えたアジア主義者たちの口吻に、湖南は途中まで乗っているようにみえて、実際にはむしろ逆に中国史の尺度を輸入して自国を評価していた節がある。そのことはやがて、「洋学者流」ではけっして起こりえないような、ある絶望へと湖南を導いてゆく。

5　歴史の終わりを中国に見る――『新支那論』

中国では宋朝、日本では明治の変革のもとで、科挙を受験し政治に参与するための機会は民衆に開かれた。しかし選ばれた官僚たちは中央から派遣されて、地域に根づかないがゆえに、郷土を自衛する民間の自治組織が求められるのであった。だが統治機構への民衆の不信が一定の閾値を超えて、ついにまったく政治への関心を失ってしまったら？――一九二四年の『新支那論』は、かようなディストピアとして中国の現実を描きなおした書物として位置づけうる。

湖南自身、一九世紀末に政治に託した理想を藩閥に阻まれる体験をしていたわけだが、その時点では欧州のように議会政治を安定させることが国家の成熟だという、「洋学者流」とも大差ない平凡な見方をしていた。しかし『新支那論』ではむしろ、政治とは人類の営みの中では低級なものであり、それに熱くなる国民は幼稚な段階に留まっているとして（三一〇頁）、国家の成長を測る目盛りをかつてと逆転させている。

皇帝専制の下で貴族を排除し「機会均等」を達成した宋朝以来の中国の体制のもとでも、結局は官僚閥を構成する「政客階級」という新たな不純物が天子と民衆のあいだに発生して、完全なる民意の実現は達成されることはなかったと、湖南はのべる（三〇九頁）。結果として中国の民衆は政治に見切りをつけ、その才能をもっぱら文化や芸術に投資する道を選ぶことになった。民衆が、もはや国政なるものを一切気にかけなくなること。これこそが湖南のみた一文明の老熟であり、目下の中国がかような状態にあるのなら、日本の進出や列強の共同管理によって、大陸のひとびとの生活上の欲求に諸外国の手で応えてもよいとする論理になる。

しかし見落とすべきでないのは、同書でも湖南が以下のようにのべて、かような状態を中国に特殊な遅れとしてではなく、むしろ人類社会が普遍的に到達するだろう終幕への先駆けとして位置づけていることだ。

> 支那の過去の歴史を見れば、ある時代からこのかたは、他の世界の国民の……まだ経過し

なかった、これから経過せんとしておるところの状態を暗示するもので、日本とか欧米諸国などのごとき、その民族生活において、支那より自ら進歩しておるなどと考えるのは、大なる間違いの沙汰である。（三一〇頁）

中国では皇帝と官僚を、欧米では議会や政党を媒介として、民衆はみずからの意思が国家に体現される社会を夢見る。しかし現実はつねにそれを裏切るのだという諦観が、宋代という早期に起こった変革の挫折によって、中国ではたまたま最初に定着したに過ぎない。そして日本を含めた諸外国もまた、実は同じ道を追わんとしている。「立法を議会で司り、司法権を陪審官の手に渡すというようなことは、すなわち大体において声名政治、評判政治、気分政治であって実質政治ではない」（三二七頁）と湖南がのべるのは、刊行の前年二三年に陪審法が公布された、大正日本の政党政治を指すものであった。

6　同病相憐れむアジア主義へ

他国の姿にその現実ではなくただ夢や理想を見ていれば、いつか手ひどい目にあうのは当然のことである。戦前の支那通の多くはその道をたどり、傷ついたのちにはいたずらに相手の不快な

「現実」ばかりを指摘して貶め、みずからの「理想」については無反省に盲信する視野狭窄へと落ちていった。一九三四年の湖南の没後三年にして始まった日中戦争は、東亜新秩序や大東亜共栄圏といった夢想の暴走へと空転し、それらの破綻とともに終わった。中国へのパターナリスティックな介入を是とした湖南の論説が、この過程で侵略を肯定するものとして利用されたのは事実である。それは今日再読するにあたって、つねに心に留めるべきことであろう。

しかし戦前の反省のもとに出立したはずの戦後の中国論は冷戦体制の下、共産革命という新たな「夢」の空転という不幸な経緯をたどったのちに、いまふたたび剝き出しの「現実」一辺倒に取って代わられようとしている。しかしそこで見出される現実とは、はたして中国のみのものか。むしろ私たちが中国に見るべきは、われわれ日本人自身の現実の似姿ではないのか。湖南のふたつの『支那論』を読みなおすことの意義は、歴史の深みから自国の近代を突き放した旧幕派の漢学者の末裔の視点に、どれだけ寄り添うことができるかによって定まると考える。

湖南にとって、明治維新とは最初から背信を伴った革命であり、それは儒生の夢が大陸の現実に裏切られてきた、宋朝以降の系譜をもなぞるものだった。共産革命の名を掲げつつも世界で最大級の格差が広がる目下の人民中国を、かつての王朝になぞらえる感覚はいまや、当の共産党の内部も含めて当たり前のものとして広がりつつある。湖南が預言した、理想の頽落による政治の空転はポピュリズムとして、民生の保護からの国家の退場はグローバリゼーションとして、人々の関心の文化への退行は私生活主義として、先進国に暗雲を投げかけつつある。

期待するごとに裏切られる、そのような病理をたしかに私たちは有史来共有してきた。空疎な理想ではなく、理想が空疎であったことを前提にして、しかしともにある道を探すこと。そのようないわば「同病相憐(あいあわ)れむアジア主義」のマニフェストとしてこそ、本書はいま新たな魅力を孕んでいよう。

7　湖南研究の軌跡と現状

湖南の中国論は戦後、宮崎市定（一九〇一～九五）をはじめとする綺羅星のごとき後継者に受け継がれて東洋史学上の「京都学派」を形成したが、学派の内ではあまりにも自明の前提となってしまったがゆえに、その意義を平易なかたちで普及する試みはかえって振るわなかったところもある。たとえば図書館でもっとも手にしやすい湖南の評伝は、晩年に薫陶(くんとう)を受けた三田村泰助による一九七二年の中公新書『内藤湖南』だが、出郷以前の青年時代の叙述が中心で、京都帝大での活動の紹介は紙幅の一割のみに留まる。

本格的なアカデミズムの手法での湖南論となると、モノグラフとしてはJ・A・フォーゲル『内藤湖南――ポリティックスとシノロジー』（井上裕正訳、平凡社、一九八九年。原著は八四年）が唯一ながら、品切れ。ほか数点の評伝や研究も、古書でしか入手できないものが多い。

東洋史学の専門研究をこえて、湖南の史論が江湖に広がる機運が生まれたのは、相対的には近年のことだろう。一九九七年には筑摩書房版の全集が復刊され、二〇〇四年にはエッセンスを一冊に集めた『東洋文化史』（中公クラシックス）が刊行された。同時期に連載されたエッセイが粕谷一希（かずき）『内藤湖南への旅』（藤原書店、二〇一一年）にまとまり、手前味噌ながら筆者も執筆した論文集として、山田智・黒川みどり編『内藤湖南とアジア認識――日本近代思想史からみる』（勉誠出版、二〇一三年）も出ている（次章参照）。

ジャーナリストから学界に転じた湖南の歩みにもふさわしく、岡本隆司『中国「反日」の源流』（講談社選書メチエ、二〇一一年）、『近代中国史』（ちくま新書、二〇一三年）から拙著『中国化する日本――日中「文明の衝突」一千年史』（文藝春秋、二〇一一年）まで、歴史的な視野から日中双方の社会構造を一般に説く書物でも、湖南の議論の再活用が始まっている。本解説でもこれらの諸文献を参照したが、興味を抱かれた読者諸氏にはぜひ、手に取っていただくことがあれば幸甚である。

5　史学の黙示録
――『新支那論』ノート

1　史論と時評――〈現在〉の視野から

(1)　二〇一二年という終焉

いま、中国やアジアを語る知の枠組が、揺らいでいる。

このように記した場合、従来想定されてきたのは、明治期以来「脱亜入欧」にむけて突き進んできた日本近代の歩みを反省し、むしろこれからは近隣諸国との連帯を重んずる「アジア主義」へ舵を切るべきだ、といったロジックだったと思う。少なくとも、冷戦の終焉をみた一九九〇年前後からの二十年間、近代日本とアジアとの関係を扱う学問的言説の多くには、そのようなニュアンスが伴ってきた。西洋型の近代化に批判的なまなざしを向ける〈ポストモダン〉の知見を道具に、それを達成した日本が未だ達成せざる近隣地域を構造的に抑圧し植民地化してゆく過程を〈強者による弱者への暴力〉として剔抉し、〈ポストコロニアル〉の観点からその克服を説く――しごく簡潔にいえば、そのような知の構えが、基本的な作法として定着してきたといえよう。

しかし戦後最悪の隣国関係と呼ばれた二〇一二年に、われわれが眼前に見たのは、むしろそのようなパラダイム自体が、決定的に有効性を失ってゆく局面であった。

その理由の一つはむろん、「中国の台頭」である。二〇〇九年以来反復され、一二年夏には大陸全土で暴発した尖閣諸島の領有権にまつわる紛争を前にして、そもそも中国は〈弱者〉だという認識の前提自体が、日本社会における存立の根拠を喪失したといえよう。その知的インパクトは本来、単に時事的で浅薄な興味関心――たとえば、いわゆる中国脅威論――のレベルに留まるものではない。なぜなら、議会制民主主義の導入を伴わないままでの中国の強国化とは、〈西洋的な近代化〉以外の社会発展のルートの存在を、単に未発の可能性としてではなく現実のものとして、われわれに見せつけているからである〔池田・與那覇 二〇一二：一四‐二二〕。しかも、それが強者としての欧米諸国の後を追うのとは異なる、なにがしかのヨリ理想主義的な道筋を指示してくれるはずだとする往時の期待への、確実な幻滅を伴って。

もう一つの理由は、その二〇一二年夏の尖閣問題と同時期に発生した、竹島（独島）の領有権および歴史認識をめぐる日韓関係の急激な転回である。内政面における動機はともあれ、李明博（イミョンバク）

大統領（当時）による竹島訪問の強行と、将来の天皇訪韓を人質にとるがごとくかつてない挑発的言辞で繰り返された歴史問題への攻勢は、両国間関係において、自身の意向を相手に強要する〈悪しき強者〉はつねに日本の側であるはずだ、という近代以来の共通理解を破綻させた。日本側の独善を強者の奢りとして戒め、〈弱者との連帯〉を説く既存のアジア主義ないしポストコロニアル的なパラダイムは、皮肉なことに当の「弱者」の強大化によって終焉を迎えたのである。

冷戦の終焉、およびそれに伴う旧植民地地域での権威主義体制の融解によって噴き出した癒されざる過去との対話に、真摯に取り組もうとした九〇年代以降の知的模索の意図自体は、今日にあってもその価値を損なうものではない。求められているのは方法の刷新、すなわち〈西洋的な近代化〉を実現した強者としての日本の側から、いまだその〈途上にある弱者〉としてのアジアに対して恩恵を譲りましょうという姿勢自体にこそ、密やかな〈西洋中心主義〉が忍び込んでいたことを認め、むしろアジア的なままで強大化しつつある隣国を内在的に理解し、よりよき関係を結びうるような歴史像を構築しなおすことである（本書第八章も参照）。

本章はそのような試みの手がかりとして、内藤湖南の史論と時評がいま、いかなる知的資源になりうるかを探るものである。その意味で、本章は湖南の著述を同時代のものとして読み解くためのノートであって、厳密な思想史的叙述とは異なる。

（2）湖南の復権？

実際、京都帝国大学以来の系譜を引く東洋史の学統の下では常に参照され、にもかかわらず九〇年代以降のポストコロニアリズムやアジア主義再評価のなかではほぼ論じられてこなかった（その理由は追々明らかにするが）湖南という思想家について、近年ではささやかながら再評価の機運があるように思われる。

二〇一一年一月刊行の岡本隆司『中国「反日」の源流』が、今日にまで至る中国社会の基層を理解する上でいまなお湖南の『支那論』（一九一四年）・『新支那論』（二四年）の二部作が有効であることを掲げ、同年十月には批評家の粕谷一希による、湖南称揚の色の濃いエッセイ集『内藤湖南への旅』が出た。翌十一月の拙著『中国化する日本――日中「文明の衝突」一千年史』もまた、「宋代以降近世説」をはじめとする湖南の議論枠組みを敷衍（ふえん）して日中比較史をモデル化したものであり、それらの影響があってかは知らぬが、二〇一二年八月には湖南の『先哲の学問』が一般向けの媒体で復刊を見ている。

筆者個人に関していえば、拙著で展開した湖南再評価の着想は、二〇〇九年にその原型として発表した論文で、以下のように湖南の近世論とフランシス・フクヤマの「歴史の終わり」論を対照した点に始まる。

「歴史は終わっていなかった」という形で、フクヤマを批判するのは正しくない……現今の世界情勢は、単に、歴史は宋代の中国において既に「終わっており」、西洋世界がその後一〇〇〇年近くをかけて、近世中国では常態であったような社会秩序のあり方に、ようやっと追いついたということを示すに過ぎない。〔與那覇二〇〇九b：二五〕

驚くべきことにそのフクヤマ〔二〇一二：九三、一二六〕はなんと、二〇一一年の近著『政治的秩序の起源』（のち邦訳『政治の起源』）において「社会的な近代化（social modernization）が近代国家（modern state）の形成に先行したヨーロッパの経験は独自のものであり、ほかの諸社会において繰り返されるという必然性はない」として、〈西洋的な近代化〉を人類普遍の発展経路だとする発想を放棄したばかりか、王朝中国について「これまで「東洋的専制」と呼ばれてきたものは、政治的な近代国家の早熟な（precocious）形成そのものである」と述べて、秦の始皇帝による統一権力の形成を、中国における近代の成立とみなす議論を展開するようになった〔cf. 池田・與那覇二〇一二：二一一‐二四、六六‐六七〕。必然的に、世界のあらゆる地域が西洋型の自由民主主義体制に収斂するはずだとするかつての「歴史の終わり」論は放棄され、中国で伝統的な権威主義的体制の方が、リーダー（皇帝）の質によっては「リベラル・デモクラシーに対して完勝する（run rings around）時代もありうる」と認めている〔Fukuyama 二〇一二：四八三〕。

かような認識転換の背景に、現在の中国の台頭があるのは自明であろう。英国のマルクス派的な経済研究者のマーティン・ジェイクス〔二〇一二：五八三〕もまた二〇〇九年の『中国が世界を支配するとき』（邦題では「リードするとき」）で、主に経済的な指標に依拠しながら「大国としての中国の到来は西洋的な普遍主義の終焉を告げるだろう……西洋的な普遍主義の没落は中国の台頭のみによってもたらされるのではなく、多極化が加速する世界経済および多様でさまざまな近代(diverse modernities)の拡散という、より巨大な現象の一部である」と結論づける。複数の近代の併存を説くフクヤマやジェイクスに対し、アメリカの共和党系コンサルタントであるステファン・ハルパー〔二〇一一：第三章〕の『北京コンセンサス』はより踏み込んで、西洋型の民主化を途上国支援の要件としない中国政府の方針によって、アフリカをはじめとした新興国に西洋ではなく、中国モデルの国家が拡大してゆくという「中国効果」の存在を指摘する。

ステファン・ハルパー『北京コンセンサス』

すなわちわれわれが直面しているのは、欧米の戦略家たちにおいてすら、中国における歴史の発展を一個のモデルとして承認し、そこに留保つきながらも、一定の普遍性を認めざるを得なくなった局面なのである。そして私見では、まさしく内藤湖南とは、おそらくは世界でもっとも早期にそうした洞察を示した史論家にほかならない。

国民性といふことゝ、それから時代相といふことを区別するのは大変困難です。日本は今の所、支那と大分生活の方式が違つて居りますが、日本も四千年になつたら支那と同じやうになるかも知れない。さうして見ると、支那の国民性と思つて居つたことは何百年、何千年の後になると日本にも出来る。　（全集八巻、一三九頁）

著者が初めて湖南の史論に惹かれたのは、一九二八年の東亜同文会講演「近代支那の文化生活」にある、この一節であった。当時、湖南は四年前に研究史上どちらかといえば悪名の高い『新支那論』を公刊し、むしろ帝国日本による中華文明の奪取という、危うい時評へ傾斜していたとされる時期である。にもかかわらず、あの〈西洋的な近代化〉において進歩した日本が、その途上にある地域を支配するという月並みな歴史観とは正反対の視座で、自国と隣国との将来をまなざしていたところに、湖南のテクストを再訪する意義を感じた。

したがって本章は、以下の構成をとる。まずは第二節で一般に研究史上、辛亥革命への共感が語られた『支那論』から一転して、中国停滞論に陥った言説として否定的に取り扱われてきた『新支那論』の〈問題点〉を紹介し、しかしながら批判者たちの論理の方こそが現在、その有効性を失いつつあることを論じる。第三節では湖南が『新支那論』に記した〈停滞する中国〉という時評が、実は『支那論』以来の著述を貫通する近世論という独自の史論においては、決して〈西洋化の未達成〉ではなく、むしろ西洋や日本よりもより先にある未来の原像として見出されていたことを指摘する。第四節では、そのような湖南の直感にしたがって、『新支那論』の中国像をまさしく今日のグローバルな世界秩序の素描としても読みとり得ることを、さまざまな諸文献と対照しながら論じ、最後に第五節で、かような創見を有していた湖南がどこでその時評を誤ったのか、かつその躓きからこんにちのわれわれが何を学ぶべきかを考察する。

先ほど触れたハルパー〔二〇一一：二四〇〕は、やはり米国政治への積極的なコミットで知られる国際政治学者ジョセフ・ナイの言を引きながら、西洋的な近代化と「中国効果」のどちらが今後の世界の主流を占めるかを決する上では、「どちらの軍隊が勝利を収めるかではなく、どちらのストーリーが勝利を収めるかが重要なのである」と述べている。かようなこんにちの情勢に則してもいま、湖南という独創的な東洋に関する史論家がかつて描いた「ストーリー」のポテンシャルを吟味しておくことこそが、まさしくもっとも〈アクチュアル〉に、歴史と現在とを架橋する身振りとなるであろう。

2　『新支那論』の呪い――〈西洋化〉パラダイムの終焉

(一)　問題としての『新支那論』

いま、湖南の『新支那論』を〈批判的〉に読むことは、きわめてたやすい。その筆致が、こんにちの価値基準からして〈政治的に正しくない〉言辞に満ちているからである。本章でもひとまずはあえて、かような浅い問題意識から『新支那論』というテクストを分析するとすれば、たとえば以下のような諸要素がただちに剔抉されるであろう。

A〈中国ナショナリズムとの対話の排除〉

同書の冒頭部で、湖南は「勿論排日問題は支那国民の愛国心から発したものでもなく、公憤から起つたものでもなく、袁世凱の時の排日問題と同様に全く煽動の結果」と断定している（全集五巻、四八九頁）。これは湖南が五・四運動以降高まりを見せつつあったナショナリズム、すなわち中国における近代化（西洋化）の芽生えを〈無視しようとした〉ものではないか。

B〈対外進出と植民地（的）支配の肯定〉

湖南は「日本の［大陸での］経済的運動……を阻止するならば、支那民族は自ら衰死を需めるものである。この大きな使命からいへば、日本の支那に対する侵略主義とか、軍国主義とかいふ様な事の議論は、全く問題にならない」と述べて、経済効果によって日本の大陸進出を免罪し、正当化する議論を行っている。それを支えているのは、「日露戦争によつて満洲に兵力を用ゐた後の結果などは、日本の経済力がその地方に加はつたがために、大連の港を支那第二の貿易港に迄進めたではないか」という、〈植民地主義的〉なまなざしである（全集五巻、五一三―五一四頁）。

C〈日本中心的な帝国拡張の正統化〉

湖南はその歴史論においても、「若し何等かの事情で、日本が支那と政治上一つの国家を形成してゐたならば、日本に文化の中心が移つて、日本人が支那の政治上社会上に活躍しても、支那人は格別不思議な現象としては見ない筈なのである」と述べている（全集五巻、五〇九頁）。これは中国の国家主権や民族主義の意義を否定するとともに、やがては日本を中心におく大東亜共栄圏のような構想をも補強しうる〈危険な歴史認識〉である。

D〈列強諸国による内政干渉の提言〉

湖南は「支那の政局を安全に進まして行かうといふのには、今日の列国が一致して、部分的に漸次に共同管理を実行すること」だとする政策を提言し、「例へば既に管理して居る関税、塩税の外に煙酒税を管理するとか、鉄道を管理するとか、支那の主権を全く損ぜずに、其の政治上の危険を徐々に除き去る事であるが……支那では政治家が職業として無意味な主権論を舁ぎ廻る」と述べて、むしろそのような欧米列強の干渉に対抗しようとする中国ナショナリズムの側を批判している（全集五巻、四九八頁）。これはまさしく、中国の国家主権を侵害して憚らない〈西洋帝国主義〉の論理を補完するものである。

E〈中国人の主体性を否定するオリエンタリズム〉

さらに湖南は同書の末尾、「近頃の支那の新人は、歴史的智識のないところからして、支那従来の弊害をも知らず又その美点をも知らない……その結果は［西洋化の］実行が出来ないか、或は実行すれば更に従来の弊害よりも以上の弊害が生ずるにすぎない」と断定することで、新文化運動の形で高まりつつあった中国の新青年たちの主体性を切り捨てている。「第一期革命以来今日に至る迄、支那の改革論に目をさらし、支那の長い歴史を研究した外国人の方が反つて正確な意見を持つて居る」との言にも表れているように、ここに存在するのは観察者としての自己を一方的に現地人よりも優位な地位に置き、〈特権的に知を搾取するオリエンタリズム〉の構造にほかならない（全集五巻、五四二頁）。

（2）　批判者たちの論理

事実、湖南の『新支那論』に対する後世の批判の論点は、おおむね上記に掲げた諸点に収斂している。たとえばその嚆矢となった一九六三年の論文（初出『思想』四六八号）で、増淵龍夫〔一九八三：八〇-八二〕は湖南の同時代認識の問題を、以下のように指摘した。

辛亥革命以降の中国の混乱の継続によって革命当時、彼が中国にかけていた期待が次第に裏切られてくると、彼の文化主義、［すなわち］中国の民族主体と切りはなされたものとしての中国文化に対する高い評価は、そのようなより明確な構造をとって表われてくる……五四運動以後の中国の動きは、すでに湖南の眼界の外に去ったというべきであろう。

つまり、一九一四年刊行の『支那論』の前後における「革命当時、彼が中国にかけていた期待」がポジティヴに回顧される半面、そのような期待を捨ててもっぱら政治ではなく「民族主体と切りはなされたものとしての中国文化」に着目するようになった湖南の軌跡は、知的な後退であったと総括され、したがって再び熱いナショナリズムが高揚した「五四運動以後の中国の動き」を湖南は取り逃した、と批判されるのである。

増淵による史学史的検討はきわめて丁寧なものであり、その評価は『支那論』はおおむね妥当だが、『新支那論』は問題の書であるとする今日の〈標準的〉な湖南イメージを、背後で支えるもっとも強靭な思想軸になっている。

実際のところ、増淵の論文から実に四十年を隔てて二〇〇三年に刊行された書物で、子安宣邦〔二〇〇三：二一八、二二三〕が湖南に加えている批判の構図も、内実は驚くほど増淵のそれから変化していない。

もし五四運動に始まる二〇年代の中国に胎動する新たな変革と統一に向けてのうねりを見ることをしなかったら、その時期の中国に見出すことになるのは割拠する軍閥によってまったく国家の体をなさない中国社会の暗部だけということになるだろう……帝国主義的な国家として自己形成を遂げた近代日本の歴史認識者は、歴史的大国中国の近代国家形成への苦闘を失敗に終わらざるをえない徒労とみなしながら、この苦闘する国家とは無縁に存続する固定的な中国社会を析出していくのである。

やはりここでも、湖南が真にまなざすべきは「五四運動に始まる二〇年代の中国に胎動する新たな変革と統一に向けてのうねり」＝「歴史的大国中国の近代国家形成への苦闘」だったにもかかわらず、湖南はそれに背を向け前近代以来の「存続する固定的な中国社会」ばかりを本質主義的に描き続けたとして、論難の対象とされるのだ。

子安は〈ポストモダン〉の立場からの日本思想史像の描きなおしで知られるが、ここで用いられているロジックは、増淵のそれと何も変わらない。すなわち一九一九年の五四運動に、「民族主体」（増淵）や「近代国家形成」（子安）といったことばで西洋的な意味での〈近代化への画期〉を見出し、そのことを正しく理解しなかった点に、湖南の史論の限界をみるという論理構成だ。両名の相違はせいぜい、増淵であればその原因を湖南の「文化主義」＝非政治的な側面における中国文物の偏愛という形で内在的に読み出したのに対し、子安がいかにもサイードの議論を連想させる「帝国主義的な国家として自己形成を遂げた近代日本の歴史認識者」というラベリングによって、〈外部〉から批判理論の基軸を持ち込んだ程度であろう。

(3)　その陥穽と今日的状況の起源

しかしその同時代認識によって、ある歴史家の評価（の少なくとも重要な一部）を定めようとするのなら、本来ここでかような問いを発しなければならないはずである。すなわち、その後の中国史の展開に照らしてみたとき、「正しかった」のは湖南なのか、それとも増淵や子安なのか、と。

そう問うなら、いまや答えは明らかだろう。人民共和国成立を経ての社会主義国家建設が普遍的な〈近代化〉の道であると素朴に信じることのできた増淵の時代はともかく、現行の中国が歩んでいるのが、五四運動の頃に構想された（とされる）〈西洋化〉とは別の道であることは――それが「よい道」か「悪い道」かはさておいて――誰の目にも明白である。[1] だとすれば、ある意味で湖南はその挫折を「正しく」予言し、中国のより深い歴史的文脈に則した道でしか、中国社会の展開は今後ともありえないことを、〈西洋化〉こそ全人類が共通に歩む進歩の過程だと今より遥かに強く信じ込まれていた時代に、あえて断言したのだといわねばならない。

すなわち『新支那論』に読み込むべきなのは、現実の政策提言としては〈帝国主義者〉であった人物こそが、その歴史認識においては誰よりも〈西洋中心主義の根底的批判者〉であり〈ポスト・コロニアリスト〉だったという逆説なのである。それはまさしく、近代西洋以外のオルタナティヴを追求し、非西洋型の社会秩序や発展経路をなにかヨリ理想的なものとして夢見てきた人々が、現実に西洋化しないままで大国化も経済成長もなしとげ（てしまっ）た現今の中国を目の前にした時に、感じざるを得ない葛藤と同類のパラドクスだ。もしわれわれが〈西洋中心主義の批判者〉たろうと欲すれば、現存するオルタナティヴとしての中国の体制の意義を、肯定しなければならない。しかしそれを批判しようとすれば、人は往々にして――たとえば西洋社会と同等の人権擁護や議会政治の要求をつきつけるという形で――〈帝国主義的〉たらざるを得ない。

むろん、先の短い引用に「苦闘」なることばが二箇所も続けて現れることからも察せられるように、子安のような論者も実のところ、五四運動型の近代化＝西洋化が「失敗に終わらざるをえな」かった点についてはは自覚的なのだろう。ここでまさしく「苦闘」のようなパセティックな表現――お望みなら〈アポリア〉でも〈不／可能性〉でも、いくらでもおあつらえ向きのジャーゴンがある――を用いて、その困難に〈向きあう〉真摯な〉姿勢の問題ばかりを強調する、情緒的なポストコロニアリズムを解答とすることもできる。あたかも、中国に見出す「実体」としての異なる近代像がなんであるのかがまるで提示されないまま（されないからこそ！）展開した、かつての皮相な竹内好ブームを無限に反復するかのように。(2)

しかし、本章はその道をとらない。むしろ、湖南が同時代の観察からつくりあげた『新支那論』の中国像が、いかにわれわれの同時代を読み解くことに資するのかを、まさしくそれが「実体」として描きだした〈西洋とは異なる中国の秩序〉のイメージに則して、具体的に指摘してゆく。そのような観点に立ってこそ、はじめて湖南自身の「同時代の観察」のどこに誤りがあったのかも、単なる倫理的な問題ではなく現実認識の誤謬として、明るみに出すことが可能になると考えるためである。

3　『支那論』からの視線——方法としての〈近世〉

（1）〈中国的民主主義〉としての近世論

確かにともに時評的な書物であったとはいえ、歴史家の手になる作品である以上、そもそも『支那論』と『新支那論』との比較は、革命中国にいかに同情的かといった情緒的な尺度ではなく、両者のあいだで湖南の歴史観がいかに貫通し、ないしは転回したかによってなされるべきだろう。まず着目すべきは、いまのところ世界を通じてほぼ唯一の湖南研究のモノグラフである一九八四年の書物で、ジョシュア・フォーゲル〔一九八九：一七九〕が「中国史に関する湖南の有名な時代区分法は『支那論』ではじめて発表された」と述べていることである。

この「有名な時代区分法」とは、いわゆる宋代以降近世説を指すものであり、口頭で行われる講義等のレベルでは遅くとも一九〇九年にはすでに、骨格は完成していたとみられる(3)〔Fogel 一九八九：三三二〕。眼前に展開された辛亥革命を論ずる『支那論』の冒頭部へ、湖南は以下のようにこの新たな学説を導入している。

> 単に明代若くは清朝以後を称して近世と云ふのは、普通の素人考へであつて、若し歴史上の見地から、近世と云ふものに内容あり、意義あるものとして考へると云ふことになると、更

に遡つて、唐の中頃から、五代、北宋の時に及ぶまで、即ち今より一千百年前頃より八百年前頃までの間に、此の近世紀と云ふものが漸々纏つて来たと見る方が穏当である。

（全集五巻、三〇八頁）

注意すべきは、ここで湖南がみずからの近世概念を「明代若くは清朝以後を称して近世と云ふ……考へ」と対比しながら叙述していることだ。すなわちこの点で、「唐宋変革論」の別称で呼ばれる際に連想されがちな、唐という前時代と宋とのあいだの断絶性を強調する筆致とは、その方向性が逆となっている。

つまり湖南にとっての近世とは、なによりもまず現在から過去へ遡るという視線の下で江湖に問われたものであり、中国の現状をいかに見るかという時評的な問題意識に対して、「普通の素人」がそれを明清時代に作られたものという短いパースペクティヴで捉えがちな傾向を批判し、より長いタイムスパンに位置づけることを目的にしていた点を見逃すべきではない。まさしく今日、たとえば隣国の一党支配の問題を「冷戦」や「社会主義」というスパンから説明する常識的な言説に対して、「王朝」という時間軸への拡張を主張する議論と同じ手つきによって、そもそも湖南の学説は提出されたのだ。

それでは、湖南がいうところの「此の近世紀と云ふもの」＝同時代に至るまで持続する中国近世の特徴とはなにか。直後に、その画期として「簡単に云へば、第一には貴族政治からして君主独裁政治に傾いて来たと云ふやうなことが、重大な事実になつて居る」と添えられている通り（全集五巻、三〇九頁）、この面では湖南の宋代以降近世説の本質は、『支那論』の時点で確定されている。

そこでいう「貴族政治からして君主独裁政治に傾いて来た」というプロセスの意味をより深く理解するには、しばしば引用される八年後（『新支那論』の二年前）の講演「概括的唐宋時代観」（一九二二年）より、以下の一節を参照するのがもっとも簡明である。

君主は単に貴族の代表的位置に立つて居つたのは中世の状態なるが、近世に入りて其貴族が没落すると、君主は直接に臣民全体に対する事となり、臣民全体の公の所有物で、貴族団体の私有物でなくなつた。（全集八巻、一一三頁）

湖南によれば「君主独裁政治」とは、単に貴族層の没落による君主（皇帝）への権力集中に留まるものではない。むしろそれは、皇帝を「貴族団体の私有物」の位置から解放し、「臣民全体の公の所有物」であるとみなすこと、すなわちある種の王権の民主化を伴っていたと理解されていることに、後年の湖南の五四運動理解を云々する論者は着目する必要があろう。湖南の中国近世理解は停滞論であるというよりも、こんにち議論のかまびすしい〈中国的な民主主義〉の形成

をめぐる、西洋化とは別個の発展史観として形成されたのである。(4)
したがって、その「概括的唐宋時代観」の筆致がこの後、以下のように続くのは、もはや必然でさえある。

> 支那は人民の参政権を認むるといふことは全くなかりしも、貴族の階級を消滅せしめて、君主と人民と直接に相対するやうになつたのは、即ち近世的政治の状態となつたのである。又官吏即ち君主と人民との中間の階級も選挙となつた。勿論この選挙とは、今の代議政治の如く代議的ではなくして、一種の官吏登用の形式を指すものなるが、即ち選挙の方法が貴族的階級からの登用を一変して、試験登用、即ち科挙となつたのである。
>
> （全集八巻、一一五－一一六頁）

湖南がその近世概念によって提起したのは、いわば〈啓蒙専制君主による官吏登用の機会均等化〉を、中国における西洋とは異なる方向での民主主義の進展――Chinese Way of Democracyと見る視点だったのである。これはことば遊びでもなければ、湖南ひとりの謬見(びゅうけん)でもない。

実際にこんにち、渡辺浩〔二〇〇八：二六〕はトクヴィルにおける「デモクラシー」の概念に拠りながら、「中国についていえば、実は、社会類型としての「アリストクラシー」から「デモクラシー」への移行は、既に千年ほど前に実現したのではないだろうか（私は冗談を言っているつもりはない）」という問題を提起する。たしかに身分制が撤廃されて、政治の担い手を貴族層に限定しない（理念的には）「平等な」な体制が作られたという意味では、科挙官僚制を全面化した宋代以降の中国には、〈人民による政治〉が成立していたことになる。伝統中国に存在しなかったのは議会政治（湖南のいう代議政治）であって、民主主義ではないのだ。

したがって渡辺〔二〇〇八：二八〕によれば、武士身分による政権独占を終わらせて人々を家職制から解放した「明治維新は……日本列島にあった社会が、ようやく（ある面で）明・清に追いつこうとした瞬間であろう」ということになる。実際、まさしく湖南が宋代における皇帝の地位の移動＝「直接に臣民全体に対する事となり、臣民全体の公の所有物」への変容を指摘したのと同様に、日本では明治維新に際して、政治秩序における天皇の浮上が起きたのだった。

原武史〔一九九六：三-七〕が指摘したように、戦前に「国体」を称揚するための和製漢語として創案された「一君万民」の概念は、実際のところ、日本ではなく中国（および朝鮮王朝）の伝統的な王権を支えた秩序の構図にこそ適合するものだった。そして実際、導入された立憲制が安定を見たとされる大正期にも、代議制という媒介者の意義を説く吉野作造らの立場は大衆社会化の進展によって次第に押し流され、天皇をルソー的な一般意志の具現者と位置づける上杉慎吉らのもうひとつの「デモクラシー」が、やがて昭和の日本を覆うようになる(5)〔住友二〇一一：八六、一一二一一一三頁〕。

――事実、ほかでもない湖南本人も『支那論』の翌々年にあたる一九一六年の稿「支那の政治」で、かくのごとく明言している。

> 日本の近頃の政治上の過程は、若し之を支那に比較すれば、宋代に比較す可きものである……〔宋代は〕貴族政治の時代から平民政治時代に入りかけて来た時であつて、君主の側に於ても其権力が従来よりも旺になり、人民の力に於ても其位置が確実になつて、さうして其中層に位して居つた貴族の勢力が全く無くなつて来た。日本で言へば今日の有様に似て居るので、唯、日本は欧羅巴の文明を採つて、維新以来の改革をしたが為に、自分の国に固有である所の事情に依つてのみ政治上の改革をしたのでは無いから、外から観た所では、色色支那の宋代と変つた所があるけれども、実際は恰度其れ位の程度である。
>
> 〔全集四巻、五五三―五五四頁〕

(2)　文化というニヒリズムへ

かような湖南の史論像全体の下で、『支那論』をはじめとするその時評を読み返すなら、〔西洋的な〕「近代」の立場から湖南が同時代の中国を見下しているとする安易なオリエンタリズム批判が、いかに的外れかが理解できよう。確かに湖南は、特に後の『新支那論』において、日本をはじめとする列強の中国介入を主張した。しかしそれは、湖南にとっての日本がたかだか明治維新の時点でようやく宋代に追いついた国家であった以上、中国に対する〈近代化の先進国〉としての意識で行った提言ではありえない。

否、むしろ同じ「支那の政治」の続きで、湖南は以下のように筆を運び、そもそも欧米諸国自体が先進地域であるとする認識自体を、端的に棄却している。

欧羅巴に於ても矢張り［日本と］同様であつて、仏蘭西(フランス)などの如く貴族政治から比較的早く脱した国もあるけれども、それにしても未だ二百年にも達しないので、其他の国、英吉利(イギリス)でも、独逸(ドイツ)でも、殊に露西亜(ロシア)の如きは、最も其の過程が遅れて居つて、日本と大差の無い国も多いのである……さう云ふ風に考へると、支那の政治上の時期は、今日の列国の中では、最も先きへ進んで居るので、それが即ち亦(また)支那の政治の今日の弊害を来した最大の理由であるかも知れない。（全集四巻、五五四頁）

だとすれば『支那論』から『新支那論』への転回は、かようにヨーロッパ以上に歴史の先端を走る体制として位置づけられた中国の近世社会に、さらなる変革の可能性を湖南が見ていたか否か、という観点から探求されねばならない。フォーゲル〔一九八九：二一六〕は、「「近世」の歴史を正しく理解すれば、中央集権化の進展がかえって君主を孤立させ、その結果、君主独裁政治は自然の成行きとして矛盾を増大させ、清朝の滅亡で終焉を迎えたことがわかると湖南は述べる。要するに、「近世」とは、清末、つまり湖南にとっては同時代の中国に直結する時代であり、かれがつねに克服しようとしてきた時代だった」と、『支那論』刊行当時の湖南の視点を位置づけている。すなわち湖南は辛亥革命に、宋代以来の「近世」を終わらせる可能性を見ていたというのである。

これに対し、問題の書『新支那論』はどうだろうか。結論から先に述べれば、そこには『支那論』からの持続と変奏――ただし決して「断絶」ではなく！――の両面が見出せる。具体的には、以下のようにである。

君主専制時代には中間階級たる「族望」〔名門貴族〕が無くなつたが為めに、君主と民衆との接近を来たして、政治が民衆の為めに機会均等に与へられる状態とはなつたが、然し其の時は即ち機会均等なる民衆の中から一種の政客階級を生じて、之が政治を独占すると同時に、其の機会をつかまへ得ることの出来ない多数の政客候補者は、その余ある能力を何事かに用ゐて、失望せる生活を慰安する為めに、大きな文化階級を形作り、主として学問芸術に向つて全力を傾けることになつた。

（全集五巻、五二七頁）

このように『新支那論』でも、宋代以降の貴族排除と皇帝専制化の下で一君万民的な「君主と民衆との接近」が起こり、〈中国的な民主主義〉としての「機会均等」（科挙制度の採用）が生じるという点で、湖南の史的認識は『支那論』からの一貫性を保っている。しかし、『新支那論』における転回はその後に起こる。制度としては機会均等になった――〈民主化〉が実現したとしても、そこには自ずと「一種の政客階級」（科挙進士および胥吏）が生じて、結局のところ一君万民体制は貫徹されず、むしろ政治から排除された人々のあいだに疎外感が広まり、「学問芸術に向つて全力を傾ける」「文化階級」の形成が一般化するというのだ。

この点で、湖南の同時代中国を見る目が「文化主義」に偏ってゆき、それが五四運動をはじめとする政治的ナショナリズムへの冷淡さに帰結したとする増淵龍夫の批判は、事実の半面を正しく射ている。しかし、残る半面はどうであろうか。『新支那論』で湖南は政治から文化への関心の意向を、単に自分の嗜好として語ったのでもなければ、中国に特殊な停滞現象として述べたのでもない。繰り返すが『支那論』で江湖に問われたその近世史像が堅持されている以上、（湖南の目に映る）中国の停滞とは決して西洋的な近代化の途上における足踏みではなく、むしろその遥か先の段階における、いわばすべてが熱死した風景として存在するのだ。(6)

そうであればこそ、以下のような言辞が矛盾なく、しごく自然なものとして『新支那論』では続けて記されることになる。

大体人類が造り出した仕事の中で、政治軍事などの仕事は、最も低級なものであるが、日本が今政治軍事に於て全盛を極めて居るのは、国民の年齢として尚ほ幼稚な時代にあるからである。支那の如く長い民族生活を送つて、長い文化を持つた国は、軍事政治等にはだんだん興味を失つて、芸術に益々傾くのが当然の事である。支那の過去の歴史を見れば、或る時代からこのかたは、他の世界の国民の……之れから経過せんとして居るところの状態を暗示するもので、日本とか欧米諸国などの如き、其の民族生活に於て、支那より自から進歩して居るなどと考へるのは、大なる間違の沙汰である。（全集五巻、五二八頁）

確かに辛亥革命は挫折した。そして増淵や子安宣邦らの批判者が指弾するように、湖南は五四運動にも歴史的な可能性を認めない。しかし、それは決して中国の後進性に帰責されるものでも、また中国固有の劣等さとして本質化されるものでもないのだ。むしろ湖南が『新支那論』で述べているのは、〈中国の民主化が挫折するのは、「近世」の段階ですでにそれを実験・失望し、西洋や日本の「近代」での経験に先んじていたからだ〉とする、自国の先に来る普遍的な未来像として、中国をまなざす諦観なのである。

かくして、宋代以降近世説という史論を軸に『支那論』から『新支那論』までの転轍を眺めることで、読者は初発の問いに引きもどされる。後者におけるニヒリズムともいうべき中国政治への冷たさは、決して〈欧米中心主義〉に立った〈オリエンタリズム〉によるものではない。湖南のテクストには、西洋近代の支配の装置など見出しようもない。むしろそこに見るべきは、いずれの国でもやがて〈近代の後（post）に来るもの〉として、眼前に展開する中国社会の混沌を把握しようとする、もっともラディカルな知的枠組みの〈脱近代化〉〈脱西洋中心主義化〉であり、中国が西洋化するのではなく西洋が中国化する可能性を議論しようとする、未発のラディカリズムの源泉なのだ。――たとえ、その文面がいかに執筆当時の偏見ある言辞に満ちており、またかようなヴィジョン自体が、居心地の悪い着想であろうとも。

だからもし望むのであれば、湖南の視座をアジア主義的と呼ぶことはまったくかまわない。ただしそれは、しばしば無責任に言挙げされてきた、実体なき空虚な〈希望〉によって日中が連帯しようなどと持ち上げる種類のそれではない。むしろ、それは歴史の必然から免れえないという〈絶望〉の共有に基づく、いわば同病相憐れむアジア主義であり、実際に『新支那論』はかく述べることで、中国ではなく日本のみが脱亜入欧に成功しえるといったナショナリズムやオリエンタリズムに対する、最大の解毒剤を提供している。

今日では日本と支那とが国民性を異にして居る様であつても、日本が支那だけの長い歴史を経た時には、支那の如くなるかも知れぬ。支那が昔開闢からして日本位の時代しか経過せなかつた時には、今日の日本に類似して居らぬものでもない。（全集五巻、五二六頁）

4　未来としての中国——『新支那論』のなかの〈帝国〉

（1）国家なき社会をめぐって

かような一種のディストピアの描写として『新支那論』を眺めるとき——繰り返すが、それは陳腐な〈オリエンタリズム〉批判の作法で湖南の叙述を読むのではなく、むしろそこで語られた社会像を湖南ないしわれわれにとっての未来像に投影することである——、ひとつの補助線になり得るのは、かつてネグリとハートが提起した〈帝国〉という概念だろう。二〇〇〇年の原著が〇三年に邦訳されたその書物の享受のされ方も、いくつかの点で『新支那論』と似通っていた。

〈帝国〉は、普遍的な共和政体としてのみ、諸々の権力と対抗権力のネットワークが限界なき包摂的な建築体において構造化されたものとしてのみ、考えられうる。この〈帝国〉的拡大は帝国主義とは何らの関係ももたず、征服や略奪、ジェノサイド、植民地化、奴隷制のために考案された国家装置とも無関係である。そのような帝国主義に対して、〈帝国〉はネットワーク的権力のモデルを拡大し、統合強化する。〔Negri and Hardt 二〇〇三：二一七。傍点引用者〕

類似点のひとつは、上記の如く彼らは明言したにもかかわらず、ネグリとハートの描いたポスト近代の世界秩序のモデルである〈帝国〉を、近代主権国家を中核におく「帝国主義」の問題系にむりやり当てはめる読み方が目立ったことである（それが刊行当初のインパクトに比して、早期に歴史研究の現場から退潮した理由だろう〔東島・與那覇 二〇一二：二八〕）。著者の五四運動への対応如何という「帝国主義」との関わりばかりが着目されて、『新支那論』をその史論に基づき西洋近代以降の歴史像として読み解く営みが、これまで妨げられてきたのと同じだ。

もうひとつは、かような生産性の低い読解の背景に、近代を超える秩序は（近代それ自体と同様に）決まって西洋からもたらされるという、読者の側の〈内なる西洋中心主義〉が機能していた点である。したがって、中国を日本や西洋も含めた世界の歴史の果てとみなす湖南のポテンシャルが抹消されたのと同様に、ネグリとハートの主張も、結局〈帝国〉とは二十一世紀のアメリカのへゲモニーを指すのか否か、という点ばかりが焦点化された〔cf. 絓二〇〇三、北田二〇〇三〕。そのような傾向に対して筆者はかつて、むしろ「「米国も中国もともに〈帝国〉であり、世界のアメリカニゼーションは同時に近世的中華世界への回帰でもある」という視点」に立つことを唱えたことがあるが〔與那覇二〇〇九a：二七四〕、『新支那論』の新たな読み解きに際しても、その発想が利用できるように思う。

たとえば当時、辛亥革命期の沖縄での新聞報道を観察した際に気づいたのは、まさしく湖南と同様、前近代的な漢籍の教養に基づき、つき放して目下の中国をまなざしていた県内保守派の方が、革命の展開に西洋的な〈近代〉を見出して熱く共鳴していた急進派よりも、存外に中国の内在的伝統に則してその展開を理解し、時には西洋のそれとも遜色なく評価する言辞を用いていたことである。象徴的な一例として、一九一二年二月六日の『琉球新報』は、端的に以下のように述べる〔與那覇二〇〇九a：一九九〕。

> 革命と云へば直ちに仏朗西の革命を連想させるが、支那こそ太古からして革命の本家だ……今度の革命は三千年来のレコードを破つた形だ。以前の革命と云ふのは只主権者が交代した丈けで政体には何等の影響もなかつたが、今度のは政体の根本からかへやうと云ふのだから支那の政治史上実に重大の事件である。

すなわち『新支那論』を未来の記述として読むということは、かような認識のあるところに、ネグリ＝ハートの種本のひとつであるドゥルーズとガタリ〔二〇一〇：七九－八〇〕の、以下のような一節をつきつけるということでもある。そして、果たしてそこからいかなる歴史像が見えてくるかによって、その読みの生産性は決せられるだろう。

確かに革命という観念はそれ自体両義的である。国家の変形に関するかぎりそれは西洋的観念であるが、国家の破壊、廃絶に関するかぎりそれは東洋的観念であるからである。

（『千のプラトー』）

（2）資本主義なき市場経済

これまでも湖南の中国認識のコアが、そこで国家が果たしている役割の低さ――国家なくして機能している民間社会の描写にあることは、広く知られてきた。松本三之介（二〇一一：一二〇、一二七、一二九–一三二）は近代日本人の中国観を総覧した書物で、かような「政治社会と普通社会、国家と一般民衆は、相互に向きあうことのない別々の閉じた世界を形づくる」場所として中国を把握する視線は、実は湖南のみでなく、それを「畸形国」（『支那観』一九一三年）として蔑視する内田良平から、逆に同じ「社会というものは、国家の興亡には少しも関係しない」性格を中国人の度量として積極的に位置づけた勝海舟（『氷川清話』一八九七年）、さらには辛亥革命を率いた孫文自身に至るまで、世紀転換期の日中両国の知識人の共通感覚であった史実を掘り起こしている。

そうであるなら『新支那論』で行われる中国社会の分析が、いわゆる中国非国家論に立っているからという理由で、それを「近代国家形成への苦闘……とは無縁に存続する固定的な中国社会」（子安宣邦）を描く〈オリエンタリズムのまなざし〉などとして排除する態度こそ、最初に退けられねばならない。現に海舟のように、同じものから中国への肯定的な評価を導き出す論者が存在した以上、国家性の欠如を指摘すること自体は帝国主義的でも差別の視線でもなく、単に穏当な現状観察であったに過ぎぬ。むしろ今日、有意味なのは先駆的には西洋史家の野田宣雄（一九九八：一八四－一九〇）が――湖南ではなくやはり京大東洋史の矢野仁一に対して――行ったような、「支那は国に非る」という議論を（その著者の意図を越えて）中国社会のグローバル化への適性を示す証左へと読みかえる営為だろう。

ジョヴァンニ・アリギ『北京のアダム・スミス』

実際、世界システム論のジョヴァンニ・アリギ〔二〇一一：九〇〕は、歴史書にして二十一世紀の現状分析でもある浩瀚な書物『北京のアダム・スミス』で、「中国の法と制度への批判は、ヨーロッパの法と制度が中国のそれらより優れたものであることを意味しないし、ましてや、「非自然的で逆向きの」ヨーロッパの経済発展径路が、「自然な」中国の径路よりも優れていることを、けっして意味しない」と述べて、国家権力による資本集中が生じず、いわゆるレッセ・フェールに任せて「自然な」発展が起きた社会として中国を位置づけ、逆にヨーロッパの資本主義の方を「非自然的な」特殊例として捉えるという、視座の転換を主張している。ヨーロッパを基準とすると異様に見える、中国における国家と社会の関係のほうが、実は本来ノーマルな状態ではなかったかとする問題提起である。

アリギ〔二〇一一：四三〕にしたがえば、しばしば混同されがちな「市場経済の発展と資本主義的発展の領域を区別することが有用である」。等価交換を前提とするスミス的な市場経済は、不等価交換に基づいて資本蓄積がなされるマルクス的な資本主義とは本来異なるメカニズムであり、後者はユーラシアの辺境に位置し、経済成長にあたって国家の軍事力による植民地獲得と航路の独占を必要とした、ヨーロッパの特殊事情が生んだものだというのだ。「ヨーロッパの発展径路において典型的であった軍国主義と産業主義、そして資本主義の相乗効果は絶え間ない領域的拡大を推進し、またそれによって支えられていたが、東アジアには存在しなかった」〔Arrighi 二〇一一：四七〇〕のである。このように肥大化してゆく国家の極点が、「世界史において初めて、真にグローバルな国家を創造しようとしたアメリカ」の帝国主義だったが、その試みがイラク戦争で破綻した現在では、むしろ国家の力を通じた資本集中ではなく、中心的な巨大産業なきままに小規模経営主体のあいだで相互行為が営まれる、伝統中国＝スミス的市場経済へと世界は回帰しつつあるというのが、アリギ〔二〇一一：一四〇〕の見立てになる。

かような議論を媒介として振り返るとき、たとえば湖南が中国における国家権力の発生を説く『新支那論』の以下のような一節にも、まったく新たな光を当てることができよう。

金元の時代を経て、支那の政治は租税徴収の請負制度ともいふべきものになつた。尤も元代では蒙古人が中央亜細亜の隊商を支配した法を支那に移して用ひたので、官吏は全く天子の政治商売の手先となつて、人民の利害休戚には何等の同情を持たなくなつた。

（全集五巻、五〇二頁）

湖南が「支那の政治」の原型と見なすのは、「蒙古人が中央亜細亜の隊商を支配した法」という、いわばスミス的交換に寄生して移動する商品から上前をはねる政治体だ。したがって、それは資本集中によって工場労働的な巨大産業を育成するタイプの権力には育たず、むしろしばしば民間における類似の〈暴力装置〉に代替される。

満洲地方の馬賊等が各地方に縄張りが出来て、其の地方を通過する商人から、官兵が取るより少い冥加金を徴収して貨物通過を保障する様になると、これは免疫性の馬賊となつて……

それらの弊害は、官兵が発作的に時々起す弊害よりかは遥かに微弱である。
（全集五巻、五〇〇-五〇一頁）

（3）中国式ネオリベラリズム

社会から乖離してしまった結果、国家機構が国民全体の代表としてはもはや見なされず、より廉価な「冥加金」（ないし税）によって保護が得られるなら「馬賊」に乗り換えることすら可能なものとしか、民衆に観念されない状態――かようなものとして描かれた中国に湖南が示す態度は、実は両義的である。むろん海舟のような共感がみられないことは確かだが、しかし『新支那論』の段階でも、内田のような異常視、全否定のみでそれを捉えているわけでもない。

『新支那論』で湖南は、中国の経済社会が抱える病を、上記したいわば資本主義的な生産ではなく市場経済上の流通のみに生計を依存する構造のために、「交通即ち貨物の運搬に要する費用も、甚だ廉価に出来る様になつて居る……事情が支那の社会に於て、商人の利益の壟断といふことを促がした」点に求める。さらに、近代に入ってこの交易ネットワークが海外と接続された結果、「支那の商売は外国に対して買弁組織に出来て居るのみならず、本国に於ても全く買弁組織即ち問屋が多大の利益を占める組織になつて居る」という状態が生じたとして、それを非難する（全集五巻、五二二頁）。国家が「馬賊」と同様、物流をピンハネする装置としてしか機能しない上に、民間でもそのように流通面でのボトルネックを押さえた中間搾取のみから利益を上げる経済構造となっていることが、国民の生活水準を停滞させていると判断するのだ。

アリギ流にいえば、国家主導による資本主義の樹立を欠いているがゆえに、生産の現場を通じた付加価値の創造を行えないための帰結ということになるが、実際にアリギ〔二〇一一：四八五〕は下記のように述べて、まさしく湖南が見た中華圏での伝統的な経済慣行を、「アメリカにおける主導的経営組織を、ゼネラル・モーターズなど垂直的に統合された会社から、ウォルマートなどの下請け的会社へと置き換えるに至った」今日の消費資本主義の下部構造に結びつけている。

ウォルマートのような「買い手主導」の下請け的調整は、中国の帝国後期の大事業の際立った特徴であったし、また現在に至るまで台湾や香港の経営組織の支配的な形態であり続けている。それゆえわれわれは、アメリカによる下請けネットワークの形成と拡大を、西洋が東アジアの〔経済発展の〕パターンへと収斂したもう一つの実例として解釈できるかもしれない。

アリギ以外の多くの論者も指摘するが、今世紀に入って顕著になったグローバル資本主義の変容とは、規模の経済が働く局面が、生産（工場）から消費（小売店）の場へと移行したことにある。ロバート・ライシュ〔二〇〇八：八一―八六〕の概念を借りれば、国境を越えた物流コストの低下と製品のモジュール化によって、〔国家の保護の下に〕先進国の大工場で集中的な大量生産を行なってきた二十世紀中葉までの資本主義は、いまや国境を越えていかにグローバルに大量の供給者と消費者とをつなぐかが利益の源泉となる、超資本主義（super-capitalism）ともいうべき別個の体制へと形を変えたのだ。(7) だとすればやはりわれわれはいま、『新支那論』の時点では中国の描写——ただし日本や西洋の未来図としての——という形で描かれた世界に、現に暮らしていることとなる。

国家が社会福祉の現場から撤退するとともに、先進国での熟練労働者の賃金をカットして途上国の単純労働力とのコスト競争に適応させ、主たる利益は金融をはじめとする投資上のボトルネックの掌握から獲得する新自由主義（neo-liberalism）の体制とは、このような世界経済の構造変動の帰結として位置づけられる。換言すれば、いまや国土の領有や資源の搾取ではなく、市場と消費者の組織化を権力の源泉とする新しいグローバルな統治体制が浮上しているのであり（だからネグリとハートはそれを「帝国主義」と区別して〈帝国〉と呼んだ）、事実、鄧小平をサッチャー、レーガンと並ぶ新自由主義の発明者とみなすハーヴェイ〔二〇〇七：一九四〕はかく述べる。

中国は、そのような［中国製品と競合する］産業は滅びるにまかせ、急激に発展している中国市場に原料や農作物を輸出することに専念しさえすればよい、と忠告した。これこそまさに、一九世紀にイギリスがインド帝国に対して振る舞った時のやり方そのものであり、そのことをアルゼンチンがわからないわけはなかった。

『新支那論』で「若し支那人にして真に経済的に覚醒するならば……日貨排斥などによつて旧来の利益壟断をして居た支那の商人階級に援助する様な結果になることは、大いに戒めねばならぬ」と述べるように、湖南が中国経済の刷新を日本人の進出に伴う自由競争の活性化（＝旧来の中間搾取層による「商人の利益の壟断」の除去）に求めるロジックで、日本の帝国主義を肯定したことは事実である（全集五巻、五二四頁）。しかし現実はその湖南の意図すらも乗り越えて、むしろ『新支那論』が描いた中国社会の方が、たとえばグローバル企業によるプラットフォームの提供といった形で、日本を含めた世界を呑み込んだのである。

（4）アナーキカルな統治へ

それでは、国家なき社会の典型たる中国に対して、湖南が向けたまなざしの肯定的な部分とはなにか。それはまさしく、かように国家が民間企業と同種の「冥加金」の徴発者と化し、民政を顧みない状態を近世来一千年近く続けていればこそ養われた、中国社会における非国家主体による自治の精神にほかならない。

ライシュ〔二〇〇八：一三三―一三六〕の超資本主義論とは、現今の欧米諸国を覆っている民主主義や企業福祉の機能不全を、国民ひとりひとりがその労働者・市民としての側面よりも、投資家・消費者としての利害を優先させて生活しはじめたがゆえの相互作用の帰結として捉えることで、新自由主義の批判者が陥りがちな単純な疎外論――「富裕層」や「グローバル資本」の意図に現状を還元するような――の弊を克服しようとしたものだった。だとすれば、そもそも市場経済のみがあって資本主義を生むことなく、また議会制度や立憲主義ではなく一君万民的な君主権の強化による〈民主化〉の経路を歩んできたために、もとより生産活動に従事する労働者や近代西洋的な市民としての意識が乏しかった伝統中国とは、やはりここでも〈先進国〉だったことになろう。

そのような社会に、『新支那論』の湖南はいかなる希望を見出したのか。それは個々人の市民としての側面の再活性化に期待を託す、西洋人ライシュの処方箋よりもさらに透徹して、決定的に国家というもの自体を諦め、別の形で生存ユニットを国民各自が作りだす中国人の行動様式だった。湖南の同時代認識上、一貫して評価の高い人物として、湘軍と呼ばれる民兵（郷勇）を独自に組織して太平天国の鎮圧に貢献した曾国藩（そうこくはん）が挙げられるが、湖南はそれが「民衆自身が其の［自己］統治の機関を郷団に限らずして、これを一省乃至（ないし）は支那全体に及ぼす様になること」の「立派な前例になる」と述べ、かつ以下のように断じている。

あの如き多数の軍隊を動かすのに、官吏としての命令によらずして、私人としての依頼の手紙だけでなし遂げたといふことは、恐らくは又支那でないと見得られない状態であつたらう。かくの如く支那の人民―郷団といふものを根底にして一大改革を行ふといふ可能性は、全くないとはいへない。

（全集五巻、五〇六頁）

つまり、国家がたかだか「馬賊」のようなものに過ぎないのであれば、逆に自らが属する私兵組織で国家を代替してしまってもよいわけであり、眼下の中国は「支那でないと見得られない状態」にあるからこそ、その可能性にもまた開かれているというのだ。これはもはや一種のアナーキズムの提案に近接するが、事実、湖南自身は中国の社会組織が持つポテンシャルを、日本と対比しつつ以下のように位置づけている。

家族制度といへば、日本人はすぐに日本の封建時代の士族の生活の如きものを想ひ起すが、支那の宗法はそんな幼稚なものではない。財産の相続等も分頭で……家族相互の救助、家廟を中心とした義田義荘といふ様なものもあり、家族が厳然たる小さい国家を象（かたちづく）つて居る。

（全集五巻、五〇三―五〇四頁）

すなわち『新支那論』での湖南の中国国家の軽視は、国家を不要としてしまうインフラが旧来から伝統に埋め込まれていた史実への着目と、表裏一体になっていた。続けて「近頃の支那人の〔新文化運動の儒教批判に基づく〕家族破壊論……と同時に其の間に赤化を目論むものも出来て来たのであつて、それらの運動が何等(なんら)の効力もないといふのは、支那の社会組織が進歩した共産的の家族制度から成立つて居るがためである」とも述べているように(もっとも、結果的に共産党の勝利を見たという点では、この予言は外れるわけだが)、まさしく歴史以前の混沌に見える中国社会の現状こそを、欧米諸国も含めて「進歩」の果てにもたらされる未来図として把握する、独自の東洋の感覚に根ざしたニヒリズムに導かれた発想といえよう。

そしてそれは実際に、やがて西洋近代の幻想に倦(う)み始めた欧米人が、オルタナティヴとして見出し始める「東洋」の幻想を先取りするものでもあった。湖南ならそっけなく「郷団」ないし「馬賊」と呼んだだろう国家とは異なる生存のユニットを、「戦争機械」(war machine) と命名して国家からの解放を夢見たドゥルーズとガタリ〔二〇一〇：八〇〕が、かく述べているように――。

広大な平滑空間が東洋の、そしてアフリカやアメリカの大帝国に侵入し、諸成分のあいだのズレを維持することによって大帝国に対立している……この戦争機械は帝国への統合化の道を進んでただ反乱と王朝の交替を引き起こすだけになってしまうにしても、遊牧民として国家廃絶の夢と現実を創り出すのはやはり戦争機械なのだ。

（5）　国家も民族もない土地で

湖南に、いや彼以外にも当時多くの識者が述べたことにしたがうなら、なるほど中国は国家ではない。しかしそれが妥当するのは彼らの意図を越えて、中国は国家ではなく戦争機械の群れであり、〈帝国〉ないしマルチチュード〔ネグリとハート〕だと呼び変えることも可能なかぎりにおいてのことなのだ。そう考えるなら、しばしば日本の帝国主義に奉仕するものとして論難の対象となってきた、湖南の中国叙述における民族性の軽視についても、新たな位置づけなおしが可能となる。

事実、湖南の中国ナショナリズムに対する冷淡さを支えるものとしての「文化主義」に初めて綿密な批判を加えた増淵龍夫〔一九八三：七八〕は、こうも指摘していた。

湖南のもつ文化概念は、清朝時代の中華思想の文化概念に相似た構造をもつ……華夷の別に立つ漢人の反抗を弾圧し、自己〔満洲族〕の支配を正統化するために、華夷のちがいというのは文化を規準とするもので、民族を規準とするものでない、ことを強調する。種は夷狄でも、中国文明に同化しこれを継承するものであれば、すでに夷狄ではなく、華である。

つまり湖南の中国論における文化への傾倒の原因を、もっぱら日本の帝国主義的進出を擁護する意図に求めるのは、因果が逆転しているのである。むしろ湖南の文化主義は、中華世界では伝統的な人間観を受けついでいたに過ぎず、問われるべきはそれが日本による中国支配の肯定へつながるという、逆説を生んだメカニズムの方なのだ。

実際、今日の清代史研究も「雍正帝の発想は……儒学思想を生んだ「中土」であろうと、それを取り巻く夷狄であろうと一切関係なく、ただ天によって認証・祝福された徳と、それを現実に具現する能力の下の平等を徹底的に強調するものであった」〔平野二〇〇四：八四-八五〕と指摘するように、国家なき中華世界のイデオロギーとはそのポテンシャルとして、みずからの文化的価値の普遍性こそを主張する半面で、民族的な差異の有意性を否定する傾きをもつものだった。ただし結果としてもたらされる平等は「能力の下の平等」、画一化された価値尺度（徳）によって個人の値打ちが判定される競争原理に基づく「機会の平等」に過ぎないから、それが人々にとって住みよい秩序を生みだすとは限らない。

むしろ、経済的なネオリベラリズムが産業のグローバル化と結びついて、福祉国家を下支えする国民共同体の概念を無効化してしまうのと同様に、政治的ないわゆるカラーブラインドの発想もまた、「差異を非公定的なものと捉えることで、差異から生ずるあらゆる帰結は、その差異を負う諸主体が、一種の自由競争市場で負う自己責任のようなものに転化する……「差異の管理の民営化体制」〔山下 二〇〇八：四八-四九〕へと空転してしまう危険性を常に孕む。公式には民族性による有意な差異を認めないという「平等」な提案が、かえって現実には民族の違いに基づいて行われている差別を覆い隠し、普遍的な価値基準に則って判定された勝者と敗者の相違に過ぎないとして、民族間の格差を正当化してしまうのだ。

このパラドクスは、帝国主義が終焉した今日においてこそ、現前化しつつある。再びネグリとハート〔二〇〇三：二五〇-二五一〕に帰れば、以下のようにである。

〈帝国〉の理論は、さまざまの人種や民族集団のあいだの優劣に関して原則的には何も語らない。〈帝国〉の理論は、そうした優劣を純粋な偶発事や実際上の事柄であるとみなす。別の言葉でいうと、その理論においては、人種の階層秩序は原因ではなくて社会状況の結果として考察され……人種的な優位性と従属性は理論的な問題なのではなくて、自由競争の結果として、または、一種の市場法則に則った文化の能力主義の結果として生ずるものなのである。

彼らのいう〈帝国〉と帝国主義とが別個の概念であったように、われわれもまた『新支那論』で湖南が描いた中国像の〈問題性〉を、たまたま彼が帝国主義の時代に、日本の中国進出を肯定する地位にいたことに求めるべきではない。むしろ批判者たちによってこれまで同書の欠陥とされてきたことは、以下のように読み替えればわかるように、歴史が終わった土地として湖南がまなざした当時の中国——およびその後継者としての今日の世界が、抱える矛盾と困難そのものの表れだったのである。

A〈中国ナショナリズムとの対話の排除〉
↓　A’　ポスト国民国家時代における民族性の無意味化

B〈対外進出と植民地（的）支配の肯定〉
↓　B’　資本主義の変容によるネオリベラルな経済支配の出現

C〈日本中心的な帝国拡張の正統化〉
↓　C’　グローバルな競争基準の下での国家間の相違の無効化

D〈列強諸国による内政干渉の提言〉
↓　D’　市民の生活における国家の存在意義の極小化

E〈中国人の主体性を否定するオリエンタリズム〉
↓　E’　進歩史観の終焉に伴う社会の人為的革新の余地の消滅

5　湖南の逆説――〈日本史〉の終幕へ

(1)　進歩という幻影

同時代の中国が示した停滞にこそ、実は日本や欧米をも含めた人類一般の末路が示されているという湖南自身の史論に則して読み替えることで、『新支那論』の叙述がむしろ今日におけるグローバルな秩序の、早すぎた素描として再解釈できることをみてきた。しかしだからといって、ただ湖南の見識の「偉大さ」のみを礼賛すればよいというものではない（本章の主眼も、むろんそこにはない）。

むしろ中国および人間社会の行く末にかような洞察力を示した湖南が、現実の国策に対する提言において誤ったのであれば、いったいその躓きの石がどこにあったのかを、再度吟味する必要が生じよう。そしてその意味でこそ、大陸中国での近世の成立に歴史の終焉を見た、湖南の史論の系譜から『新支那論』を読み解いたことの意義が生じる。

すなわち、辛亥革命にいまだ変革の希望を託していた一九一四年の『支那論』を〈正しい〉議論のあり方として高く評価し、逆にその期待を失って中国不変論に転じた『新支那論』は〈誤った〉謬見だとしてきた従来の評価が、実はまったく倒錯していた可能性が浮上するのである。前者で典型的には共和政の成立を、「「世界の大勢」に沿った歴史のいわば当然の進化と受けとめ……進歩史観的な見方からこれを意味づけ」たとされる湖南の営為は〔松本二〇一一：一七二〕、むしろ帝政の廃止という変化の表層部に惑わされて、あたかも中国が西洋化の道を追いかけているかのような、この人らしからぬありふれた近代化論と野合したがゆえの産物だったのではないか。そしてかように俗流な史観を受け入れてしまった点にこそ、中国の〈近代化〉の名に借りて、明治維新で宋代に達したに過ぎぬはずの日本の介入を正当化するような、矛盾の出発点があったのではないか。

そのことをわかりやすく示すのは『新支那論』に対して、橘樸が刊行翌年の一九二五年に示した読解である。当初「支那は何うなるか――内藤虎次郎氏の新支那論を読む」というタイトルで『月刊支那研究』（一巻三号）に載せた書評論文で、橘〔一九三六：三六二〕はまず「内藤氏が郷団自衛に重きを置いて居ることは、私が中産階級の改造勢力としての運命を重大視して居るのと大体に於いて合致する」と述べて、湖南が国家なき中国社会における秩序の担い手として着目した「郷団」を、「中産階級」へと読み替える。

かような変換を経て、橘〔一九三六：三七八〕は以下のように述べて、むしろ中国社会における変革への希望を、〈西洋化〉に範をとった進歩史観の語彙で語りなおそうとする。

所謂社会革命を起さうと決心する為には、仮令激しい圧迫が其の直接動機となるとしても、一層深く且つ強い原因は反抗階級の充実した実力及びそれに対する自覚にある。之れは東西の歴史が繰り返し吾人に教へるところであるのだから、民族性や社会組織や其の凡ゆる環境の相違に関係なく、支那の今日の中産階級にも当然適用せられるべき原則でなくてはならぬ。

したがって橘からすれば「東西の歴史」と同様、彼ら中国の「中産階級」が立ちあがるべき機会はやがて自ずと熟すはずなのであり、その可能性を疑うのは「内藤氏に似合はぬ方角違ひの繰り言」だということになるのだが、しかしこのような発想はひとたび行き詰まると、内発的な「社会革命」を支援するためと称した、外国の干渉へと転化しやすい。

アナーキストから出発しながら満洲国の桂冠学者へと転じた橘の転回を分析した酒井哲哉〔二〇〇七：一六九、一八〇〕は、「橘は湖南と同一の対象を扱いつつも、アナキズム的な大正社会主義の国民国家批判の論理に依ることで、中国の国家と社会に対する評価を逆転させた〔がゆえに〕……橘にとって関東軍とは、本来実現されるべき「自然」としての「自治」のユートピアを妨げる障碍を吹き飛ばす「強力」に他ならなかった」と、その軌跡を位置づけている。

そして実際、湖南の『新支那論』にもまた、そのような発想の芽は含まれていたことを認めざるを得ない。歴史の終焉＝変化の断念ではなく、そこに外在的な基準によって安易な〈期待〉を見出すことの方が、時として〔主観的には〕善意の暴力を誘発するという教訓を、たとえば以下のような一節が教えてくれる。

大きな田地を開拓する為めに、灌漑用として……溝渠(こうきょ)を通ずる途中には時としては地下の大きな岩石に突き当り、これに大きな斧を用ゐ、若しくは爆薬を用ゐなければならぬこともあるであらう。けれどもその真目的が田地の開拓にあるのを忘れて、その土地の爆発破壊を目的だと断定するものがあらうか。今の日本の国論は自国の歴史と、その将来の進むべき道を忘れて、一時応急の手段に用ゐられた武力を侵略主義とか軍国主義とか言つて、自らこれを貶(けな)してゐるものである。

（全集五巻、五一四頁）

さらにいえば湖南自身の「郷団」という概念にしても、そのイメージに甘さがあったことは否めない。アナーキストの橘が着目したとおり、それは本来、国家なき社会における自治の単位という点にこそ意味があり、岸本美緒〔二〇〇六：二六六〕が述べるように「内藤の郷団論と橘のギルド論……に描かれる中間団体の姿は、それぞれの守備範囲を守って地方の秩序を支える国制上の基礎単位としての共同体というよりは、むしろその結集力を武器に絶えず拡大してゆく政治的運動体、といったものを想起させる」ものだった。

しかし橘がそれを西洋モデルの歴史法則に当てはめた「階級」という形に変奏してしまったの

と同様、『新支那論』の湖南自身にもまた、自らの郷団概念を以下のように、地域的な「共同体」として理解してしまっている節がある。

支那の如く官場臭味の浸み込んだ国家でも、郷団若しくは家族師弟の関係によつて組み立てられたものは、創造的の政治を行ふことが出来る〔が〕……それも矢張り、だんだん郷里を離れて戦ふに従つて弊害を生じてきて、曾国藩も長髪賊〔太平天国〕を平げた頃には既に湘軍が「暮気用ゐ難し」と言つた位である。之(これ)は郷団自衛の職務から、だんだん軍隊商売に変化しつゝあつたが為であつ〔た〕。（全集五巻、五一七-五一八頁）

かように同一の書籍においてすら、湖南の郷団自衛の概念には、それが「家族師弟の関係」をも含み込んだネットワーク上の組織なのか、それとも出身地である「郷里」に密接した地域共同体を指すのかのあいだで、曖昧な箇所がある。かような重大概念における認識のブレは、やがて橘がコミットする満洲事変においても、その影を落とすことになった。日本軍が満洲事変に「成功」を収めながら、後に来る日中戦争で中国大陸の社会をまったく掌握できずに敗北した理由として、共同体のあり方の相違が大きく作用した事実を解明した安冨歩〔二〇〇九：一九二〕が、以下のごとく述べるとおりである。

満洲国では少数の兵力で「面」を抑えることができたのに対し、華北ではより多くの兵力を投入しながら「点と線」しか支配することができなかった。この差の原因のひとつを、華北の市場システムが分散的・ネットワーク的な定期市型であったのに対し、満洲がツリー構造の県城一極集中型であったことに求め得ないだろうか。

(2)『新支那論』の反省

研究史上、評判芳しくない一冊の書物をめぐるものとしては、随分と長い稿になった。あるいは読者にとっては、単に迂遠であったかもしれぬ。しかしながら本稿が示そうと試みたことは、以下のことに尽きる。

自らと同時代の中国を〈歴史が終わった〉土地として、なによりも日本や欧米にとっても先にある未来としてまなざそうとした湖南の歴史感覚には、今日もなお意味がある。それは、事実の認識として端的に正しかった。むしろそのような史観を貫徹できなかったところにこそ、湖南と『新支那論』というテクストの〈問題性〉と弱さがある。中国を西洋化の途上にあるとする凡庸な進歩史観や、中国社会を分析する概念に日本社会の共同体の感覚をスライドさせる手つきの安易さこそが、中国を見る目を狂わせ、また中国に接する態度をも歪ませるのである、と。

かような認識は、帝国主義が終わった後の時代にみずからを置き、最初から前時代の観察者に対する優位性を前提に過去の叙述を断罪するような、安直な〈ポストコロニアリズム〉からは決して生まれない。むしろ、湖南が同時代の中国社会に直面して見出した課題と、まさしく同じものにいまわれわれもまた向きあわされているという感覚に立つものだけが、中国の混沌に日本も含めた人類全体の未来を透視していた、その叙述の最良の部分を思想的な財産として活かしうると考える。

たとえば、『新支那論』の段階では当時の中華民国に対するものとして記された――ことによって、長らく後世から安易な批判の対象とされてきた――以下のような字句を目の前にして、われわれはどこか胸が疼くのを覚えないであろうか。いまやそれはむしろ、まさしく中国に追いついた今日の日本の描写そのものだと、感じられないであろうか。

> 支那で「好官」といはれるのは、即ち「声名好」の意味であつて、事実の如何に関係はない、之れは勿論大体に於て政治の堕落を意味するものであるけれども、実は世界の政治の大勢はすべて之れと同じ経路をとつて居るのであつて、立法を議会で司り、司法権を陪審官の手に渡すといふ様なことは、即ち大体に於て声名政治、評判政治、気分政治であって実質政治ではないのである。支那は余程以前からその程度迄進んで居つた。（全集五巻、五三四－五三五頁）

「立法を議会で司り、司法権を陪審官の手に渡す」の表現が示すように、同書を記した段階から湖南の目線には、単に隣国の混乱をあげつらうのみでなく大正日本のそれをも、「すべて之れと同じ経路」にあるものとして眺める視点が存在したはずだ。(8) そして、その予言は現在、かつて以上に的中しつつあるといえよう。

いたずらに民意の直接的な反映を謳って、かえって信頼を失う立法や司法。それにもかかわらず浮揚策としての「声名政治、評判政治、気分政治」ばかりが繰り返される政局と、そのつど煽られるだけで進歩があるようにみえない世論。これを湖南が中国に向けた往時の〈偏見〉として糾弾することと、それともついに「支那は余程以前からその程度迄進んで居つた」状態へと到達しつつある日本人への警鐘と受け取ることと、どちらが生産的な読解であるかは明らかだと思う。それはおそらく、近代とされる時代の日本においてもまた、成立してきたのが実質的には〈中国的な民主化〉でしかなかったことの帰結でもある。

事実かような政治の停滞の下で、既存の議会や行政ではなくマルチチュード的な街頭のデモンストレーションの方に、アナーキズムに近い直接民主政の感覚が充溢する空間を見出す人々がいる〔五野井 二〇一二：九-一〇〕。一方でまさしく一君万民に近い形で、かように沸騰した民意を吸い上げ、巧みに自らの権力の基盤にしようともくろむ統治者もいる〔大嶽 二〇〇三：一九、與那覇 二〇一二、二〇一三〕。湖南が「政治を競技同様に心得、敗けても勝つても生命にかゝはらない保障がついてゐるので、内政に対しても外交に対しても、競技的気分から脱し得ない」と批判した「今日の支那政治家」や、「西洋の翻訳政治ばかりで……改革しようとか、列国の関係を巧みに操つて、実力もないのに権利の回収をしようとかいふ様な不真面目な政治」は、いまや隣国以上にこの国においてこそ、日々見聞きする現実となっている（全集五巻、四九二、五二〇頁）。

その著者自身が中途で手放してしまった史論を受け継ぎ、故人の他者表象としての中国像を断罪するのではなく、むしろ自身が抱えるのと同じ課題を描いた自己像として、過去から届いた未来図としてのイメージを受け取ってみること。それこそがいま『新支那論』というテクストに関しても、内藤湖南という歴史家に対しても――ひいては、ついにその予言どおり歴史の終焉に辿りつきつつあるこの日本という社会についても、正しい追悼にして葬送の作法になるのではないかと思うのである。

【注】

（1）　実際、近年の中国研究では辛亥革命自体もむしろ、孫文ら在外知識人が指導した「西洋化」だとする従来の歴史像ではなく、たとえば中央に対する地方の自立といった中国史の内在的展開によって理解する視角が標準的になっている〔礪波・岸本・杉山（編）二〇〇六：二四六、溝口・池田・小島二〇〇七：二〇二〕。

(2) 子安〔二〇〇〇：一一-一二〕は実際に当時、「竹内が「西洋の生み出した普遍的価値をより高める」ために西洋を巻き返すといい、その巻き返すべきものが己れの側に実体としてあるわけではない、しかし方法としてはありうるといっていることにわれわれは十分な注意をはらうべきだろう……これは決して「実体としてのアジア」の主張ではない」などと著していたが、この種の「実体」なきアジア論は正直なところ、その後に何かを残したのだろうか。

(3) フォーゲルがこの推定の根拠とするのは、湖南の長男・乾吉の証言（全集十巻、五二七頁）である。

(4) 実際に一党制を「民主主義」として形容しはじめた今日の共産党は、自らの統治を帝政時代の後継者として公式にもアピールするようになっているという〔McGregor 二〇一一：四八、六六-六七、一三二〕。

(5) なお、上杉自身は一般意志ではなく「体制意志」という語を用いた。

(6) 進化の果てにエントロピー増大の法則による「熱死状態」が出現するという終末論は、一見すると人類の進歩や強者の勝利を言祝ぐかにみえた社会ダーウィニズムの暗いバリエーションとして、十九世紀後半から西洋でも広く流布した〔丹治 一九九四：七二-七七〕。

(7) なお、ライシュの著書の原題は ***Supercapitalism : the Transformation of Business, Democracy, and Everyday Life.*** という価値中立的なもので、これを『暴走する資本主義』とした邦題は一種の誤訳である。

(8) 『新支那論』刊行の前年である一九二三年に公布された陪審法（施行は準備期間を経て二八年から）が、政党中心の政治体制の構築をめざした政友会の悲願にして、「政党が政治統合の主体となった「大正デモクラシー」の時代の歴史的所産であった」〔三谷 二〇〇一：二五一〕とされている以上、湖南のニヒリズムはそのような自国の〈民主化〉に対しても向けられていたと見るべきであろう。

【参照文献】

池田信夫・與那覇潤 二〇一二 『「日本史」の終わり 変わる世界、変われない日本人』PHP研究所。
大嶽秀夫 二〇〇三 『日本型ポピュリズム 政治への期待と幻滅』中公新書。
岸本美緒 二〇〇六 「中国中間団体論の系譜」岸本美緒編『岩波講座「帝国」日本の学知3 東洋学の磁場』岩波書店。
北田暁大 二〇〇三 「〈アメリカ〉のモナドロジー ネグリ＝ハート『〈帝国〉』は〈アメリカ〉を馴致しうるか」『大航海』四七号。
五野井郁夫 二〇一二 『「デモ」とは何か 変貌する直接民主主義』ＮＨＫブックス。
子安宣邦 二〇〇〇 『方法としての江戸 日本思想史と批判的視座』ぺりかん社。
子安宣邦 二〇〇三 『「アジア」はどう語られてきたか 近代日本のオリエンタリズム』藤原書店。
酒井哲哉 二〇〇七 『近代日本の国際秩序論』岩波書店。
絓秀実 二〇〇三 「なぜこれが「アメリカ批判」の書なのか」『論座』二〇〇三年五月号。
住友陽文 二〇一一 『皇国日本のデモクラシー 個人創造の思想史』有志舎。
橘樸 一九三六 『支那思想研究』日本評論社。
丹治愛 一九九四 『神を殺した男 ダーウィン革命と世紀末』講談社選書メチエ。
礪波護・岸本美緒・杉山正明（編）二〇〇六 『中国歴史研究入門』名古屋大学出版会。
野田宣雄 一九九八 『二十世紀をどう見るか』文春新書。
原武史 一九九六 『直訴と王権 朝鮮・日本の「一君万民」思想史』朝日新聞社。
東島誠・與那覇潤 二〇一二 「歴史学に何が可能か 「中国化」と「江湖」の交点」『ａｔプラス』

十二号（拙著『歴史がおわるまえに』亜紀書房、二〇一九年に再録）。
平野聡 二〇〇四 『清帝国とチベット問題　多民族統合の成立と瓦解』名古屋大学出版会。
増淵龍夫 一九八三 『歴史家の同時代史的考察について』岩波書店。
松本三之介 二〇一一 『近代日本の中国認識　徳川期儒学から東亜協同体論まで』以文社。
溝口雄三・池田知久・小島毅 二〇〇七 『中国思想史』東京大学出版会。
三谷太一郎 二〇〇一 『政治制度としての陪審制　近代日本の司法権と政治』東京大学出版会。
安冨歩 二〇〇九 「県城経済　一九三〇年前後における満洲農村市場の特徴」安冨歩・深尾葉子編『「満洲」の成立　森林の消尽と近代空間の形成』名古屋大学出版会。
山下範久 二〇〇八 『現代帝国論　人類史の中のグローバリゼーション』NHKブックス。
與那覇潤 二〇〇九a 『翻訳の政治学　近代東アジア世界の形成と日琉関係の変容』岩波書店。
與那覇潤 二〇〇九b 「中国化論序説　日本近現代史への一解釈」『愛知県立大学文学部論集　日本文化学科編』十一号。
與那覇潤 二〇一二 「中国化する大阪？　橋下維新と「日本」の終焉」『一冊の本』二〇一二年六月号。
與那覇潤 二〇一三 「橋下徹　淋しき「戦後民主主義」の自画像」『マグナカルタ』二号（前掲『歴史がおわるまえに』に再録）。
渡辺浩 二〇〇八 「トクヴィル氏、「アジア」へ」『UP』四二三号。
Arrighi, Giovanni. 二〇一一 『北京のアダム・スミス　二一世紀の諸系譜』中山智香子ほか訳、作品社（原著二〇〇七年）。
Deleuze, Gilles and Guattari, Félix. 二〇一〇 『千のプラトー　資本主義と分裂症　下』宇野邦一ほか訳、河出文庫（原著一九八〇年）。
Fogel, Joshua A. 一九八九　『内藤湖南　ポリティックスとシノロジー』井上裕正訳、平凡社（原著一九八四年）。
Fukuyama, Francis. 二〇一三　*The Origins of Politiccl Order: from Prehuman Times to the French Revolution.* New York: Farrar, Straus, and Giroux（first paperback edition.）（原著二〇一一年）。
Halper, Stefan. 二〇一一　『北京コンセンサス　中国流が世界を動かす？』園田茂人・加茂具樹訳、岩波書店（原著二〇一〇年）。
Harvey, David. 二〇〇七　『新自由主義　その歴史的展開と現在』渡辺治監訳、作品社（原著二〇〇五年）。
Jacques, Martin. 二〇一二　*When China Rules the Wcrld.* London: Penguin Books（Second Edition.）（原著二〇〇九年）。
McGregor, Richard. 二〇一一　『中国共産党　支配者たちの秘密の世界』小谷まさ代訳、草思社（原著二〇一〇年）。
Negri, Antonio and Hardt, Michael. 二〇〇三　『〈帝国〉　グローバル化の世界秩序とマルチチュードの可能性』水嶋一憲ほか訳、以文社（原著二〇〇〇年）。
Reich, Robert B. 二〇〇八　『暴走する資本主義』雨宮寛・今井章子訳、東洋経済新報社（原著二〇〇七年）。

6　変えてゆくためのことば
――二十世紀体験としての網野善彦

1　ことばと自由

ことばというものはなんのためにあるのだろう。

ことばはコミュニケーションのためにある、とふだん私たちは聞かされる。確かにことばがあるおかげで、私たちはあれこれのものに名前をつけ、そのものが眼前にない場所でもそれを思い出し、いまだ目にしたことのない人とともに語りあうことができる。否、世界にものとしては存在せず、見たり触れたりすることのできない思想や観念についてすら、私たちはことばを通じてつくりあげ、それをもとに丁々発矢の議論をすることさえできる。そのような豊かさを与えてくれるがゆえに、しばしば言語の使用は、人間と動物をわかつ指標として言及されもする。

　しかし逆にいえば、私たちはことばを通じてしか世界と触れあえないということだ。あるものの名前を知ってしまうと、私たちはその名前を抜きにしてそのもの自体を眺めることができなくなる。ある概念を与えられた結果、それがなければ決して生じなかった空理空論に、私たち自身が振り回されてしまいもする。

　だとすれば、言語の獲得が人類の福音だったとは必ずしもいえない。ことばは使う人の思考の範囲をせばめ閉じこめる牢獄であり、人を二度と自然界に混じりえなくしてしまう不純物だ。かくして人間はいまや、なまじことばという知恵の実をかじったばかりに、そうでなければ悩まなくてよい問いに悩み、傷つかなくてよいことに傷ついてばかりの、みじめな動物となる。

　ふたつの世界大戦という惨禍を体験した二十世紀ヨーロッパの哲学者たちが、こぞって言語という問いにとりくんだのは、そうした人間のみじめさに向きあってのことだったと思う（たとえばことばを牢獄になぞらえたのがフーコーであり、不純物として捉えたのがデリダだったと紹介しても、そう当を逸してはいないはずだ）。その潮流は「言語論的転回」と呼ばれて、世紀末の頃からこの国の諸学界にも大きな影響をもたらした。しかつめらしい顔つきで西洋の思想家のテキストを引用し、日本人がこれまで使ってきたことばの偏りや不自由さを糾弾する手つきが、知識人と呼ばれるための批評の作法であるかに思われた時期もあった。

　――でも、そう肩ひじはらずとも、歴史の探求って、そもそもそういうものではなかったで

網野善彦

しょうか。一九九七年開講の市民講座の内容をもとに、二〇〇一年に刊行された『歴史を考えるヒント』を「歴史と言葉」という節ではじめた網野善彦の最晩年の語り口は、決して昂ぶることなくつややかだ。そして、そうであればこそ伝わってくる、心の芯に秘めた熱のようなものがある。

2　歴史と権力

「網野史学」とも呼ばれる網野善彦の歴史叙述は、マジョリティでなくマイノリティ、端的には農耕定住民よりも漂泊民、遊行民、商工業者や「悪党」たちに光を当てる「もうひとつの日本史」だったと評価されることが多い。むろん誤りではないが、書籍となる前には「歴史のなかの言葉」というタイトルで雑誌に連載されたこの作品は、それが同時に「もうひとつのことば」の探求でもあったこと、いまや私たちの語感からは遠く隔たってしまった史料上の日本語の復元を通じて、過去という他者の言語に出会ういとなみだったことを教えてくれる。

たとえば、有名な「百姓は農民ではない」というテーゼを語る五章。ここで述べられているのは、単に前近代の日本人の生業比において海民や職能民がもっと多かったはずだ、という事実認識ではない。古代には「おおみたから」ないし「たみ」と訓がつけられ、あるいは「官人」との対で官職につかぬ民間人という語義だった「百姓」が、江戸時代の伊藤東涯や寺島良安の著作では「農夫」「農人」の呼称として言及され、これが明治初年の壬申戸籍の作成にあたって、百姓をすべて「農」として記載する語法に引き継がれたとする。なぜ私たちは百姓というと農民と思いこむのか。その感性の由来こそが、ことばの来歴に寄りそう形で明らかにされているのだ。

しからば百姓を農民だとする認識は、たかだか「近代に創られた伝統」にすぎない、というのが網野の主張かといえば、ことはそう単純でない。百姓をおおみたからと読んでいた段階から、「古代の律令国家が、すべての「百姓」に対して本気で水田を与えようとしていたことは確か」であり、その遺産は中世にも、実際に納める品目が異なっても年貢は水田に賦課されるという形で受けつがれたとされる。すべからく百姓は稲作農耕民たるべしという「農本主義」のイデオロギー自体は、この列島が最初の国家をもったときから存在していたのであり、それは「律令国家ができた途端、全国が水田で埋め尽くされたように考えている人が少なくない」こんにちの日本人にまで、無意識におよんでいることが指摘される。

ここでほのめかされているのは、後世に語義の変化したことばをそれ以前にまで遡及させることで、知らず知らずのうちに「律令国家の支配者たちの意図に引きずられた見方」をなぞってしまう、そんなホラーだ。ことばがたどってきた道すじに無自覚であるものほど、実は自分の意識がおよばぬところで、遠くはなれた過去の人々の意志によって操られているのかもしれない——そんな形で私たちの社会にはたらいている力の総体を、歴史と言い権力と呼ぶのだと、老練の日本史家は言外に伝えてくれる。人がことばを使うのではなく、ことばに人が使われることがありうるのだ。

3　無縁と共産

人間は言語の主人ではなく、むしろ言語の方が人間を操り限界づけるという発想は、西洋の二十世紀哲学史では（ナチズムへのコミットを通じて挫折して以降の後期）ハイデガーの名によって語られることが多い。しかし、自分のことばによってみずからが傷つけられる経験を、生涯せずにすませられる幸運な人はまれだろう。

そしてハイデガーの祖国がそうだったように、時にはある社会の全体が集団的にことばによって振り回され、滅亡の瀬戸際（せとぎわ）までゆくということがありえる。日本という国もまた、同じ時期にそのような局面を迎えた。世紀末に『歴史の話』で網野と対話する鶴見俊輔が、敗戦直後に「言葉のお守り的使用法について」で述べたのも、戦時中のそのような状態についての考察であった。

それでは網野にとっての「ことば」の原体験とは、なんだったのだろう。原著の刊行とほぼ同時期におこなわれた、小熊英二との対話のなかに、それをかいま見せる一節がある。

網野：私は、「コミュニズム」を「共産主義」と訳したのは、歴史上、最大の誤訳の一つではないかと思うのです。……「コミュニズム」、「コミューン」と表現された人間社会の結びつき方は、今後まだまだ大きな問題になり得るだろうと思います。これはソ連が崩壊したしないにかかわらず、その時からそう思っていましたね。
小熊：ここでちょっとお訊きしたいのですが、ソ連と東欧の崩壊については、網野さんはどう思われましたか。
網野：〝ああ、ようやく終わったな〟という感じでしょうか。むしろこれからが本当に大変だなと思いましたね。
〔網野・小熊二〇〇八：一九三―一九四〕

戦後直後には熱心な活動家であり、朝鮮戦争下に国民的歴史学運動という共産主義の闘争に参与して脱落した経験が、網野の歴史研究にも大きな影を落としていることは、ことば少ながらに本人もよく語ったし（たとえば『歴史としての戦後史学』）、近年ではそれ自体が研究の対象とされつつある。「共産」ということばのどこが誤訳だと網野が判断したのか、これ以上は示されておらず特定しがたいが、おそらくは所有や交換ではなく「生産」の問題としてコミュニズムをとらえる発想こそが、まさしく「農本主義」の亡霊にひきずられたものだったと伝えたかったのではないだろうか。あるいはそんな視線のもとに、狭義の「生産」とは異なる生業に従事した職能民を扱う六・七章、こんにちも残る日本の商業・金融用語の起源を中世にたどる八章を読みといてみることもできるだろう。

実際、対談のこの箇所はもっとも人口に膾炙（かいしゃ）した著作『無縁・公界・楽』をめぐるものだが、本書でも最終幕の山場において、大胆な史料解釈ゆえに多くの同業者に攻撃された同書を、網野は力づよく擁護している。

> 私は本気で「無縁」という言葉には、世の中のさまざまな世俗的な関係をすべて断ち切った「自由」という意味が含まれていると考えています。それは西欧の「自由」と近似したところのある言葉だったことは間違いないと、いまも思っています。（九章、一九八―一九九頁）

直後に「フリーダムの訳語として直ちに「無縁」を用いるわけにはいきませんし、ここまで定着した翻訳語としての「自由」を変更することなど不可能ですが」とそえてこそいるが、前近代までの「自由」が本来わがまま勝手、専恣（せんし）横暴の意であったことに触れる網野が、どちらのことばに魅かれていたかはあきらかだろう。

想像してみてほしい。リベラリズムなりフリーマーケットなりを擁護する体制が、自由主義ではなく「無縁主義」と訳されていたかもしれない、私たちにとってのもうひとつの過去を。そうだとすれば、冷戦体制の構図が「自由主義・対・共産主義」として語られることもなかったことを。おそらくそこには実際に二十世紀の日本で語られたものとはまったく別の現実認識が生まれ、したがってこの国の現代史の展開もまた、まるでちがった様相をていしただろうことを。

三章では、本来は畿内の朝廷からの目線で呼ばれていた「関東」が、鎌倉幕府にとっての半ば自立した国号へと転じ、むしろ武家政権の側の視点で天皇の統治権が及ぶ範囲をまなざす「関西」「西国」の呼称が生まれる過程を軸に、日本国内の地域概念の形成が描かれる。『東と西の語る日本の歴史』以来のモチーフだが、同書の末尾で網野は中世に「もしも朝鮮半島を通じて強大な政治勢力――モンゴルのような勢力が海をこえて西日本の一部を押さえていたならば」、または太平洋戦争後に「日本列島が分割され、東日本と西日本が別個の国の占領下に入っていたら、果たしてどのような事態がおこっていたであろうか」とのべて、やはり

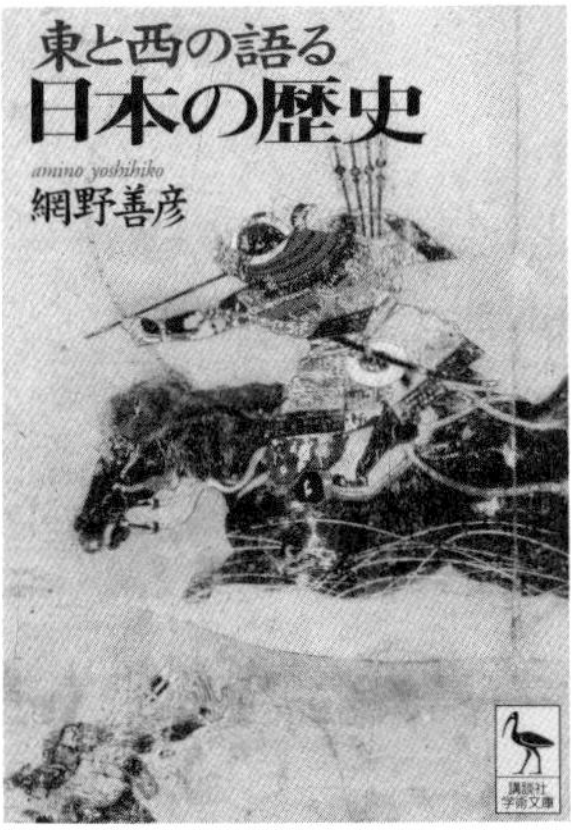

網野善彦『東と西の語る日本の歴史』

ありえたかもしれない、もうひとつの日本史を語っている。

そこには冷戦下に「民族統一」をめぐって隣の半島で闘われた熱い戦争と、列島でそれに連なる運動に没入して刻まれた深い傷がある。一読の瞬間、巨匠の心のひだに触れてぞわっとした感覚が走りぬけて、筆者なりの昭和精神史を書くときの挿話にとった（『帝国の残影』）。

4　大陸と列島

その傷は、網野の東アジアを見る目にもなんらかの傾きをあたえたのかもしれない。近年の網野史学の批判的検討では、初めて一般の読者の手に届いた通史シリーズの一冊『蒙古襲来』の時点では存在した、中国大陸での変化と連動させて日本中世を捉える視点が、徐々に網野のなかで後退していったのではないかとする見解がある。

実際、二〇〇四年の網野の死以降に刊行された研究では、「日本」という国号の起源が古代中国において東方の地を指した「日域」「日下」の語と強い関連をもつことが示唆され（神野志隆光（こうのし）『「日本」とは何か』）、「天皇」についても本来は三皇のひとつを指す語として中国で古くから用いられていたことが指摘される（吉田孝『歴史のなかの天皇』）。むろん網野も本書の随所で、各種の漢語のルーツが中国にあることに触れるが、東アジア大での国境を越えた思想の流通を重視する近年の動向に比すと、いささかその視野はナショナルであるかもしれない。

あたかも古代に一度、律令の継受という形で中国からことばが流入して以降は、一貫して列島の内部でのみそのことばが変遷し続けるかのような趣きは、たしかになくはない。はたして、それは妥当な見方だろうか。

たとえば網野が四章で、基本的には農本主義の人として言及する柳田國男は、戦時中から「娘の子までが……盆に御先祖がもし還つて聴くならば、びつくりするだらうと思ふほどに、関係だの例外だの全然だの反対だのといふことを平気で言つて居る」とのべて、むしろ明治以降にこそ、漢語が「常民」の日常語彙に入ったという問題を指摘していた（『標準語と方言』）。フィリピン戦線からの帰還兵だった山本七平は、「死して以て悠久の大義に生きる」旨を説いて多くの兵士の命を奪った戦陣訓の根源を探して、ついには明朝の儒者・方孝孺にまでたどりつく（『現人神の創作者たち』）。やはり学徒将校として敗戦を迎え、愚かな昭和と対比して明治を称揚したとされる司馬遼太郎も、晩年には幕末の尊攘思想を時代遅れの「宋学の亡霊」と呼んだ（『この国のかたち』）。大陸由来のことばは、むしろ近代にこそ列島の人々にとり憑いたかもしれないのだ。

山本は一九二一年生、司馬は二三年生、網野は二八年生。いずれも、一般に戦中派を代表する二五年生の三島由紀夫が壮絶に自決し、二四年生の吉本隆明がもっとも輝いた一九七〇年以降になってから、史論家として世に知られた「遅れてきた戦中派」といえる（小説家としては、司馬の活躍はより早いが）。彼らがそれぞれに日本のなにと闘い、いかなる日本を構想したのかを問うことが、いまこの国の舵（かじ）取りにあたって求められる歴史の座標軸になるだろうと、二〇一一年に『中国化する日本――日中「文明の衝突」一千年史』という本の中に記した。この中国化なることばもいちおうは、「西洋化」に対して新たな「もうひとつの日本史」を描くために用いたものだったが、史料上の用例でなくもっぱら筆者の造語にかかるものである点、その歴史性の薄さには恥じ入るばかりである。

5　伝統と信念

一章の冒頭近くに、「日本人が歴史の教科書に日本についての悪口ばかりを書いているのはけしからん、ということをおっしゃる方」の話題が出てくる。いわゆる新しい歴史教科書をつくる会の関係者が網野の講演会にあらわれたものの、「「日本」ができたのは十九世紀のことであり、昔の「日本」は部族の名前であった、といっておられた」――七世紀末に唐朝を意識して律令国家の国号を定める際に「日本」は誕生し、それ以前には「日本人」はいなかったとする網野の著名な議論よりも、よほど「自虐的」な歴史認識を披露して帰っていったという笑い話である。

運動の火付け役となった藤岡信勝が共産党からの転向者だったように、二十世紀の最後の十年に急速にこの国で普及した排外的ナショナリズムの色濃い歴史叙述もまた、冷戦体制終焉の副産物であり、つくる会の教科書刊行をめぐっては、長らく教科書検定を「検閲」として批判してきた進歩的歴史家たちの側が、もっとしっかり検定せよと行政につめよる混乱した風景も見られた。しかしソ連邦の崩壊を「ああ、ようやく終わったな」と平静に迎えた老マルキストには、それこそ自らの挫折から四十年近くも遅れて、輸入された「左翼」のことば――決してみずからのものにできなかった進歩的な近代のことばの空転にとまどい、実のところ同じように空疎な「右翼」のことばへ急旋回してゆく人々の群れは、まさしく「二度目はみじめな笑劇として」（マルクス）みえていたに違いない。

先にひいた小熊との対談でも、「私は味方に厳しく敵に甘いと言われた」とのべるように、網野は「戦後歴史学」をはじめとしたアカデミズムの権威をもち出して、ナショナル・ヒストリー派の事実誤認をとがめるという（当時よくみられた）身ぶりをとっていない。逆に彼らは「むしろ根本的には戦後の左翼の歴史像ともオーバーラップしてくる」とした上で、たとえば西尾幹二の『国民の歴史』の方こそが、「私から言わせれば、日本列島に生きてきた人々の姿をなんと貧しく、つまらなく、狭いものに描いているものだと思います」とそえるのである。

おそらく網野にとっての歴史とは、政治的にあいいれない党派のそれに対してであれ、すでにできあがった「正史」として振りかざされるべきものではなかったのだと思う。かつて同じ列島に生きた人々が史料のうえに残した、しかしこんにちの私たちの感覚とはまるで異なってしまっている他者のことばと触れあい、そしてそのことを通じて私たち自身が無意識にとらわれてきたことばの限界を脱ぎ捨てることで、みえてくる世界を多様に豊饒化してゆくことこそが、網野善彦の歴史学だったのではないか。

実際、同時期につくる会批判の論集に寄せて網野自身が指摘していたように（『リアル国家論』）、いま冷めた目で西尾の『国民の歴史』を眺めたときに際立つのは、当時もっぱらそれだけが論争の的となった近代史叙述における右派的なイデオロギー以上に、「中世史の欠落」だ。それは、西尾の自国史に対する感性そのものが――記紀万葉の神々の世界を江戸時代の平穏と直結するような――「農本主義」に拘束されていたことの証左であり、だからこそそこからの逸脱者が横溢する中世を輝かしい魅力で描く網野に対して、西尾の側も奇妙な対抗意識を燃やしていたようにみえる。それを、数百年もの歴史の一区画をまるまる欠落させてしまう史論が「国民の歴史」の名に値しうるはずもない、むしろそちらの方が「自虐史観」だとやんわりいなす態度で退ける風格は、本作の淡々とした筆致にも貫かれている。

誇りある国史の復興を唱える「ナショナリスト」の方が描きえない時代を、運動から脱落すれどけっして転向しなかった「人民」の歴史家（四章）が活写しえた理由は明らかである。それは国や日本を愛するといったときに、どこまで現在とは違った
かもしれない、この国や日本のあり

方を想像しえるかの相違だ。

『歴史を考えるヒント』では農本主義に対する「重商主義」（五章）としてさらりと触れられるに留まるが、名著『異形の王権』で描かれたように、もっとも激しくこの国の規範から逸脱した後醍醐（ごだいご）の勢力が仮に勝利をおさめていれば成立しただろう、いまとはまったく異なる形の「日本」が網野にはみえていたのだろう。ありえたかもしれない日本の探求――それが、歴史史料という形で遺（のこ）された他者のことばに耳を澄ますいとなみと一体であったことを、本書は教えてくれる。

そうだとすれば、真の意味での「ナショナリズム」の担い手たりうるのは、「日本」ということばでさえをも、他の可能性に開けるひとだけだということになろう。あたかもその軌跡が交わらなかった、もうひとりの「戦後」の偉大な歴史家・丸山眞男の「作為の論理」をも思わせる筆致でのべられた以下の言こそが、日々あらたな列島の姿を史料のことばから描き続けた、思想としての「網野史学」の到達点だったのだと思う。

一部の人の決めた国名である以上、人の意志で変えられる、つまりわれわれ日本人の意志で変えることもできるのです。……どこからか自然に生まれた名前、地名などではなく、特定の時に特定の人が決めたものだから、我々の意志で変えることもできる国名だということを、我々ははっきりと確認しておく必要があると思います。（一章、一八―一九頁）

二十世紀の革命がおおむね不遇に終わったことをもって、エドムンド・バークの口吻（こうふん）に借りて「変化を拒否するものではないが、変えるのは守るためでなくてはならぬ」とする保守主義を唱える人々が、今世紀の日本では増えたようだ。しかしこの網野晩年の作品は、みずからの住まう社会の歴史や、そこで書き継がれてきたことばという「伝統」が存する意義は、実はその逆でこそありうるということを示してくれる。最後までもうひとつの「日本」を夢みて、みずからの世界像を彩りなおすためにことばを手繰（たぐ）りつづけた歴史家の航跡は、むしろ自信を持って、こう告げるべきだと私たちに訴えている。

「保守を拒否するものではないが、守るのは変えるためでなければならぬ」と。

【引用文献】

網野善彦・小熊英二　二〇〇八　「人類史的転換期における歴史学と日本」網野善彦ほか『「日本」をめぐって　網野善彦対談集』洋泉社MC新書（初出二〇〇一年）。

7　無縁論の空転
――網野善彦はいかに誤読されたか

はじめに――二人の幽霊

戦後日本を代表する名画とされる溝口健二監督の『雨月物語』（一九五三年）には、ふたりの幽霊が登場する。舞台は戦国時代の近江。主人公の男は本来農村で暮していたのだが、陶器を作って都市で売れば、濡れ手で粟（あわ）の儲けが上がることを知り、欲に目が眩（くら）むまま市場に通ううち、顧客の屋敷に入り浸りとなり、同家の姫君との遊蕩生活に溺れてしまう。しかし、やがて彼女が織田信長に滅ぼされた朽木（くつき）氏の幽霊であることがわかると、慌てて田舎の住まいへ逃げ帰り、以降は堅実な生活を送るようになった、という教訓話である。

ここに出世欲からやはり町に出て、侍として一旗上げることに成功するが、結果として妻を娼婦の境遇に落としてしまった、弟の失敗談も絡む。都市での商売や競争が、強欲・淫蕩そして戦乱と関連づけられ、対照的に農村での安定した家族生活が、平和に結びつく。京マチ子扮する妖艶な姫君の幽霊は、欲望にとり憑かれた人間にのみあたかも実在するかのように見える、市場における価値の儚さ、実体のなさの象徴である。

それでは、主人公の故郷たる農村が象徴する、移り気な市場に対して伝統的な共同体が有している価値、たとえば住まいを定めて土地を耕す喜びや、それを分かちあう家族の尊さは、実体あるものなのだろうか。実は、ここでもう一人の幽霊が登場する。主人公の妻は、町へ商売に出る夫を見送った帰路、侍たちの食料狩りに巻き込まれて命を落とす。反省して実家へ帰ってきた主人公を迎え、映画の最後をナレーションで締めくくるのは、幽霊となってしまったこの妻なのだ。演じる田中絹代がいかに地に足のついた、実直で逞しい庶民の主婦の表情を見せようとも、幽霊は幽霊である。

つまり日本の中世から近世への転換期を舞台に〈都市の戦乱と農村の平和〉〈空虚な金銭欲と真実の家族愛〉を対比して、市場（商業）から共同体（農業）への撤退を賛美する、極めて二項対立的なストーリーを有しながら、最後の最後にそのどちらもが実体なき「幽霊」でしかないことをフィルムによって示すのが、『雨月物語』という映像作品なのだ。そして、同じ時代の同じ素材を対象に、同じテーマを同じモチーフで歴史学的に探求した書物が、網野善彦の『無縁・公界（がい）・楽』である。
「私有」のかげに、いつも、ひっそりと、あるいは怒りの、あるいは怨みの色をうかべて立つ、「無主」「無縁」の姿を見て、幽霊でも見たように、おそれおののくことはなかろう。「有主」――私有の世界にもっとどっぷりつかろうというならばともかく、そうでないならば、われわれは恐れることなく、その姿を直視する勇気をもたなくてはならぬ。

〔網野 一九九六：四九〕

この著名な一節に明らかなように、網野は「幽霊」を打ち払えるとは思わなかった。『雨月物語』のストーリーと同様、中世から近世への移行期の百姓たちが、〈漂泊から定住へ〉〈商業から農業へ〉という大きな流れに巻き込まれていったとしても、それは私的土地所有に立脚する実体ある「有縁」の原理が、商いや交換の場面で発現する「無縁」の幽霊を折伏（しゃくぶく）したということではなかった。むしろ網野〔一九九六：一七五、二四六〕が説いたのは、「「無縁」「無主」の原理によって、「有主」、私的所有の世界が初めて成り立ち、それを媒介として発展するという矛盾そのもの」であり、だから「「無縁」の原理とその基底の世界は、決して滅びはしない」というのがその結論だった。有縁なる実体の裏には、常に幽霊の如く無縁の原理がとり憑いているのである。

桜井英治〔二〇〇一：四四九〕が指摘するように、網野がここで使った「幽霊」という比喩は、『共産党宣言』の「ヨーロッパに幽霊が出る――共産主義という幽霊である。ふるいヨーロッパのすべての強国は、この幽霊を退治しようとして神聖な同盟を結んでいる」という、周知の冒頭部を意識したものであろう。しかしMarx & Engels〔一九七一：三七〕は、続けて「共産主義者がその考え方、その目的、その傾向を全世界のまえに公表し、共産主義の幽霊物語に党自身の宣言を対立させるのに、いまがちょうどよい時期である」と喝破するように、自らの科学的な共産主義のプログラムに従えば、幽霊は追放可能だと考えた――少なくとも、二十世紀の多くの「共産主義者」は、そう考えた。

労働価値を離れた価格が乱舞する市場経済を排除し、必要よりも多くを望む資本主義的人間の欲求自体を改造しようとする試みは、しかし「労働」や「必要」といった価値自体が幽霊であったがために、ことごとく失敗に終わった。それらの幽霊性を認めず、前衛党が定めた基準を科学的かつ合理的なものとして強要する体制が実現したのは、虚偽意識を拭い去って真実を明らかにする「幽霊祓い」と称しつつ、むしろ自らの幽霊性を隠蔽するために、異なる尺度や価値観の持ち主を社会的に抹殺する「魔女狩り」であった。

しかしながら、共産主義が大いなる幽霊であったことが明らかになっても、それは資本主義市場経済における価値が「幽霊でない」ことを示すことにはならない。かくして、冷戦終焉後に

Jacques Derridaは、もう一度『共産党宣言』の「幽霊」に、それが幽霊であるままに向きあうことを提唱するに至る。

『共産党宣言』において最も目立つものを記憶から遠ざけたのは私の過失であった。その最初の場に立ち現れるのは、亡霊であり、あの最初の父性的な登場人物であるが、幻覚であるにせよ仮象であるにせよ、それは非現実的であると同時に強力であり、人が〈生きている現前〉と気安く呼んでいるものよりも潜在的にはいっそう実効をもった登場人物である。〔Derrida 二〇〇七：四二〕

ジャック・デリダ『マルクスの亡霊たち』

どこかに幽霊ならぬ「真実」や「本質」や「実体」があるのではなく、むしろ「あるからある」「見るから見える」という幽霊的な形でしか何事も〈存在〉し得ないと考えるDerridaの思想の背後には、真の「現実」を見極めんとする「理性」的な近代思想こそが、「非現実的」なまでの惨禍を「非理性的」に遂行する逆説を反省してきた、ポスト・アウシュヴィッツの哲学の系譜がある〔仲正二〇〇六：第二章〕。網野善彦は、自身が関わった共産主義運動の失敗に向きあうことで、〈解放であるはずのものが抑圧になるのはなぜか〉という同じ経験をし、それへの対案を考え続けた歴史家だった。だとすれば、世の東西で互いに没交渉のまま、同じくMarx（-ism）の「幽霊」に着目した二人の思想家がいたことは、不思議でもなんでもない。

しかしながら、Derridaが説く「脱構築」や「憑在論（ひょうざいろん）」が一時期――今でも？――なにか日本では決して手に入らない、舶来の「新しい」思想として持て囃されたことからも明らかなように、おそらく網野の「無縁論」は、近代化（を通じた社会主義化）に伴う幽霊祓いの可能性を素朴に夢見ることのできた、戦後日本という時空間では孤高にすぎた。ちょうど『雨月物語』の片方の幽霊にしか気づかず、〈市場ではなく共同体にこそ人間の本質がある〉とするメッセージを受け取ってしまう観客がいるのと同様、『無縁・公界・楽』もしばしば〈有縁支配ではなく無縁所にだけ自由がある〉という主張だと誤解され、数々の誤読が導かれてきた。いわく、〈無縁所を理想化しすぎたユートピア史観〉、〈前近代に遡るほど自由があったとする反進歩史観〉、〈マイノリティに光を当て、主流派の日本史像を揺るがす歴史認識〉、〈逆にそうすることで、天皇制を強化する危険を冒した歴史観〉……。

その誤解の歴史を辿りなおし、「無縁」という幽霊と共に新しい学問や社会の構想を立ち上げるのに、ポストモダン／ポスト冷戦が当たり前のこととなった「いまがちょうどよい時期である」。本章はそのためのノートである。

1 「中世都市論」

網野無縁論の構想が初めて明確な形で提示されたのは、一九七六年刊行の『岩波講座日本歴史』に寄稿された「中世都市論」だろう。これに対し、翌七七年の神田千里「中世後期における「無縁所」について」は、掲載誌『遙かなる中世』の「あとがき」に「網野善彦氏の無縁所論に対するおそらく最初の批判」とある通り、後年の「網野批判」の嚆矢となったものであった。

一九七八年の『無縁・公界・楽』初版刊行以前に行われたこの前哨戦で既に、網野無縁論に対する誤読と、論争の不毛化の典型的なパターンが観察される。ここで誤読の典型というのは、網野善彦の無縁論を「無縁所論」に短絡することで、無縁を〈マイノリティの人々が作り出すアジール共同体〉の存在を説明する原理として（のみ）理解し、マジョリティ＝「有縁」の世界にもとり憑いている無縁の幽霊の存在を忘れてしまう読み方のことである。

近世遊郭を中世無縁所の末裔として描いた『吉原御免状』（一九八六年）に始まる隆慶一郎の一連の時代小説や、女性リーダー率いる「非人」たちのコミューンとしてのタタラ場を中心に展開する宮崎駿（はやお）の映画『もののけ姫』（一九九七年）など、網野史学に影響されたポピュラー・カルチャーの多くが〈アジールと外部世界の抗争〉をモチーフにしており、また網野本人〔二〇〇〇：一〇四―一五八〕がそれらに高い評価を与えていたこともあって、網野無縁論といえば〈共同体論〉だというのが、今日では通り相場になっている。しかしながら、原典を丁寧に読めば分かるように、それは誤りか、少なくとも不十分な理解である。

「中世都市論」の冒頭で網野〔一九七六：二五四―二五六〕は、日本中世都市研究の潮流を「西欧の中世都市との比較」に基づく立場と、「日本の社会に内在する「アジア的」な特質」を重視する立場の二つに整理する。福田徳三・羽仁五郎から石母田（いしもだ）正・永原慶二に至る前者は、中世前期（鎌倉時代）を専ら（もっぱ）農村に立脚した自給自足的経済と捉え、中世後期（室町・戦国時代）に商工業の分離と都市の成立が見られるが、結局は農村に基礎をおく封建領主との対立に敗れ圧殺された、とする。これに対し三浦周行（ひろゆき）・林屋辰三郎から黒田俊雄・脇田晴子へ連なる後者は、中世前期から商工業が発展し非自給自足的な社会が形成されていたと考え、そこでの都市的流通活動の担い手として、移動民や「賤民系商人」の意義を積極的に位置づける。

「両潮流の成果を前提としつつ」と断ってはいるが、網野が親近感を抱いているのは明らかに後者であり、〈定住・農耕の立場に偏重した既存の日本史像に対して、漂泊・商業の重要性を強調した歴史家〉としての網野善彦像の原点もそこにある。しかし、もし無縁論の射程がそこにとどまるのであれば、網野は単に日本中世史の二大潮流の片方に名を連ねる一歴史家に過ぎず、彼一人だけが異端視されることはなかっただろう。

何が網野の独創だったのか。換言すれば、何が彼の研究を当時の歴史学界で孤立させたのか。この問いには、深度の異なる二つの回答の仕方がある。まず浅い意味で答えれば、網野が定住／漂泊の対を単に経済史的に解釈するに留まらず、統治権力の二つの類型の表れとして読み解こうとしたことである。そしてより深い意味で答えれば、網野自身がおそらくはその無意識で、実のところそうした二分法自体を、信じていなかったことである。

浅い意味での網野無縁論の独創性は、「中世都市論」で最初に「無縁」の語が登場する以下の一節に端的に表れている。

> 天皇・寺社と供御人(くごにん)・神人の関係は、少くとも家人型の主従関係とは全く異質といわなくてはならない。これは佐藤進一の規定する家礼型の主従関係に当るが、公的に給免田を保証され、「芸能」によって「公」に奉仕する「芸能民」のあり方、天皇・院・摂関家、あるいは神・仏とこれらの人々との関係は、佐藤の別の規定を援用して、むしろ統治権的な人間支配関係とでも表現さるべきであろう。その意味でこれらの「芸能民」は、当初から主従制的な関係、イエ支配と「無縁」な一面を持っていた〔網野 一九七六：二六二〕

つまり中世日本で商業・流通を担った「芸能民」は、天皇や寺社に仕える「供御人・神人」として特権を得ることで活動しており、そこには「主従制的な関係、イエ支配と「無縁」な」原理としての「統治権的な人間支配関係」がある、という。だから「公家・武家のいう「遊手浮食の輩」の多くは、遍歴する「芸能民」であり、この人々こそまさしく都市民の源流……統治権的な人的支配の下に立つ人々だった」のであり、かつ「都市的な場が統治権的支配の下におかれていたことは明らか」とされる〔網野一九七六：二六七、二七六〕。

農耕封建社会を貫く「主従制」の原理とは異なる、「統治権的支配」の下で特権を享受した移動民たちが、彼らを卑賤視する封建勢力と抗争しながら築き上げたのが、戦国時代の自由都市に至る中世都市なのだ。だから「無縁の地としての性格、それと表裏をなす統治権的支配と、イエ的、主従制的支配との対立・葛藤のなかで、中世都市の発展は理解されなくてはならない」〔網野一九七六：二七八―二七九〕のである。

このような浅い意味での網野中世史像は〈移動民＝統治権的支配＝商業特権＝都市＝無縁〉という公式に要約される。つまり網野無縁論とは、佐藤進一が提示した主従制的／統治権的という支配の二類型（の後者）を中世の商工業者に適用することで、〈都市のアジール性〉を説明する原理ということになる。後述する通り、歴史学者の間で展開された無縁論をめぐる論争とは殆ど（ほとんど）が、もっぱらこのレベルで理解された「網野無縁論」が、日本の中世都市や商工業者の実態に則しているか否か、を巡るものであった。

しかしながら佐藤から借用した「統治権的支配」の概念を離れ、網野が独自に「無縁」を論じた以下の一節は、上述の公式とは別個の、深い意味での網野無縁論の位相を示すものである。

> この土地は、本券を破棄、「無縁地」とされることによって、仏神‐別所の強固な私有地となったのである。無主の論理はこのようにして有主の論理に転化していく。イエ支配権の最も強力に貫徹される屋敷地も同様であろう。それは恐らく竈の神の支配下におかれ、外部の「縁」からたち切られた「地」であった。だからこそ、「イエ」はその主が内部に入ってきた人の生殺与奪の権利を駆使しうる場であるとともに、逆にその人を外部の干渉から擁護しうるアジールともなりえたのである。
>
> もとよりそれは人類の土地私有の発展の一齣にほかならない。しかし私は、そこに「無主」の論理、本源的に自然な大地の論理の根強い力の作用をあわせ見なくてはならぬと思う。都市的な場はまさしくこうした両様の意味での無縁の地であった。〔網野 一九七六：二六五‐二六六〕

「無主の論理はこのようにして有主の論理に転化していく」とある通り、ここでの無主／有主の論理は決して、主従制的／統治権的支配のような二項対立の関係にはなく、むしろ両者が相互に寄生しあう、もたれあいの構造をなしている。だからこそ一方では「私有地」となるにはまず「無縁地」とされることが必要なのであり、他方では「主従制的支配」とほぼ同義のものとして多用されていた「イエ支配権」すらが「アジール」の論理となる。網野にとって「「無主」の論理」とは有主の論理の裏側に「あわせ見なくてはならぬ」ものであり、観察の対象を有縁的／無縁的な要素の両者に割り振って、前者を取り除いたものが「無縁」として残るのではない。〈封建的な場としての農村が完全な有縁原理に支配されているのに対し、それと一八〇度正反対の無縁原理が貫徹するアジールとして都市がある〉といった二項対立の関係にはないのである。

換言すれば、無縁とはまさしく幽霊のようなもの――都市にも農村にも、「私有」の論理によって商品交換を行う市場にも、「共有」の論理によって人々を拘束する共同体にも、憑依している、いるものなのである。だから本来、歴史叙述において「無縁」という観点を採用することは、それこそDerridaよろしく、網野自身が依拠した主従制的／統治権的支配の対概念をも含めた、〈既存の二項対立図式の脱構築〉という効果を持つことになるはずである。

しかしこのような網野無縁論の深層については、おそらく網野本人も明確に意識化できていなかったように思われる。冒頭に述べたとおり「中世都市論」は二年後の『無縁・公界・楽』のいわばパイロット版であり、本編最後の節はそのまま「無縁・公界・「楽」」と題されているが、そこで網野〔一九七六：二九三―二九四〕は「公界が前述した無縁とほぼ同義であることはこれで明らかであり、イエ的、私的な支配、保護、扶持等の縁と関わりのない状態を意味」するとし、「江嶋は「公界所」であったが故に、主持、有縁のもののいることは許されなかった」と述べる。ここで展開されているのは有縁／無縁を対立的に捉え、〈無縁＝公界＝楽＝中世都市＝自治＝アジール〉という公式を打ち立てる、まさしく浅い意味での網野史観であろう。

これに対し、続く結論部「日本中世の「自由」とその結末」では「公界は決して純粋に真空な空間ではなく、内外の土地・人間に対する私的所有、イエ的な領主の支配との格闘に泥まみれとなり」として、「公界の町自体に浸透しているイエ的、私的な主従・被官関係」の存在を認め、一方で「イエ的な支配、私的土地所有自体、無主・無縁の姿をまずとることによってしか成立しえなかった事実」を指摘し、「領主‐私的所有者自身、血にまみれ、公界に浸透され、その刻印をおされていること」もまた強調している〔網野 一九七六：二九五‐二九六〕。こちらで提示されているのは明らかに、有縁と無縁の表裏一体性・乖離不可能性こそを徹底して認識する、深い意味での網野無縁論のほうなのである。そしてこのような網野の著述自体に存在していた分裂が、特にその深層部に対する読者の無理解ないし忘却と、「無縁」論争の不毛さを招来するのである。

2 神田千里（松井輝昭・林文理）

この「中世都市論」に対して寄せられた、「網野善彦氏の無縁所論に対するおそらく最初の批判」たる神田千里の「中世後期における「無縁所」について」の内容、およびそれへの網野の回答は、いくつかの点で『無縁・公界・楽』刊行後の諸論争を先取りしている。まず、論題からも明らかなとおり、神田の議論は「無縁所」という実体化された場をめぐる議論であって、「無縁」という原理自体を問題化するものではない。神田が「中世都市論」における「無縁所」の扱いに対して向けた疑念は、以下に端的に示されている。

> 「無縁所」が総て(すべ)の者にとって「無縁」である、という、言葉の意味に依拠したたてまえをとりつつ、実は特定の強力な力に縋(すが)り、別の者に対して「お前とは無縁じゃ」と主張している……「無縁所」とは、強力な権力に縋り、自分と同じレベルにある他人に対して、彼らの介入を避けるために無縁の論理を主張する存在である。
> 〔神田一九七七：四-五〕

要するに神田の網野批判とは、〈無縁所はアジールではない〉というものなのである。たとえば網野も自説の根拠としていた今川氏領内の「無縁所」について、神田〔一九七七：六、九〕は

「『無縁所』の門前だから棟別・人夫役を免除されたというよりは、今川氏の保護強化と共に、棟別・人夫役を免除される『無縁所』の門前となっていった」と主張する。神田によれば無縁所とは、戦国大名に後押しされた「在地の一揆結合に対する尖兵（せんぺい）」に過ぎず、だから「『無縁所』論理の、在地への浸透によって、戦国大名の在地支配が完成し、尖兵としての役割を果し終えた後、戦国大名権力から棄てられた」のだ。

つまり神田の網野批判は、①〈無縁の原理が先にあって権力が特権を承認したのではなく、権力が特権を与えたから無縁の原理が生まれたのだ〉という「鶏と卵」的な因果関係の後先論と、そこから導かれる②〈無縁所はアジールではなく、既存の権力の道具に過ぎない〉という認識に要約される。このように個別の「無縁所」を取り上げてそのアジール性を否定し、むしろ統治権力による保護を主張する形の網野批判は、『無縁・公界・楽』刊行後も松井輝昭〔一九八一〕や林文理〔一九八六〕らに反復されたパターンである。

すでに見たとおり、深い意味での網野無縁論は有縁／無縁を二項対立とはみず、むしろ相互が相手を不可欠の契機として存在していると唱えるものだから、①は本来問題とならない（戦国大名が有縁的な領域支配を貫徹する上で、無縁の原理を媒介しなければならなかったとすれば、それはまさに有縁／無縁の表裏一体性を示すものだろう）。しかしながら②の批判は、〈無縁＝都市＝アジール〉という浅い意味での網野史観の公式を否定するので、網野としては反論せずに済ませることができない。

深層においては批判になっていない議論に対して、表層的なレベルでは矛盾するがために反論するジレンマに追い込まれ、そうした次元で論争を展開すること自体がまた〈網野無縁論とはアジールを説明する議論だ〉という浅い網野理解を促し、批判者の指摘する問題が深層においては本来矛盾でなかったことを忘却させる——『無縁・公界・楽』刊行を待たずして、網野無縁論はそのような悪循環に陥っていた。神田の論考は網野自身も招いて行われた研究会の報告で、質疑応答も記録されているが、「網野氏は……在地領主等による、主従制的支配関係を前提とした保護と、鎌倉幕府摂関家等への従属関係、「統治権的」ともいうべき支配関係を前提とした保護とは、質的に違うのではないか、従って本報告のように、鎌倉幕府、摂関家等の祈禱所になることが「無縁」的自由と抵触する、と考えるのは疑問である、とされた」〔神田一九七七：九〕。

つまり〈無縁所は権力に従属しているからアジールではない〉という浅い網野批判に反論するために、〈主従制的支配とは異なる統治権的支配なら、アジールと矛盾しない〉という形で、主従制的／統治権的支配という対に基づく、浅い網野史観の方を再演することになったのである。このような論争を通じた網野無縁論の表層への収斂と、ポテンシャルの狭隘化は、『無縁・公界・楽』刊行以降、永原慶二や安良城盛昭に代表される日本史家たちとの論戦を通じて繰り返されてゆく。

3　『無縁・公界・楽』

一九七八年に初版が刊行された『無縁・公界・楽』は、「中世都市論」で示された網野独自の史観を大幅に敷衍し、原始以来現代に至るまでの全時代を対象として、無縁理論を展開した著作である。そのスケールの壮大さと「倒叙法をとって、時代を遡りつつ、考えていく」〔網野 一九九六：一九〕という独自のスタイルによって、同書は狭義の日本史研究者にとどまらない広範な読者を獲得し、「網野史学」の名を不朽のものにした。

また網野〔一九九六：五-六〕が「まえがき」で、都立北園高校教諭時代に自身が答えられなかった高校生の二つの疑問――「なぜ、それでも天皇は滅びなかったのか」・「なぜ、平安末・鎌倉という時代にのみ、すぐれた宗教家が輩出したのか」に対する「あのときの未熟な教師が精一杯考えた、現段階での拙い答え」として同書を位置づけていることも、その知的誠実さを示す証左としてよく知られる。しかし皮肉なことに、これら『無縁・公界・楽』の魅力溢れる美点すらも、同書刊行以前から存在していた網野無縁論に対する

網野善彦『無縁・公界・楽』

「誤読」を助長する方向で機能したようである。

たとえば同書の倒叙法は、現代日本の子供たちの遊びである「エンガチョ」の光景から始まり、そこにみられる「縁切り」の原理（無縁論）の源流を遡っていく。しかしながらこの叙法は〈網野無縁論とはアジール論だ〉という浅い読解と組みあわさった場合、①網野が提示する歴史像を〈中世自由都市（アジール）の時代までは存在した無縁の原理はしだいに消滅し、今や子供の遊びに残骸を留める程度にまで衰退した〉というものだと誤解させる効果を持つ。網野（一九九六：二四三、二四六）は結論部で「しかし、アジール（避難所）は「無縁」の原理の一つの現われ方に過ぎない」・「アジールそれ自体は、ほとんど消滅一歩手前の状況にあったといってよかろうが、「無縁」の原理とその基底の世界は、決して滅びはしない」と明確に「アジール」と「「無縁」の原理」を区別し、前者の歴史的相対性と比較してむしろ後者の全時代的な普遍性を強調しているのだが、網野史観を反進歩主義として捉える読者の多くは、この点を見落としたようである。

そして、そのような無縁原理の担い手として子供や女性、芸能者、漂泊民等の姿を描き出す叙述は、②網野を〈フランスのアナール学派的な「社会史」の手法を導入し、マイノリティの歴史に光を当てた歴史家〉として理解させる。さらに冒頭に掲げられた高校生の疑問は、③網野無縁論を〈天皇制や鎌倉新仏教が持つ超越性を説明する議論〉として把握させる。天皇制や宗教は確かに網野の生涯のテーマだったが、これもまた「「無縁」の原理は、未開、文明を問わず、世界の諸民族のすべてに共通して存在し、作用しつづけてきた」〔網野一九九六：二四二〕という無縁原理の普遍性の主張を見失わせる契機となる。同書の刊行後に展開された諸論争から、これらの誤読の系譜を辿っていこう。

まず網野理論が単なるアジール論ではないということを、著作版『無縁・公界・楽』においても論文「中世都市論」と同様、有縁／無縁の二項対立性ではなく相互依存性を説く、深いレベルでの無縁論が維持されている事実から確認したい。たとえば網野〔一九九六：一一六〕は脇田晴子の中世商業史が「金融・交易の保証の根源を「商人道の故実」に求めつつ、それが「私有の論理を軸」として動き、「私有の論理による秩序の確立」をめざすものであった」と結論することに対して、「結果的にみればこの指摘に誤りない」と認めた上で、「こうした論理と対極にある「無縁」の論理がそれを背後で支えていることを見落とし、「私有の論理」のみですべてを処理しようとするならば、自治都市・無縁所等々の……特徴を統一的に理解する道は、全く閉ざされてしまう」と批判している。

つまり網野が独自の主張として強調するのは、脇田らによって既に指摘のあった中世期の商業の発展という事実認識ではなく、無縁という論理が「私有の論理」を「背後で支えている」という理論的視角なのである。このような私有＝有縁と無縁の表裏一体性の主張は、鎌倉末期以降の荘園・公領の請負代官の論理に「「無縁」「無主」の原理によって、「有主」、私的所有の世界がはじめて成り立ち、それを媒介として発展するという矛盾そのもの」を見出し、あるいは「私的所有の原点」としてのイエ支配権が「「無縁」「無主」という、全くそれと相反する原理に支えられて成り立っていることも、また否定し難い……この原理は強弱、程度の差はあれ、家の歴史を通じて支配者の家と被支配者のそれとを問わず、一貫して作用しつづけてきた」として、「中世都市論」と同様の認識を繰り返していることからも確認される〔網野一九九六：一七五、二二二〕。『無縁・公界・楽』で網野が試みたのが〈私的所有＝有縁〉の対概念としての〈アジール＝無縁〉の称揚ではなく、両者が相互を「媒介として発展するという矛盾そのもの」の問題化だったことは明らかである。また「支配者の家と被支配者のそれとを問わず」とあることから、網野無縁論が単に「被支配者」のみを対象としていなかったことも、同様に明白であろう。しかし同書の書評を読む限り、これら深い意味での網野無縁論は、やはり正しく伝わっていなかった。

4　永原慶二（義江彰夫）

すでに見た神田千里と同様、浅い意味で網野無縁論を受け止めた日本史家の典型は、永原慶二である。永原は一九七九年の書評で、〈マイノリティに光を当てた歴史家〉という網野イメージの典型通り、網野を「「非農業民」の研究を推進してこられた学者」と紹介する。網野の主張を

「中世社会において、いわば「私的所有」と「主従制」という「有主」「有縁」の原理によってつなぎとめられた農村的・領主制的世界の外に存在する「無主」「無縁」の世界の広範さ・根強さ」を描いたものと要約しているように、永原〔一九七九：八〇-八一〕が理解した網野無縁論とは、有縁的な世界の「外」にあるアジールを説明する議論なのである。

したがって、アジールが時代を追って消滅していく以上、「網野氏の論によれば、中世は「無縁」の「自由」の衰弱過程であるから、その意味では、本源的な共同体的社会関係がより濃厚に残存している古い歴史段階ほど、「自由」もより大きい」という〈無縁の衰退を描く反進歩主義としての網野史観〉が見出される。これに対し永原〔一九七九：八三-八四〕は、「「自由」の担い手を初発から「非農業民」自体の中に（自由民的農民の中にとともに）求めるため、「非農業民」の歴史的形成とその社会的存在形態が歴史段階をこえて一般化されすぎている」と批判するが、そもそも網野が「歴史段階をこえて一般化」したのは支配階級や農耕民の有縁原理の裏側にも張り付いている無縁の「原理」であり、その「一つの現われ方」としての非農業民やアジールではないのだから、空振りの批判というべきだろう。

永原のもう一つの批判点は、「農民は領主制＝主従制的支配の下におかれるが、「非農業民」はそれと対抗し、「統治権的支配」の下にある、というとらえ方が、あまりに二者対抗的」だというものだが、これは佐藤進一説の応用としての、浅い意味での網野無縁論の典型だ。いわば、永原が浅いレベルで網野を読んでいるから「二者対抗的」な歴史像が見出されるのであって、逆ではないのである。

もっとも、永原が主従制的／統治権的支配の二項対立に則って網野を読むのには理由がある。永原〔一九七九：八四-八五〕はそもそもこの佐藤の二分法自体に、「「支配」であるかぎりそれは両者対置的なものにとどまらず、主従制は統治権的支配の権力装置として位置づけられる」という批判を加えてきた。「「支配」は窮極的にはつねに「統治権」として存在する」ともいうように、永原にとって統治権的支配とは、支配を正当化するイデオロギーが取る、必然的な論理の形態なのである。深い意味の網野無縁論は「有縁」による支配が「無縁」の理論を媒介することの不可避性を論ずるので、その意味では永原自身の「統治権的支配」論をむしろ補強するものなのだが、永原は網野が「「主従制的支配」と「統治権的支配」を直接的に分離し対置するために、天皇の「統治権的支配」が論の展開上、実体的なものとされ、しかもそれが本源的「自由」の保障と結びつけられるという筋道になる」ことへの懸念を表明する。

つまり網野は本来イデオロギーに過ぎないはずの「統治権的支配」を実体化し、無縁的な「自由」の根拠として賛美するが、それは天皇制の正当化につながらないか、という理屈である。〈網野無縁論は天皇制の説明理論である〉という先入観が、〈網野理論は天皇制に存在意義を見出してしまう危険性がある〉とするさらなる誤読を生んでいるのだ。網野の回想によれば、一九七

北条氏発給文書の研究 附 発給文書目録

北条氏研究会［編］●15,000

倉北条氏人名辞典

菊池紳一［監修］／北条氏研究会［編］●18,000

国期武田氏領の研究 軍役・諸役・文書

柴辻俊六［著］●9,800

国日本のキリシタン布教論争 高橋裕史［著］●4,600

ピタン最後の江戸参府と阿蘭陀宿

く、異文化交流の体現者 片桐一男［著］●6,000

緒・偽文書と地域社会 北河内を中心に

馬部隆弘［著］●11,000

林と権力の比較史 松沢裕作［編］●7,000

世武家社会と連歌 綿抜豊昭［著］●9,500

代 文書の保存・管理の歴史

佐藤孝之・三村昌司［編］●4,500

ブリック・ヒストリー入門 開かれた歴史学への挑戦

菅豊・北條勝貴［編］●4,800

都観音めぐり 洛陽三十三所の寺宝

成洛陽三十三所観音霊場会・京都府京都文化博物館［監修］／

長村祥知［編］●2,800

王大礼記録 絵図・写真資料集

DFデータ・HDD販売・WEBからのダウンロード可 所功［編］●126,000

二年に論文「中世における天皇支配権の一考察」を発表した際も、同様の非難を浴びており〔網野・鶴見二〇〇四：一五二―一五三、網野・小熊二〇〇八：一七九〕、ここでの永原の議論もそれを受けたものと考えられるが、そうした日本史学界の網野理解はその後も改まらなかった。

すなわち網野の逝去後の二〇〇四年に書かれた義江彰夫〔二〇〇四：五九〕による網野史観の総括においてすら、「天皇を共同体の総首長とし、それへの貢納を天皇祖霊神への初穂・初尾とみることは、天皇と租税収奪の本質を隠す偽装の論理の虜になったに等しい……ここ〔『無縁・公界・楽』〕で、網野氏が現実の世界で支配の不在を力説しえたのは、氏が元来日本の権力の淵源をすべて天皇に帰し、天皇と全「人民」の間が共同体の論理で、したがって本質的に支配・被支配の含まれない、神を媒介とする人的紐帯の論理で結ばれていたという理解を、すでに一九七二年までに築いていたという前提があった」と論じられている。「現実の世界」で天皇が「租税収奪」という有縁的な支配を行っている事実に目をつぶって、それを正当化する「偽装」に過ぎない「神を媒介とする人的紐帯の論理」の方をアジール論として実体化したのが、網野無縁論であり、天皇制支配をユートピア空間のように描き出してしまうのは許しがたい、というのである。

5　石井進（峰岸純夫）

この永原・義江の網野批判は『無縁・公界・楽』を浅いレベルで二項対立的に読み解くことから生まれているが、有縁／無縁が二者択一ではなくむしろ相互依存の関係にあるという網野理論の深層は、日本史家にはよほど理解しがたいものだったらしい。

たとえば『史学雑誌』誌が毎年行うレビュー「回顧と展望」で、日本中世史を担当した石井進〔一九七九：七七〕は「「無縁」の原理の「再生」に賭けようとする情熱のほとばしり。まことに本書は近来稀な「起爆力」にあふれる作品」として、『無縁・公界・楽』を賞賛する。石井は各種講座・シリーズの監修をはじめとして、この後網野と多数の共同作業を残す人物であり、上述の箇所をみると網野の本意が無縁の「原理」に置かれていることは、さすがに理解していたようだ。しかし石井の同書の要約は「日本民族も保有していた原始以来の「自由と平和」の原理が……世俗権力から「無縁」の人々によってになわれて来た」というもので、やはり〈有縁の世俗権力／無縁の人々〉という、永原と同様の二分法にはまってしまっている。

実際、石井〔一九七九：七八〕は「私的所有は「無縁」の原理――無所有に支えられ、それを媒介としてはじめて可能になるという「背理そのもの」も、筆者の如き平板な頭脳には理解しにくかった」と述べる。つまり網野理論の深層の存在に気づいてはいるが、正直それを理解できないというのが石井のスタンスであり、四年後に改めて書かれた書評でも、「私には氏のいわれる「無縁」なるものが、終始あまりにも現代的な……積極的な「縁切り」の原理として措定され、過去に投影されすぎているのではないかと疑われてならない……現代的な、極限的なケースを原理として過去にさかのぼらせた上で、言葉の上だけで両者〔無縁と所有〕の相互規定が「背理・矛盾」として強調されているところにこの難解さが生じている」〔石井 一九八三：七〇〕と、同様の批判を繰り返している。

すでに見たとおり網野は無縁原理、およびそれと有縁原理との表裏一体性を全時代に普遍的に存在するものと見なしたのだが、石井に言わせればそういう視角は、現代の感覚を過去の分析に持ちこむものでけしからん、ということになるのである。石井の他にも、峰岸純夫〔一九七九：二〕が『無縁・公界・楽』刊行年の書評で、「現状において、「無縁」を人類史の原理として、所与の前提において考えると、かつて、一つの仮説であるものを世界史の基本法則として疑うべからざる前提としたこととの裏返しとなってしまう」と懸念するように、個々の「無縁所」のみでなく「原理」としての無縁を問題化する網野の理論志向を見抜いた日本史家の場合、そのような試み自体を、非歴史的なものとして批判する傾向が見られる。

それではいったい、石井にとって網野の業績とは何なのか。そこで登場するのが、結局は永原とも大差ない〈マイノリティに目を向け民俗学の手法を導入した社会史家〉という網野像である。しかも「回顧と展望」で石井〔一九七九：七九-八〇〕は、そのようなアナール派的手法の西洋史における先進性を強調し、「かのE・パワー『中世に生きる人々』を想起するとき、具体性・即物性においてなおかなりの差のあることを感ぜずにはいられない。これは冒頭の網野の新書①『無縁・公界・楽』を、たとえば西欧中世史の阿部謹也『刑吏の社会史』などと比較した場合にも同様であり、彼我学会の蓄積の差の否応ない表現」とまで述べる。

つまり『無縁・公界・楽』の功績とは、遅れている日本中世史に先端的な西洋社会史の方法論を導入した——というたかだかその程度の——ことにある、というのが石井の理解だったのである。事実、同年の「回顧と展望」の「総説」では弓削達、「歴史理論」では樺山紘一という二人の西洋史家が社会史の興隆と、その陰画である教条的なマルクス主義史学の没落を扱っているが、紹介する議論は西洋史中心のものに終始し、日本史上における社会史の個別具体的な成果については、弓削〔一九七九：二〕が「色川大吉氏や安丸良夫氏の研究が民衆史・民衆運動史に大きな分野を開拓した」と述べるにとどまり、『無縁・公界・楽』で「これまでいわれてきた「世界史の基本法則」とは異なる次元で、人類史・世界史の基本法則をとらえること」を提案した網野〔一九九六：二四二〕の名は、一顧だにされていない。

6 〈社会史〉（山口昌男）

かくして歴史学界において、網野無縁論の深層は単に見過ごされるか、気づかれても歴史学にとっての異物として処理されるにとどまり、もっぱらその表層部のみが〈新しい歴史学・社会史の旗手〉による成果として受容された。網野にとって、後に「アナール派との共通性とか、社会史とかと言われることに、私は非常に困りました。まったく事実に反している……自分から「社会史」を主張したことはないのです。阿部謹也さんが強調されたことは事実で、阿部さんと対談したのでそう思われたのだと思います。日本で社会史がブームになったのは、かなりの程度つくられたイメージだった」〔網野・小熊 二〇〇八：一八九–一九〇〕と回想する通り、そこには一抹の空疎さがつきまとっていたようである――無二の盟友だったと一般に見なされる阿部との相違については、後述する。

ここでは他の〈旗手〉の一人だった文化人類学者の山口昌男との一九八五年の対談から、永原らに批判された天皇制の問題について、実際には網野自身がどう考えていたのかを抽出し、〈天皇制の存続理由として非農業民に注目した歴史家〉という、既存の網野像への反駁としておこう。

網野は同対談で「びっくりしたのは、保田〔與重郎〕は天皇を「無所有」だと言っているんです……だから、ぼくは「新皇国史観」とか、「近代の超克」派だとかいわれるんだなということを自覚した。しかしそれは天皇が実際に「無所有」の自然をとりこんでいるところがあるからで、その点はいまでも私は強調したい」〔網野・山口 一九八五：二二〕と発言し、すでに見た永原・義江的な〈網野無縁論は天皇制の正当化につながる〉という批判が「新皇国史観」という呼称も伴って、当時展開されていたことを伝えている。

この対談での天皇論は概ね、山口が整理した「王権というものが常にどこでも二つの可能性を潜在的に持っている……いわゆる権威と権力」〔網野・山口 一九八五：一八〕という二分法に沿って行われているのだが、最も興味深いのは以下のやり取りだろう。

網野：……だから〔天皇制の〕批判者のほうも、批判の論点をどっちに向けるかというところで二つに分れる。権力をもっている天皇のほうに矛先を向けるか、儀礼の主催者としての天皇に批判の矛先を向けるか、それとも双方ともに向けるか……このこととさきほどの農業と非農業の問題はどこかで絡んでくると思いますが、私にもそれはまだよくわからないですけれどもね。
山口：網野さんに対する誤解が生じるのもそのあたりからなのではないんですか。
網野：そうかもしれない。でも、誤解かどうかわからない（笑）。ほんとかもしれないけれども、どういう誤解ですか。〔網野・山口 一九八五：一四〕

山口が述べる「誤解」の内容は、〈非農業民の観点を導入して、農耕民に対する天皇の専制を相対化するのは、支配をユートピア化する天皇制容認論だ〉というまさに永原・義江的なロジックだが、むしろここでは網野が権力者（統治者）／権威者（宗教者）という二分法を提示しつつも、「農業と非農業の問題は……まだよくわからない」として、前者を「農業」／後者を「非農業」に重ねる単純な議論を回避していることに注目したい。

対談の前年一九八四年には、先述した七二年の論文「中世における天皇支配権の一考察」も収録した主著『日本中世の非農業民と天皇』が刊行され、八六年には後醍醐天皇と漂泊民とのつながりを論じた『異形の王権』の出版を控えていたにもかかわらず、網野が〈政治権力者としての天皇が農耕社会を有縁原理で支配し、儀礼祭祀者としての天皇が非農耕民を無縁原理で掌握する〉といった見解を示していないことは、有縁／無縁を二分法として捉えないという、深いレベルでの網野無縁論を維持していたことを物語る。また「王権の構造をもっと人間の社会全体の中に普遍化して、天皇の問題まで全部ひっくるめた上で考えてみる必要」（網野・山口 一九八五：一九）を説く口調から、網野の無縁論が〈天皇制という日本固有の問題を解明する理論〉ではなく、むしろ天皇制をも人類社会の普遍性の中で捉え返すものだったことも確認できる。

「アナール派との共通性とか、社会史とかと言われることに……非常に困り」ながらも、「かなりの程度つくられたイメージだった」中世社会史ブームに半ば乗る形で網野が異業種の学者たちとの対話を続けたのは、天皇制をはじめとする日本社会の問題に向きあいながら、一方でそれを普遍的な位相で把握するためのことばを模索していたためかもしれない。しかし逆説的なことに、まさにそのような網野の姿勢が、予期せぬ形で最も徹底的な批判者を日本史学界内に生み出すこととなった。安良城盛昭である。

7　安良城盛昭

安良城盛昭が『無縁・公界・楽』に執拗な批判を加えたことは、一九八七年に刊行された同書増補版の補注における、網野の懇切というよりは必死というべき応答によって、一般に知られている。しかしながら、安良城による無縁論批判が始まるのは八五年であり、七八年の同書初版刊行からかなり間が空いている。

この時期に及んで安良城に批判の筆を取らせたのは、一つには前述した一九八四年の『日本中世の非農業民と天皇』刊行によるものだが、もう一つには網野の西洋史家たちとの交流が原因だった。『歴史学研究』誌上の批判の冒頭で安良城が問題視するのは、網野が阿部謹也との対談（一九八二年刊）、および阿部・石井進・樺山紘一との討論（一九八一年刊）で、「日本古代の公民」や「中世の平民百姓」を「自由民」と呼んだことである。

そもそも安良城〔一九八五：三六－三七〕は「かねてから私は、日本中世の「百姓」の「自由民」的＝非農奴的性格について注目するところがあった。この点に関するかぎり、私見は網野説の先駆」・「網野氏がはじめて私見を肯定的にその論考で引用された」ともいうように、従来は網野史学の「非農奴的」な中世像に好意的で、自説の継承者とさえ見なしていた節がある。しかし一九八〇年の『日本中世の民衆像』までは「カッコ付き」の自由民、という形で慎重な議論を展開してきた網野は、その後の西洋史家との対話を通じて、本来は「古典古代的・ゲルマン的な共同体的所有＝共有」に限定された議論である西洋史学の自由民イメージを、日本の「アジア的共同体成員」にも当てはめる牽強付会を始めており、Marxistとして許せないので批判する、というのが安良城〔一九八五：三八〕のスタンスである。そのような目で網野の業績を振り返ったとき、進路を誤らせた諸悪の根源として見出されたのが、『無縁・公界・楽』の無縁論であった。

安良城〔一九八五：四〇〕は同書の主張を「戦国期の無縁所の分析から「無縁の原理」を抽出し……無主・無縁＝「無所有」を主張する極めてユニークなその所論」と要約した上で、しかしそれを「歴史学上確定されている原始の自由に関する定説と対決もしないで、これを全く無視して感性的に独善的な主張を行なっている点で、暴論」とする。つまり安良城は網野の主眼が単なるアジールの個別分析にとどまらず、そこから「無縁の原理」という独自の理論を編み出すことにあることを見抜いた上で、そのような試み自体が「暴論」だというのである。

「歴史学上確定されている……定説」とは「マルクス・エンゲルスは、原始の自由について語るときは、常にそれが共有に基礎づけられていること」を論じてきた、という典型的なMarxismの共同体論であり、それに逆らう網野無縁論を「人間の自由は無所有論で解明できるはずがない……人間とは所有する動物のことであって、無所有な人間などというのは、人間を所有を知らない動物と客観的に同一視する背理的な暴論というほかはない」〔安良城 一九八五：四一〕と形而上学的に全否定する。なぜ安良城は、網野無縁論とMarxismとの両立可能性を端から認めようとしないのか。『無縁・公界・楽』における個別史料の解釈を批判した記述に、その理由は如実に示されている。

網野氏が相互排除的な対立物として主張されている（A）「今川氏との縁によって支えられている」（B）「世俗との縁が切れている」が、一つの寺に対する一通の文書のうちに並存している……網野説のうち（A）が正しくて、その無縁所論の根幹をなす（B）が間違っているから、この史料を解釈できない自己撞着に陥ってしまった。〔安良城 一九八五：四二〕

公界所江嶋が内部に主従関係をもち、それが後北条氏権力という世俗との縁に支えられていることは明瞭で……「世俗との縁が切れた」無縁の場であるなどというのは、烏を鷺といい黒を白というにひとしい。〔安良城 一九八五：四四〕

《貸借関係一般が「公界之義」》だとするならば、無縁所なるが故に、世間一般とは違った貸借関係の取り扱いをうけるという網野主張とこの主張はどう両立するのだろうか。世俗の貸借関係一般が「公界」＝「無縁」だとするならば、「世俗」＝「無縁」となってしまって、「無縁」を「世俗」と対立させる網野説を自からブチ壊してしまう。〔安良城 一九八五：四六〕

これらの二項対立的な叙述に明らかなように、安良城は〈戦国大名との縁＝主従関係＝世俗〉と〈無縁所＝公界〉を水と油のように相容れないものとして把握し、無縁所や公界に有縁原理が入り込み、逆に有縁なはずの世俗の賃貸関係に無縁原理が随伴するという網野の記述を論理矛盾として批判する。つまり、網野における理論への志向を認識していた安良城にあっても、その無縁論理解と批判のロジックは、有縁／無縁の対を「網野氏が相互排除的な対立物として主張されている」という浅いレベルで理解し、〈現実に無縁所を調べると縁の存在が見出される、否むしろ有縁的な権力の保護によって初めて無縁所は成立した〉と論じた神田千里らの議論と変わらない。

安良城〔一九八五：四二〕による網野批判の個性は単に、そうした二項対立を歴史理論のレベルにまで推し進め、だから Marx & Engels のいう「共有」と網野のいう「無所有」もまた二者択一だとし、「網野氏は一体、どんな意味でのマルクス主義歴史家なのだろうか」という点を糾弾したことのみに存する。換言すれば、石井進らが発見しつつも承認しなかった、有縁／無縁の相互依存性という網野理論の深層に対して、Marxismの権威を振りかざすことで、単に個別事例上の「無縁所」解釈が誤っているのみでなく、無縁原理・無縁理論全体が無効だと主張したのが、安良城の網野批判であった。

浅い網野理解に基づく神田の批判は、あくまでも個別事例にとどまるものだったため、網野自身も〈統治権的支配であればアジールと矛盾しない〉という浅いレベルでの応答が可能だったが、網野理論の深層をなす「無縁」原理自体のレベルで、しかしそれを全く理解しない相手と対峙した網野-安良城論争は、必然的にどの論争よりも深刻なディスコミュニケーションに陥っていく。無所有を放棄して共有を選択せよと迫る安良城に対して、網野としてはその二つは表裏一体だとしか応答し得ないからである。安良城や永原慶二への応答を含む一九八五年の「日本中世の自由について」には、「事実認識において、永原・安良城と、拙稿の間にはほとんど異なるところはない」〔網野一九八五：八九〕という注記すらある。「事実認識において」、つまり前近代日本の共同体の歴史的実態についてなら、安良城らの理解に異存はないということを、網野は端的に認めているのである。

にもかかわらず（網野の視点に立てば、まさにそれゆえに、なのだが）、「自然のすべてを「所有」し「支配」しつくそうとする志向……に人間の本質を見出すことは、人類を破滅に導く思想につながるものとして、私は拒否する」といった当為論を繰り返して自説を撤回しない網野〔一九八

〔一九八五：九三〕に対して、安良城は不快感を募らせていく。結局、翌八六年の再批判で安良城〔一九八六：九九、一〇九〕は、「網野氏に反問したい。（A）「人間は所有する動物」を「拒否」するとするならば、それでは「人間は所有しない動物」すなわち網野流の（B）「〈無所有〉の動物」なのかどうか。所有の観点から人間の本質をとらえれば、（A）か（B）かいずれかである」と再度の二者択一を迫った上で、「正直のところ、網野氏との対話は不可能なのではないのか……という絶望感に襲われる」と、半ば対話を放棄するに至る。

「網野氏が「無縁病」にとりつかれ、「無縁の原理」に自己陶酔して酔払ってしまっている」という断定のもと、「史料の誤釈と指摘された数々の論点について一々釈明と反論ができない限り、『無縁・公界・楽』は歴史学的にいって破産状況」とまで安良城〔一九八六：一一二、一一五〕に宣告された網野は、一九八七年に同書の増補版を刊行し、三十箇所に及ぶその長大な補注において、ここまでに登場した各日本史家の批判に対する大幅な「釈明と反論」を行った。しかしそのほとんどは「安良城氏のこの御批判に「明快」に答えるだけの力は私にはない……いまも基本的に考えは変っていないので、あらためてここで考えるところをのべて、安良城氏をはじめ大方の御批判を仰いでおきたい」〔網野 一九九六：三二八-三二九〕という趣旨のものであり、批判者たちが納得することはなかっただろう。

既に見た網野死後の総括論文において、義江彰夫〔二〇〇四：五九〕が安良城や永原、峰岸純夫の批判を典拠に、「「無縁」「公界」「楽」といわれた場が そのような［自由な］空間でなかったことは、すでに多くの指摘があるので、繰り返さない」と断ずるが如く、網野無縁論の深層は日本史学者には気づかれないか、気づかれても理解されず、その表層における〈無縁＝アジール〉論のみが端的に誤りという烙印を押されて、斬新だが実証的ではない〈社会史家〉の問題作として日本史学界に登録されていったのである。

8　樺山紘一

かくして深い意味での網野無縁論は、狭義の日本史学界には受け入れられずに終わったかに見えるが、『無縁・公界・楽』を評価した他分野の研究者の網野理解は、いかなる水準にあったのだろうか。まずは西洋史家である樺山紘一と阿部謹也について、そもそもなぜ彼らとの対談で、安良城の怒りを買うような「自由民」論を網野が唱えるに至ったのかとあわせて検討しよう。

安良城が論争の端緒としたのは、一九八一年に刊行された阿部・網野・石井・樺山の四者討議『中世の風景』のあとがきで、網野が以下のような「自由民」論を展開したことである。

私はポリスの市民、ゲルマンの自由民のみならず、いわゆる「アジア的」共同体の成員、日本古代の公民、中世の平民百姓を、自由民といってなんら差支えないと考える……共同体そのものを自らに体現させる首長が支配者に転化したさいには、自由民はこの「専制的支配者」に「隷属」することになるが、それは私的な隷属と本質を異にする「隷属」である……日本の天皇の公民に対する支配は、当然この「隷属」と見るべきで、それを私的な隷属にひきつけて混同し、公民を自由民と規定することを躊躇、否定する立場からは、天皇制に対する内在的、根底的批判はけっして生まれない。

〔阿部ほか一九八一：二六二〕

この箇所のみを見れば、網野は「ポリス」「ゲルマン」「アジア」「日本」を一絡げに扱っており、〈Marxism の地域別共同体論を理解していない〉と安良城が憤るのも無理はない。しかし、網野はここで「自由」の意味を三つに分ける議論を展開しており、上記の部分はあくまでも①「第一は、隷属に対する自由、討論のなかで「私的な隷属を拒否する自由」といった自由……なんらかの共同体の成員であることを前提とした「自由」」に限定された議論であった。

残る二つは②「共同体の制約、規制からの自由……共同体成員の貧富への分解に伴い、とくにその富裕な私的所有者がわがものとすることのできる「自由」……資本主義の発展、社会の近代化とともに鮮明になってくる自立した個人、近代的な自由」と、③「この二つの自由とさらに区別された、所有そのものからの自由」である。そして網野は③の自由について、「前近代の遍歴民の「自由」はこの自由とも、また第一のそれとも関わりがある」とした上で、「私の場合、このうち第一と第三の自由を意識して強調したため、第二の「自由」に自由の本質を求める立場からきびしく批判される」という自己観察を吐露している〔阿部ほか一九八一：二六二―二六三〕。網野は西洋中世史家との邂逅を踏まえて、無縁論を「自由」の三類型論へと組み替えていたのである。

①は〈仲間団体的な共同体の成員であるため、個人の奴隷として私的に所有されない〉という意味での自由であり、〈アジール論〉としての浅い意味での「無縁」に対応しよう。これに対し②は〈個人が私的にものを所有し処分できる〉という典型的な近代的自由であり、③の〈所有という発想そのものから解放される〉自由が、概ね深い意味での「無縁」に相当する。しかしながら繰り返し述べてきたとおり、①のような「無縁所」のみならず②の「有縁原理」の背後にも、つねに③の「無縁原理」が不可欠の契機として働いている、というのが網野無縁論の最深部だったはずである。ここでの網野には「自由」の三分法という類型化と、①と②の見かけ上の二項対立に引き寄せられて、以前よりも③を①の側に近づけて理解している傾きがある〔cf. 東島二〇〇〇：二四二〕。

四人の対談ではずばり「自由」をテーマとするセッションもあったが、記録を読む限りこの無縁論の〈共同体的自由＝アジール論〉への接近を導いたのは、樺山紘一だったようだ。樺山は西洋中世史における「国王自由人学説」を引いて、「自由というのは一般的な自由として現われるのではなくて、たとえば国王の特定の保護を受け、特定の身分なり特権なりを与えられたものが自由である」という視角を提唱し、網野の「無縁」概念についても縁を「ふち」と読むことで「網野さんのイメージには、無縁空間としての都市というような、空間性がふくまれている」という読解を披露している〔阿部ほか一九八一：一八八、二一二〕。

後者には網野も苦笑気味だったが、前者には「樺山さんのお話にあった「自由」と「保護」……は、共同体〔これ自体問題でしょうが〕の制約からの「自由」と、この私的な隷属を拒否する「自由」、すなわち逆に共同体の存在とその保護を前提とした「自由」と読みかえてもいい」と積極的に応じ、自著『無縁・公界・楽』を議論するにあたっても「言葉にこだわらないで、実態のほう、たとえば都市とかその構造のあり方の問題で議論したほうが……」と提案して、逆に——同書が〈アジール論〉ではないことを一応は認識していた——石井進に、「でも『無縁・公界・楽』という、思想といいますかね、そこのところに、網野さんの出しておられる問題があるわけで、都市的世界とかという実態のほうですと、ちょっとやりにくくなりはしませんか」とたしなめられている〔阿部ほか一九八一：二〇一、二〇五〕。かくして西洋史学の知見の導入は、網野無縁論を〈共同体的自由＝アジール論〉の方向へと転進させる触媒になったと考えられる。

むろんそれは安良城が批判した、単なる〈西洋史学の理論の日本への機械的な当てはめ〉ではなく、網野なりの内的な動機が存在した。すなわち、先に引いた『中世の風景』のあとがきにあるとおり、網野にとっての共同体的自由論とは「天皇制に対する内在的、根底的批判」を志向したものだった。天皇に対する人民の服従を単に「私的な隷属」とみる限りでは、かつて高校生に投げかけられた〈どうして実質的な支配権を失っても天皇制は滅びないのか〉という疑問に回答できない。むしろ天皇がかつては〈共同体的自由〉の体現者であり、天皇制が「共同体そのものを自らに体現させる首長が支配者に転化したさいには、自由民はこの「専制的支配者」に「隷属」する」という形で成立した政体であるからこそ、その支配構造を抜け出るのは困難なのではないか。

翌一九八二年に刊行された阿部との対談『中世の再発見』での「アジア的共同体の場合は、共同体に対してまったく個が自立していない、つまり共同体を代表する首長のみが自由なのだから、共同体成員は自由民とはいいがたいというのが、いままでの通説だと思うんです。これはやはり近代的自由の投影でしかない……仁徳天皇陵にせよ、それ以後の大建築にせよ、共同体成員の自発性をひき出せなかったら、奴隷労働のなかからはあんなものはできはしないだろうという気がします。「海ゆかば…」の歌だって奴隷の歌ではない。だからこそ問題は深刻なんだ」〈網野・阿部 一九九四：二二八–二二九〉という発言に——この箇所も安良城を激怒させる一因となるのだが——当時の網野の問題意識は鮮明に表れている。しかしそれは〈網野無縁論とは、アジールの保護者として天皇を位置づけることでその存続理由を説明し、一歩間違えば天皇制擁護につながる議論だ〉という、永原慶二らの浅い網野理解を裏書してしまうものでもあった。

9　阿部謹也

このような日本史学界主流派や、「自由」論を通じて無意識にそれと共犯関係を結んでしまった樺山紘一に対し、阿部謹也はややニュアンスの異なる網野理解をしていた。網野と断続的に対談中だった阿部〔一九七九：四二–四三〕の『無縁・公界・楽』書評は、〈無縁＝アジール論〉への傾きもあるものの、「無縁の人々や無縁の場は常にそのときどきの有主・有縁と密接な関係をもっているのであって、空間や人によって明確に両者を分けることはできない」と断じ、その論理を理解不能とした石井進とも異なり、「有主・有縁の世界は無主・無縁の世界を媒介として発展してきた……網野氏はこの関係を逆転させようとしている。まさにこの点において私は網野氏のこの書物に満腔の讃意をおくりたい」と、網野の理論的挑戦を絶賛している。単純なアジール論としてではない形で無縁論を読み解いた点では、まさしく阿部こそ網野理解の第一人者といって過言ではない。

しかし阿部〔一九七九：四二〕の場合、出身階級や場所によって有縁／無縁を振り分ける二分法は否定するものの、「権力中枢に対して戦う者、敗北してゆく者、流れ歩く者、貧しい者、賎視される者、俗に対して聖なるもの、芸能に生きる者が無縁を体現している」ともいうように、〈俗世間の支配秩序から脱出しようとする力のベクトルが無縁だ〉という方向への単純化を行っていた節があり、その分「権力中枢」自体が無縁を媒介するという発想は希薄化している。典型は「俗に対して聖なるもの」の認識で、書評末尾で西洋中世史から兄弟団の例を引き、「個々の孤独な人間が死後の霊の救済という絶対的な価値を媒介にして相互の間に世俗の価値（縁）が入らない関係をいったんつくりあげ」と分析するように、阿部〔一九七九：四三〕は「縁」を「世俗の価値」と同義のものとして受け取っていた。「彼岸における救済のためという無縁の原理によって結ばれた人と人との関係においては、相互の間に世俗の縁ではない絶対的な価値が介在していたが故に、一応世俗の縁が浄化された形で仲間団体意識が形成され、それが橋建設のような世俗的な仕事を遂行してゆく……だからその頂点にあって人と神との間に橋を架ける教皇が橋を建設する人 Pontifex と呼ばれる」という結論部に明らかなように、阿部にとって「無縁」のモデルはキリスト教的な「彼岸における救済」という「絶対的な価値」であり、有縁／無縁は西洋思想的な世俗／超越の対と一体視されている。

『無縁・公界・楽』が〈なぜ平安末と鎌倉時代にのみ偉大な宗教家が出現したか〉と問う高校生への回答でもあり、網野〔一九九六：二四五〕自身が同書で「自覚化された「無縁」の原理は、さまざまな宗教として、組織的な思想の形成に向っての歩みを開始する……西欧の場合、「無縁」

の原理はキリスト教とその教会によって、それ自体、組織化されていった。それは、日本の仏教の諸宗派による教壇組織に比して、はるかに徹底した」とも述べているので、阿部の読みがまったく誤っているわけではない。しかし無縁論をキリスト教モデルに則して読んでしまうと、網野の引用がはしなくも示すように、無縁とは〈西欧では徹底していたが、日本は不徹底だったもの〉の一例として処理され、「本書の副題の「自由」と「平和」を、西欧の近代以降の自由と平和と、直ちに同一視しないでほしい」〔網野 一九九六：六〕として、西欧近代の自由・平和観を相対化するために導入された、無縁概念の意義が見失われる恐れがある。

実際、阿部は一九八二年刊の網野との対談『中世の再発見』〔一九九四：二五〇–二五二〕で、「ヨーロッパの場合も構造的なものが非常に強烈で、それが公だということが現在に至るまで市民権を持っているから、反構造ということが出てくるわけです。ですから、網野さんの無縁という考え方は、日本史のなかでは大変に居づらい……日本の場合は構造が多面的で、どこに本筋があるのかわからない。そこで無縁という考え方を出された」と、人類学者 Victor Turner の構造／反構造の概念に基づき、無縁を〈ヨーロッパと比べて中途半端な反構

網野善彦・阿部謹也『中世の再発見』

造〉として位置づける議論を展開する。網野もまたこの解釈を好意的に受け止めているが、これでは無縁は世界普遍的に観察される現象というより、むしろ〈日本社会の特徴である「あいまいさ」を説明する概念〉になりかねない。

事実、同対談では一応「無縁という考え方は、民衆の側に本来あった公を表現している概念だと思うのですよ。ですから私も全面的に支援しています……他人の生死を掌握するというヨーロッパ的なものではなくて、自分たち自身で担うようなかたちでのコミュニタス的なものとして無縁を考えておられる」として、無縁に〈ヨーロッパとは異なる日本なりの可能性〉を認めていた阿部は、その後、否定的日本特殊論の典型と見なされる「世間論」の研究者となっていく。超越的な絶対者への信仰によって世俗社会の慣行を相対化するキリスト教の普及に伴い、「神判の消滅とほぼ同時に並行して告白が義務となり……個人や人格が生まれるきっかけができた」ヨーロッパと異なり、「民間に……籤(くじ)引きなどによる決定方式が行き続けている」日本では、個人が周囲の序列的・互酬的人間関係から抜け出せず「非合理的に見える要素が入っている」「世間という観念」にとらわれたままだ、というのである〔阿部一九九五：七四〕。

このような阿部の志向と、天皇制に対する態度の相違もあり、次第に二人は疎遠になっていった。二〇〇五年、前年の網野の逝去を受けた阿部〔二〇〇五：八二、八四〕の回想は、日欧間の差異を強調する阿部に対して「網野さんの主たる関心はヨーロッパと日本の共通点にあった」ために、以降の対談が未刊に終わったと公表した上で、「日本の知識人は欧米の文化圏に属していると思い込んでいる……この点では網野さんも例外ではない……彼の『無縁・公界・楽』が平和とか自由といった西欧の概念で説明されているのも、この書物が西欧文化を背景として生まれたものだから」として、自身の日本特殊論を認めなかった西欧志向の「日本の知識人」の一人に網野を位置づける、寂しい内容となった。

10　中沢新一

以上のように西洋史家である阿部謹也と樺山紘一もまた、網野無縁論の最深部を十分に把握できず、結果として網野自身の方向性をミスリードしたと考えられる。それでは歴史学という枠組みにこだわる必要がない分、より自由に網野史学を読み解くことができたはずの現代思想の論者はどうだろうか。

最初に取り上げるべきは、なんと言っても網野自身の甥（妻の兄の子）にあたる、宗教人類学者の中沢新一だろう。両者の知的交流はよく知られており、網野自身、一九九二年の鶴見俊輔との対談で「中沢新一さんに「網野さんのやってることは、結局は資本主義になるね」と言われたんです。確かにそう言われてみると、市場という場はそこに入ったら物も人もいったんは無縁の状態、つまり誰のものでもなくしてしまう。だから贈与・互酬ではなく、商品として物や人の交換ができる」〔網野・鶴見 二〇〇四：五九〕と述べ、後に検討する岩井克人や小熊英二との対話でも同種の回想を繰り返し〔網野・岩井 一九九七：二五〇、網野・小熊 二〇〇八：一九八〕、無縁論を資本主義論に接木（つぎき）した中沢の貢献に感謝している〔cf. 桜井 二〇〇七：三九-四〇〕。

一九八〇年代に〈ニュー・アカデミズムの旗手〉として多彩な活動を展開した中沢は、八八年の『悪党的思考』で、網野理論を全面的に敷衍している。しかし「『日本中世の非農業民と天皇』などというすばらしい研究」・「叔父の書いた本『異形の王権』を出発点に」〔中沢 一九九四：二二〇、三七五〕といった箇所から明らかなように、同書は『日本中世の非農業民と天皇』（一九八四年）・『異形の王権』（一九八六年）という八〇年代の網野の業績をプリズムとして『無縁・公界・楽』の理論を眺めるスタンスだった。中沢は当時流行していた Deleuze & Guattari の哲学から、空間論的な比喩を借用して以下のように述べる。

「山」がアジールであり、世俗権力の介入できない空間であったのは、そこが「なめらかな空間」にほかならないからです。「なめらかな空間」は世俗的権力の捕獲網をすりぬけていってしまうような性質をもっている。この空間を捕獲することができず、そこに介入することすらできなかったのは、そこで世俗的権力と言われているものが、この空間とは異質な原理によって成り立っているからです。つまり、その権力は「仕切られた空間」がつくりあげられるのと同じ原理にしたがって、作動している……「仕切られた空間」、その理想形態は、言うまでもなく水田です。〔中沢 一九九四：二〇五〕

〈山＝アジール＝「なめらかな空間」／水田＝世俗権力＝「仕切られた空間」〉という二分法を導入した上で、しかし天皇が前者にも支配を及ぼしていることを、中沢〔一九九四：二三二〕は「「なめらかな空間」の捕獲者としての天皇は、けっして法的な秩序を体現しているような「清浄な」存在ではありません。彼はロゴスの体現者ですらないのです。「魔術王」、そう、この呼び名がいちばんぴったりする……中世天皇は、「なめらかな空間」の住人たちを、つぎつぎに供御人などと呼ばれる「直属民」に組織しようとしました」と説明する。中世天皇には「ロゴス」によって農耕社会を統治する世俗権力としての性格のほかに、「魔術」によってアジールの住民を掌握する祭祀王としての姿が備わっていた、という理屈である。

しかしこれは既に見た一九八五年の網野との対談で山口昌男が要約した、権力／権威の二分法と同じ構造にほかならず、しかもその際の網野の躊躇を跳び越して、中沢はその二分法を農業／非農業の対と同一視している。ともに構造主義に影響された山口と中沢の視角が似ているのは当然だが、〈政治権力＝水田＝農業民の支配／祭祀権力＝アジール＝非農業民の支配〉とする発想は、学問のスタイルとしては中沢と対極に位置する永原慶二ら実証史学者たちの、〈網野無縁論は、アジールの保護者として天皇を位置づける議論だ〉という認識とも完全に同一である。つまり当時の中沢は日本史学主流派と同じレベルの——つまり、浅い——水準でしか、叔父の無縁論を読んでいなかったと思われる。

したがって、『悪党的思考』で展開された中沢〔一九九四：二四二〕の〈無縁＝資本主義論〉というのも、実は「ぼくらは、アジール世界の解体、「なめらかな空間」の解体と封じ込めと、そしてなによりもキャピタリズム的変容のはてにつくりだされた、新しい、モノトーニアスな、権力空間の「質」を生きている」というものに過ぎない。「ニセの「なめらかさ」が発生してくる……「富」が生まれ出てくる境界面の出来事をみえなくさせて、そこから計量化可能な均質な価値だけをとりだしてくる資本主義のトリックが、それを代表する」とあるとおり、中沢〔一九九四：七五-七七〕にとって、貨幣によって「計量化」される資本主義社会の均質性は所詮「ニセ」の無縁に過ぎず、真の無縁たる「アジール世界」とは対立するのだ。彼にとっての網野史学とは「キャピタリズムは、この意味では、ボヘミアン的なるもののなかから、その本質を否定するような形で発生してくる」として、〈アジールが権力に取り込まれ横領されたことで、資本主義が生まれた〉というストーリーを描き出す歴史観、つまりは弁証法が働く方向を逆にしただけの反進歩史観であって、多くの歴史学者と同様に、無縁原理の遍在性や有縁原理との相互依存性といった認識は欠落している。

もっとも、現在の中沢はこうした疎外論的な資本主義批判とは違う角度から、網野を読み直しているようである。網野の逝去を受けた二〇〇四年の赤坂憲雄との対談で「カソリックの哲学者たちは貨幣を悪だと言います……それは貨幣が持つ、世界を平準化して交換の対象に変えてしまう能力にかかわりがあります。ところがレヴィナスはそうではなくて、貨幣というのは、不公平が起こらないように、あるいは不条理なことが起こらないようにするために、とてもよいはたらきをすると言う……こういう貨幣の持つ肯定的な力を、網野さんははじめから出発点に据えている」〔中沢・赤坂 二〇〇四：一〇五〕と述べ、今度は Emmanuel Lévinas を引きつつ、むしろ媒介としての貨幣の必然性と、平準化が持つポジティヴな性格を強調し、そこに網野史学の原点を見出している。

同年に刊行された網野の伝記でも、『無縁・公界・楽』を評して「原初の森の中にひっそりとつくり出されていた古代のアジールと、中世の商人たちが貨幣の力と平等な人間関係をもとにして生み出そうとしていた自由の空間とが、同じ原理のもとに作動していたのではないか、という網野善彦の直感は、まったく正しい」〔中沢 二〇〇四：一〇五〕と論じており、『悪党的思考』に見られた〈真の無縁＝アジール／ニセの無縁＝貨幣経済・資本主義〉という二分法は、基本的に放棄されている。

11　岩井克人

このような今日の中沢に近い網野理解を比較的早期に提示したのは、やはり八〇年代以降に狭義の専門にとらわれない文筆活動を展開した、経済学者の岩井克人（かつひと）だろう。岩井は一九九三年に『文學界』誌上で網野と対談しているが、そこでは自身の『貨幣論』（一九九三年）が「網野さんの数々のご本からインスピレーションを得ています」〔網野・岩井 一九九七：二三七〉とした上で、以下のように網野無縁論を要約している。

網野さんの中世論では、「無縁」という概念が基本にありますよね。世俗との縁が切れた、俗界の関係がもち込まれない空間や人間が「無縁」ですね。そうした「無縁」の場における「無縁」の人びとの媒介によって、はじめて市場的な交易や金融的な活動が可能になったわけですが、その「無縁」とは、まさにお寺や神社、さらには天皇といった「聖」なるものと結びつくことによって俗からの縁を切ることができている。〔網野・岩井 一九九七：二三九〉

「俗界の関係がもち込まれない空間や人間」を無縁と呼ぶところに、若干〈無縁＝アジール論〉の匂いがあるが、それを「市場的な交易や金融的な活動」と結びつけ、貨幣経済とアジールとを対立させず、むしろともに「無縁」の原理に則したものと捉えている点、今日の中沢と同様の網野理解といえよう。

しかし一方で「貨幣がどうやって資本に転化するのかといった問い」を重視し、貨幣／資本の対に関しては対立的に捉える岩井は、無縁論の要約を「今度は、交易や金融の発達によって、その「無縁」の一部が世俗化していく……それまで「無縁」をささえていた「聖」なるものがその「聖」性を失い、それと同時に「無縁」の残りの一部が「賎」として貶められていくという大転換が引き起こされます」という形で続けていく〔網野・岩井 一九九七：二三八–二三九〕。このような聖なるアジール交易から俗なる資本主義への「大転換」（Karl Polanyiを意識した語法だろう）としての網野史学像は、むしろ『悪党的思考』の時期の中沢に近い。

ここに岩井、および当時から今日まで一貫する中沢の、網野理解の問題点があると思われる。「お金の貸出が聖性に結びついているかぎり、本当の経済活動にはならない」・「貨幣を貨幣をたらしめる、ある逆転がおこった……銭というものが、何か呪術性にまとわれているから富であるとみなされるのではなく、人びとのあいだで流通するから富であるとみなされるようになる」〔網野・岩井 一九九七：二四一、二五〇〕と発言する岩井は、聖性／世俗の経済活動を極めて対立的に把握し、聖性の媒介によって貨幣経済が生じるが、しかし貨幣と聖性とが分離されることで貨幣が資本に転化し、世俗的な資本主義経済が成立するという歴史像を提出する。この場合、無縁とは歴史上一度きり転換を演出する聖性の同義語として把握され、そのため古代から現代にまで遍在する有縁／無縁の相互依存性という、網野無縁論の最深部は見失われてしまう。

つまり岩井の無縁理解は、有縁／無縁を世俗／超越と同一視し、中世期に超越的な神をいったん媒介することで「世間」ならぬ個人に立脚した近代市民社会が生まれるとした、阿部謹也と同種の問題を抱えているのである。実際岩井は同対談で、「日本のカッコつきの「近代」を眺めても、いわゆる西洋とくらべると、どこか超越性に欠ける……キリスト教が支配しなかった結果かなあ。つまり「無縁」をささえた超越性が、西欧のように絶対的な彼岸を媒介とすることができず、せいぜいいまお話しされた天皇の権威でしかなかった」〔網野・岩井 一九九七：二六九〕という、まさに阿部ばりの日欧比較論を展開するに至っている。

無縁と貨幣を対立視しなくなった中沢〔二〇〇四：一〇四〕も、先に見た網野の伝記で「仮面の神は草の葉で身を覆い、仮面を着装している神として、目で見ることのできる姿がある。トランセンデンタルな領域から、なにかの力が物質性を身にまとって、人間の世界にやってくる……この仮面の神と貨幣はじつによく似ている……貨幣は具体的な信用価値と抽象的な交換価値のあいだを、柔軟きわまりない能力で行ったり来たりする」と述べ、やはり無縁＝貨幣を超越として把握し、神来訪儀礼における世俗領域／トランセンデンタルな領域の区分を、「具体的な信用価値」／「抽象的な交換価値」の二分法に重ねている。同書における「トランセンデンタル」の概念は、

「人間の心の中に、現実の世界での五感からの影響や経験の及ぼす働きから完全に自由な領域が開かれており、この自由の領域こそが、人間の本質をつくっているのだという思考法」〔中沢 二〇〇四：三三〕と関連づけられているが、この「現実の世界……から完全に自由な領域」という潔癖主義的な思考が、「網野さんの歴史の「学」では……大地とともに生きる民衆の中に、そのトランセンデンタルは宿るのである。それは言ってみれば「日本国」を抜け出ているアジール（避難地）だ」〔中沢 二〇〇四：六三〕というアジール論としての網野理解と相俟って、貨幣論においても本来的なものとしての「具体的な信用価値」を想定し、そこからの超越として無縁を把握させる効果を担っている節がある。

世俗／超越という二項対立はかくも根強く網野解釈者たちの思考を規定し、そうした二分法を無化することにこそ網野無縁論の深層があった事実は、いまだ気づかれぬままのようである――Transcendentalを「先験的」と訳す中沢〔二〇〇四：三三、九五〕は一方で、かつての網野自身と同様『無縁・公界・楽』を自由論として読む箇所では、「根源的な自由を求めるトランセンデンタルな欲望……社会的な規則の体系と、この根源的自由の欲望とは、まったく同時に発生する」と述べ、「先験的」・「根源的」と形容される「自由の欲望」が、社会的な諸制度の成立に伴い、そのネガのような形で同時に生じることを指摘している。これはおそらく、現時点で最も網野無縁論の根幹に迫った記述と考えられるが、中沢の場合〈アジール＝宗教＝超越性論〉としての既存の網野像が邪魔をして、その含意を十分に展開できていないように思われる。

12　小熊英二・赤坂憲雄

よく知られているように九〇年代以降、網野はそれまでの自らの成果を「日本論」の方向へと転換させ、『日本論の視座』（一九九〇年）・『日本社会の歴史』（一九九七年）・『「日本」とは何か』（二〇〇〇年）といった、〈日本列島上における社会・文化の多元性〉を主題とする著作群を発表していく。「日本」なるものの単一性を複数性へ解体しようとするこのベクトルはしかし、無縁という原理を新しい普遍性として打ち立てることで、そもそも「日本」が問題化される場自体を無効化するポテンシャルを秘めていた『無縁・公界・楽』の路線を、一八〇度逆の方向に反転してしまった、ある意味で内向きの議論ではなかったろうか。だが同時代における国民国家の相対化をめざす知的潮流は、この網野史学の新路線を歓迎し、それが失ったものを嘆くよりもむしろ、自らのナショナリズム批判の錦の御旗――の一つ――として歓迎したようである。

たとえば社会学者の小熊英二は、二〇〇一年の網野との対談で『無縁・公界・楽』を「五〇年代の民族主義の名残が見える」「非常に過渡的な作品」と位置づけ、「『無縁・公界・楽』では、本来の民俗的なもの、つまり「無縁」の原理などは、子供の遊びとか女性の文化といったこれまで周辺とされてきた部分に残っているという視点がとられていた……『日本論の視座』ではもっと前進して、周辺とされていたもののほうがむしろ常民だという主張になった」と発言している〔網野・小熊二〇〇八：一九二―一九三、二一四〕。つまりアンチ・ナショナリストである（当時の）小熊にとって「「無縁」の原理」とは、「五〇年代の民族主義」を引きずっていた網野が日本の「周辺」に見出した「本来の民俗的なもの」の表象なのであって、理論を「前進」させ日本の常民イメージ自体を覆そうとする九〇年代以降の網野の動向は、好ましいことなのである。

既存の「常民」像に対する批判的スタンスで知られる民俗学者の赤坂憲雄も、先に見た中沢新一との対談での『無縁・公界・楽』論で、「対馬の天道信仰のなかに見られたアジール、それが朝鮮半島につながっていくということを平泉［澄（きよし）］さんは書かれていますね。網野さんもそれに触れています。つまり、われわれがたとえばこういう問題を考えるときに、民俗学的な資料とか情報を視野に繰り込むことによって新しい風景が開かれる」〔中沢・赤坂二〇〇四：五二〕として、やはり九〇年代以降の網野の方向性を延長した形での、網野史学の継承を主張する。七〇年代末に放たれた網野無縁論の光芒はかくして、八〇年代における天皇論・非農耕民論への屈折を経て、九〇年代以降の多元的日本論に吸収される中で、多くの人々の視界には明確にその像を結ばぬまま、薄れていったのである。

おわりに——よみがえる幽霊

しかしながら、幽霊は消滅しなかった。二十一世紀に入ると、ほかならぬ日本史研究者の内部から、「無縁」の新しい解釈が——その幽霊性をそのままに承認する読み方として——生まれてきたようにみえる。

たとえば、東島誠〔二〇〇〇：二四〇-二四二〕は政治文化史的な観点から、これまでの網野解釈が「無縁」と「公界」を同一視し、もっぱら実態論としての共同体論（都市論やアジール論）のみを議論してきたことを批判し、両者の切り離しを主張する。(1) 東島の読みに従えば、「公界」が現実に存在する、自治村落や自由都市のようなメンバーシップの限定された共同体を指すのに対して、「無縁」はむしろ、決して現実態としては存在し得ないような理念としての「江湖」、Jürgen Habermas がいうところの「未完のプロジェクト」として開放的な公共圏をめざす構想力を指すことになる。

一方、中世経済史の桜井英治〔二〇〇一：四五五-四五六〕は「亡命が成立するのは亡命先の国家が「無縁」の場だからではなく、亡命元の国家と亡命先の国家の関係が「無縁」だから」という例を示して、無縁を「関係概念」として把握することを提唱する。両者の含意は異なるが、これまで「無縁所」の実態論ばかりを扱ってきた日本史学界内での網野をめぐる論争とは異なり、

〈具体的なある場所なり物なりの特性という形では「無縁」は捉えられない〉という観点では共通している。いわば、「幽霊」としての無縁の捉えどころのなさを、ポジティヴに再活用しようとする提言である。

これらの日本史学界の新しい網野解釈を踏まえつつ、安冨歩〔二〇〇七：二七九―二八三〕は「無縁」を名詞として静態的に捉えるのではなく、むしろ「縁切り」と「縁結び」という動詞、ダイナミクスとして把握することを説く。安冨によれば、東島の解釈は狭すぎ、桜井の解釈は広すぎる。縁切りをしたくなる可能性がある点では、閉鎖的共同体も開放的アソシエーションも違いはないし、「亡命する」という行為がそもそも成立しなければ、いかなる国家間の関係があろうとも「無縁」は発現し得ないからである。安冨〔二〇〇七：二八六〕が重視するのは「「縁結び」と「縁切り」とを自分の感覚に従ってできる」か否かという論点であり、このように解釈された「無縁」の観点から、近代西洋的な「選択の自由」の観念を相対化した経済学を構想しようとする〔安冨二〇〇八〕。「無縁」を従来の日本史学界的なアジールの実態論からも、西洋史学や現代思想に見られたキリスト教的な「超越性」との同一視からも、同時に解放する試みである。

安冨〔二〇〇八：第六章〕が「選択の自由」の概念と、それに立脚した近代経済学を批判するのは、そこから導かれる「選択可能な市場」と「選択不可能な共同体」という二項対立自体がミスリーディングであり、どちらに逃げ込んでも――「縁」をコントロールする感覚がなければ――

自由を失うからである。まさしく映画『雨月物語』のとおり、市場も共同体も、どちらも幽霊であり、ただそこにあるのは「とり憑かれるならどちらの幽霊が好みか」という差異でしかない。『雨月物語』が描いたのは、日本人はしばしば共同体の幽霊の方を好むという、近世以来この方染み付いた習性だったが、網野無縁論をめぐる誤読の系譜にも、同様の傾向が観察されると考える。多くの日本史家のみならず、網野史学に影響された時代小説家や映画製作者までもが、揃(そろ)って〈アジール／コミューンとしての無縁所〉という形象に偏重して「無縁」を理解してきたこと自体が、いかに日本人が自由や幸福の獲得を「共同体」への帰属と結びつけて想像しがちであるかを、雄弁に物語るといえよう。いわばそれは、徳川時代以降の日本社会が、「「共同体」の成員であるかどうかで、助け合いや義務的労働が行われるかどうかが一律に決定されるタイプの社会」〔深尾・安富二〇〇三：三二三〕であったことの陰画だといってよい。

これに対し近年、朝鮮史の宮嶋博史〔二〇〇六：一四–一七〕が自身の東アジア近世論の立場から、網野を批判しているのは興味深い。近世朱子学体制のもとでの中国社会が、むしろ市場の幽霊の方を選好した――場所とメンバーシップの固定した共同体どうしの合従連衡(がっしょうれんこう)ではなく、モビリティの高い個人間のネットワークと、普遍的でポータブルな思想・言説の併用によって社会秩序を形作るようになったことと比較した場合、網野が描き出した中世から近世への移行史観自体が、日本の経験のみに偏りすぎていないか、という指摘である。

換言すれば、なぜ日本人は、「中国のように高度に市場性と共同性が結びつき、使い分けられるという社会」〔深尾・安冨 二〇〇三：三二三〕をイメージできないのか、という問いとなろう。どうして日本人は「市場」での競争に混乱と戦争を連想し、平和と安定を「共同体」に結びつけがちなのか。このような観点の下に再構成されるとき、網野善彦に対する誤読史は、単なる史学史上の一エピソードを超えて、日本の全時代史を貫くモチーフを喚起するように思われる。

そして現在、「共産主義という幽霊」が消え去った後も、「グローバル資本主義」や「想像の共同体」といった新たな幽霊が跋扈し、両者のあいだで日本は今日、まさに中世から近世への転換期以来の、大きな選択の岐路に立たされているかのように見える（本書第二・三章参照）。二つの選択肢のどちらもが「幽霊」であることを教え、それとの正しいつきあい方について再考を促し続ける網野善彦と無縁論のメッセージは、必ずや人類の将来を占う上で、常に参照されるべきものであることを確信する。

【注】

（1）正確には、東島氏が当該の提言を行った論考の初出は一九九五年（『日本史研究』三九一号）であった。氏の指摘に感謝するとともに、再録にあたりここに訂正する。

【参照文献】

阿部謹也一九七九　「書評　網野善彦『無縁・公界・楽』」『歴史学研究』四六八号。
阿部謹也一九九五　『「世間」とは何か』講談社現代新書。
阿部謹也二〇〇五　『「世間」への旅　西洋中世から日本社会へ』筑摩書房。
阿部謹也・網野善彦・石井進・樺山紘一一九八一　『中世の風景　下』中公新書。
網野善彦一九七六　「中世都市論」『岩波講座日本歴史7　中世3』岩波書店。
網野善彦一九八五　「日本中世の自由について」『年報中世史研究』一〇号。
網野善彦一九九六　『増補　無縁・公界・楽』平凡社ライブラリー（原著初版一九七八、増補版一九八七）。
網野善彦二〇〇〇　『歴史と出会う』洋泉社新書。
網野善彦・阿部謹也一九九四　『中世の再発見　市・贈与・宴会 対談』、平凡社ライブラリー（原著一九八二）。
網野善彦・岩井克人一九九七　「「百姓」の経済学」岩井克人『資本主義を語る』ちくま学芸文庫（初出一九九三）。
網野善彦・小熊英二二〇〇八　「人類史的転換期における歴史学と日本」、網野善彦ほか『「日本」をめぐって　網野善彦対談集』洋泉社MC新書（初出二〇〇一）。
網野善彦・鶴見俊輔二〇〇四　『歴史の話』朝日選書（原著一九九四）。
網野善彦・山口昌男一九八五　「歴史の想像力」『思想』七三一号。
安良城盛昭一九八五　「網野善彦氏の近業についての批判的検討」『歴史学研究』五三八号。
安良城盛昭一九八六　「網野善彦氏の近業についての批判的検討（再論）」『年報中世史研究』一一号。
石井進一九七九　「中世　一」『史学雑誌』八八編五号。

石井進 一九八三 「「新しい歴史学」への模索」『歴史と社会』二号。
神田千里 一九七七 「中世後期における「無縁所」について」『遥かなる中世』一号。
桜井英治 二〇〇一 「解説」網野善彦『日本中世都市の世界』ちくま学芸文庫。
中沢新一 一九九四 「非農業民と中世経済の理解」『年報中世史研究』三二号。
中沢新一 二〇〇四 『悪党的思考』平凡社ライブラリー（原著一九八八）。
中沢新一・赤坂憲雄 二〇〇四 『僕の叔父さん 網野善彦』集英社新書。
永原慶二 一九七九 「書評 網野善彦著『無縁・公界・楽 日本中世の自由と平和』」『史学雑誌』八八編六号。
仲正昌樹 二〇〇六 『「分かりやすさ」の罠 アイロニカルな批評宣言』ちくま新書。
林文理 一九八六 「戦国期若狭武田氏と寺社」有光友学編『戦国期権力と地域社会』吉川弘文館。
東島誠 二〇〇〇 『公共圏の歴史的創造 江湖の思想へ』東京大学出版会。
深尾葉子・安冨歩 二〇〇三 「中国陝西省北部農村の人間関係形成機構 〈相夥〉と〈雇〉」『東洋文化研究所紀要』（東京大学）一四四冊。
松井輝昭 一九八一 「戦国時代の無縁所について」『広島県史研究』六号。
峰岸純夫 一九七九 「網野善彦『無縁・公界・楽』によせて（一）」『人民の歴史学』六〇号。
宮嶋博史 二〇〇六 「東アジア世界における日本の「近世化」 日本史研究批判」『歴史学研究』八二一号。
安冨歩 二〇〇七 「無縁・呪縛・貨幣」鈴木公雄編『貨幣の地域史』岩波書店。
安冨歩 二〇〇八 『生きるための経済学 〈選択の自由〉からの脱却』NHKブックス。
弓削達 一九七九 「総説」『史学雑誌』八八編五号。

義江彰夫 二〇〇四 「網野史学の成果と課題」『歴史学研究』七九五号。
Derrida, Jacques. 二〇〇七 『マルクスの亡霊たち　負債状況=国家、喪の作業、新しいインターナショナル』増田一夫訳、藤原書店（原著一九九三年）。
Marx, Karl & Engels, Friedrich. 一九七一 『共産党宣言』大内兵衛・向坂逸郎訳、岩波文庫（原著一八四八年）。

【補論Ⅱ】

社会科学にとって歴史とは何か

——久米郁男『原因を推論する——政治分析方法論のすゝめ』書評

「理論は、われわれの説明という作業を導いてくれる。理論なき説明は、単なる物語に堕する危険を孕んでいるのである」(五八頁)という三章末尾の警句に接して、少し冷や汗が出た。ふだん、むしろその物語としての歴史の意義を訴えたり説いたりして過ごしているので、「単なる物語」という言い方にショックを受けたからである。物語もまた、いかなる経緯や理由によって現状がかくあるのかを人々に説く説明のモードである——そこに虚構の史実を交えれば狭義の意味での「フィクション」になり、現実に起きた事実のみで語りを構成すれば歴史学者(ないしはより広く史論家)の叙述となろう。

たとえば評者はかつて、経済発展と手を携えて民主化が進むという歴史のとらえ方を「西洋化」の物語と呼んで批判し、むしろ市場の自由化と権力の専制化が同時進行する歴史の展開がありうることを強調して「中国化」の物語を描いたことがある（與那覇二〇一四）。いうまでもなくこれはメタファーであり、いわば私たちが過去の出来事を眺める際にかけるレンズを交換することで、見えてくるストーリーの色合いが大きく変ずる、その点に「物語りなおすこと」の意義を求めたものであった。

久米氏もまた現実を観察するうえでの「理論のレンズ」（五三頁）の役割を強調するが、しかしそれは時代の展開を西洋と中国のどちらにアレゴライズするかといったゆるやかな比喩の水準ではなく、遥かにタイトな内実を持つ。すなわち厳密な「因果関係」の摘出による現状の説明は、いかにして可能かという目標に向かって、全編にぴんと張りつめた筋が通されている。

『原因を推論する』は政治学方法論の書であると同時に、軽妙な筆致でいながらその「因果関係」を論証することの難しさをも伝える作品である。たとえば一見、耳になじみやすい文化論による説明——日本には激しい政権交代を望まない政治文化があるといった——に対して、著者の剔抉は厳しい（二章）。文化論が先入観に基づくステレオタイプに転移する点を指摘するにとどまらず、研究対象とする国を増やした際に、文化論では結局「それぞれの国に固有の政治文化、あるいは国民性が各国の福祉の水準を決めていると主張する」形に終わり、対象国ごとにその現状を説明する叙述が増えるだけで統一された理論が出てこないとする批判（N＝K問題、四三頁）は痛烈だ。それは政治学、ひいては社会科学全般がある種の普遍法則、つまり特定の独立変数（原因）がさまざまな諸事例を超えて、従属変数（結果）に変化をもたらすベクトルをつかみ出そうとする志向に基礎づけられているからであろう。

だとすれば、かように厳密な社会科学のリサーチにおいて、「歴史」の果たしうる役割とは何なのか。確かに、因果関係の抽出に最適なケースィタディの対象が歴史の中から見いだされることがある。たとえば、なにがしかの制度の導入によって観察対象に統一された初期設定が与えられる場合である。パットナム『哲学する民主主義』における市民度と行政のパフォーマンスの関係の探究は、一九七〇年、イタリアの地方分権改革で同等の権限を持つ複数の州政府が創出されたことによって、それぞれを比較する条件が整えられた（一章）。

あるいは、制度の導入者にすら自覚されざる形で比較研究上の「自然実験」のサンプルを提供した事例もある。アフリカで在来の部族の居住地を横切って国境が引かれたことで、当該部族の「居住国内における相対的規模」のみが相違する形で、部族間関係の良好度を観察することが可能になったケースである（九章）。かようにある程度絞り込まれたテーマの場合は、統制された比較のための「実験室」として、歴史が機能することは十分にありうる。

しかし問われる因果関係の抽象度が高まるにつれ、歴史はプレパラート上に固定された事例の貯蔵庫ではなくなっていくようだ。「経済成長は、民主化をもたらす独立変数ではない」のか否かをめぐる比較政治学上の論争で、「民主化」が指し示すものを一九五〇年代以降に求めるのか、一八〇〇年から捉えるのかによって結論が逆転した挿話を紹介しつつ、周到な著者は同じく「民主化と言ってもそれをもたらす因果メカニズムが時代やコンテクスト（文脈）に応じて性格が異なること」への指摘を忘れない（八章、一六三―一六五頁）。歴史上の民主化の事例を集めて緻密な因果関係を構築しようとするとき、そもそもそこでいう「民主化」が選挙権の段階的拡大と普通選挙制の導入のいずれを指すのか、いかなる性格の支配層から民主主義を獲得するのか、国際的な圧力は関与するか否か、等によって、実際に名指されるものの内実は動いてしまう。

すなわち歴史は、社会科学者にとって理論構築に向けた無限のサンプルの宝庫であると同時に、踏み込むものが携えていたはずの理論の厳格さを曖昧に溶かし込んでしまう迷宮でもあったのではないか。同箇所に触れた際に評者の脳裏に浮かんだのは、歴史家にして国際政治学者だったE・H・カー〔一九六二：九〇〕の著名な講演の、以下の一節であった。

ペロポンネソス戦役と第二次世界大戦とでは非常に違っていて、いずれも独自のものです。しかし、歴史家は両方とも戦争と呼んでいます……現代の歴史家がイギリス革命、フランス革命、ロシア革命、中国革命について述べる場合［も］……同じことをやっているわけです。

人工的に変数を統制しうる計量分析の対象になりにくい事例の典型としての、マクロな歴史的現象に政治学がいかに取り組むかを論じた九章は、かくして本書の格闘のクライマクスとなる。ひとすじに因果関係を探求する社会科学の峻厳さは、歴史という豊穣にして茫漠（ぼうばく）たる対象をいかに料理するのか。著者は比較歴史分析のアプローチを、結果の多様性からその違いをもたらした原因を探る「差異法」と、同じ帰結をもたらした共通の要因に迫る「合意法」に分類する。

前者（典型はムーア『独裁と民主政治の社会的起源』）の場合は、多くの点で似通っているが特定の変数のみが異なる事例を対照することで、後者（ブリントン『革命の解剖』）なら諸側面において大きく異なるにもかかわらず観察される共通性に着目することによって、因果関係を抽出することが可能となる。それぞれに違うプロセスを革命という共通の名で呼ぶことは、合意法を通じてそもそもの「革命という概念の構築」（一九〇頁）を行おうとする作業として捉え返すことができる。

さらに十章では比較ではなく単一事例の研究でも、理論的に最も起りそうなことが起きない事例を通じて理論を否定するか、逆に最も成立しなさそうな条件でも成立する事例を示して仮説の傍証とするかによって（決定的事例研究）、因果効果を推定しうることが論じられる。たとえば現代中国はそれ自体において「経済成長が民主化をもたらすという仮説に対する重要な反証」（二〇五頁）でありうる――だとすれば評者の物語にも、問題の所在を喚起するくらいの意義はあったことになろうか。

反証による仮説のテストを科学の条件として義務づけたポパーが、その仮説自体の設定に関しては論理ならぬ直感に委ねていたことを、評者は今回初めて知った（二一四頁）。ゆるやかな物語が提供する想像力の翼も、そのようなインスピレーションを触発する形によってなら、謹厳な科学というプロセスに貢献しうるものと思う。自由な物語の創造と、その厳密な検証とは決して単にいがみあうものではない。むしろ両者がそれぞれの臨界で接する場として「歴史」というフィールドのあることが示唆される一書として、やや異端的な読み方を示した次第である。

（有斐閣　二〇一三・十一刊　四六　二七八頁　一九八〇円）

【参照文献】

與那覇潤　二〇一四『中国化する日本　日中「文明の衝突」一千年史　増補版』文春文庫（原著二〇一一年）。

Carr, Edward Hallett. 一九六二『歴史とは何か』清水幾太郎訳、岩波新書（原著一九六一年）。

III　もういちどの共生をめざして──植民地に耳をすます

8 帝国に「近代」はあったか
——未完のポストコロニアリズムと日本思想史学

1 視界不良の時代

一九九〇年代、二〇〇〇年代の二十年間を、日本の人文学におけるポストモダニズム、ポストコロニアリズムの季節だったと要約するのは、不適切なことではないだろう。批評や評論の世界では八〇年代に隆盛した「近代」を批判的に捉える視座が、「国民国家」や「植民地主義」といった具体的な仮想敵の権力構造を解剖するという形で、思想史を含めた歴史研究（狭義の歴史学のみならず、社会学や文化研究からの参入が進んだ二十年でもあった）の現場に根を下ろした時代として、それは振り返られると思う。

しかし日本近代——さしあたり、明治維新から敗戦までの期間としよう——の相対化が進む一方で、その批判の方向性に関しては、日本内地の特に知識人層を研究対象とするオーソドクスな思想史学と、むしろその〈外部〉に置かれた〈他者〉の〈発話位置〉に照準する（当時、かような表記法が流行した）いわゆるカルチュラル・スタディーズ系統の研究とのあいだで、奇妙なすれ違いがあったように見える。そして、その相違の生じたゆえんを可視化し、互いを架橋する議論が不在だったことが、この二十年を通じて近代日本の新たなトータル・イメージが提出されたというより、むしろ既往の史観に対する「批判」のみが喧しく、歴史像がただ視界不良になっていった印象を与える一因のように感ぜられるのである。

たとえば学会や研究会のセッションでも、伊藤仁斎なり荻生徂徠なりの著述を正統朱子学と対比してテキスト・クリティークを行うタイプの発表と、帝国主義下の朝鮮ないし台湾における〈抵抗〉の契機を諸民族の実践から〈可能性の中心〉として読み出す議論とでは、ほとんど相互に有機的な交流のないまま、互いに敬して遠ざけつつ事実上、別個のディシプリンとしてその懸隔が再生産されているのが実情ではあるまいか。それが本来、双方にとって非常に「もったいのない」ことであったと示されれば、本章の目的は達せられる。

2　マルクスからフーコーへ？

敗戦の焼け跡に出立した戦後歴史学から、直近のポストコロニアリズムまで、わが国の近現代史像の変遷を俯瞰した成田龍一氏〔二〇一二：一〇〕は、この九〇年代以降の歴史認識の転換を以下のように要約している。

> しばしば明治維新の持つ「半封建」性など西洋に比しての日本の特殊性とされてきたことは、国民国家論の立場からすれば決して特殊性などではなく、日本における国民国家形成の特徴とされます。近代日本は歪（ゆが）んだ近代ではなく、近代そのものであり、抱え込んだ矛盾も封建遺制ではなく、近代がもたらしたものであるという認識です。

明治以降の日本社会におけるさまざまな矛盾や抑圧を、かつて講座派（ないし市民社会派）マルクス主義が指摘した「近代化の不徹底」ではなく、近代それ自体に起因するものと捉え返す、視座の変革が起きたということである。かくて近代日本を批判する際の参照軸は、封建制の下での資本の原始的蓄積過程を扱う「マルクス＝ウェーバー」よりも、西洋近代的な規律社会の権力構造を解明した（ものとして読まれた）フーコーとなり、さらなる日本の「近代化」によって問題の解決を図る丸山眞男らの処方箋は、むしろ近代の統治システムへと人々を動員しその罠により深く巻き込んでゆく誤謬として、論難の対象になった（当時もっともセンセーショナルに読まれたものとして、中野敏男『大塚久雄と丸山眞男――動員、主体、戦争責任』青土社、二〇〇一年）。

明治以降の日本をすなおに西洋型の「近代社会」だったと割り切ってしまう地平から発するこの種の議論に、サイード式の外部からの（西洋）近代批判を接木すれば、「近代自体がもたらす矛盾」としてアジア蔑視や帝国主義を列挙できるので、使い勝手がよい。多くの近代日本人の著述に西洋への憧憬（しょうけい）や植民地への冷淡さがみられたのも事実だから、その種のテキストに<西洋中心主義>や<無意識の自己植民地化>を読み込んでおけば、「欧米列強に<従属する主体>となって近代化を達成した地点から、アジア諸国におけるその未達成を見下す帝国日本」という、わかりやすい構図が描ける。

さらにかような認識には、戦後にも引き継がれたその傲慢さの糾弾や、いまこそ優越意識を清算しアジア諸国と連帯を、との訴えも載せやすいから、政治的な<アクチュアリティ>の獲得も容易だ。逆にいうと、その種の政治性を共有しないアリーナとのあいだでは、しばしば議論のすれ違いや没交渉が生じがちになる。

しかし、はたして明治日本は「近代そのもの」だったと呼べるのだろうか。むしろ、われわれが生きる社会は明らかに西洋とは違う、いまだ近代化されていないという実感にこそ（その裏面としての過剰な欧米の理想化の当否は別において）、同時代の圧倒的なリアリティが存していたのではないか。そして、マルクス主義とはまったく異なる角度から、近世との連続性を追及する傾きを持っていたわが国の（特に政治）思想史研究は同じ時期、この視点にまた別の新たな視座から、補助線を引いて来たように思われる。

徳川日本が根本的には非儒教社会であり、朱子学を正統イデオロギーとした中国・朝鮮の体制とは異質であると位置づけてきた近世思想史の知見は、代表的論者であった渡辺浩氏の「進歩＝中華」論（『東アジアの王権と思想』東京大学出版会、一九九七年。当該論文の初出は九四年）などをはじめとして、開国に伴って幕府が崩壊し新たな秩序が生まれゆく――従来は「近代化」と呼ばれた――過程を、当事者の意識に則してむしろ長く日本では傍流だった儒教的構想の現前、すなわち「中華化」として捉える歴史像に発展していった。そのような潮流は、長らく「西洋文明」を受容した「啓蒙思想」と呼ばれてきた明治期の知識人が、実際には儒学に基づく士大夫の教養とエートスに規定されていた側面へと光を当ててゆく（松田宏一郎『江戸の知識から明治の政治へ』ぺりかん社、二〇〇八年。菅原光『西周の政治思想――規律・功利・信』同、二〇〇九年。河野有理『明六雑誌の政治思想――阪谷素と「道理」の挑戦』東京大学出版会、二〇一一年、など）。

かかる研究上の展開がゆきつく先は、明治日本を西洋型の「近代社会」と見なすのとは正反対の地平だ。中国思想史の小島毅氏（二〇〇七：一五五―一五六）による、一般の読者むけの以下の平明な表現こそ、そのエッセンスをもっとも十全に伝えるものだろう。

明治の「文明開化」とは、西洋化であるとともに朱子学化でもあったのだ。そのありようは、中国で科挙官僚制が確立した宋代以降と、かなりの程度似ている。科挙官僚制社会が生み出し、それに適応する思想体系、それが朱子学にほかならない。明治の「教育勅語」に朱子学的な人倫道徳が盛り込まれているのは、決して偶然ではない。

したがって氏によれば、幕末から戦前の日本社会で、時として既存の統治機構による抑制をも撥(は)ね退(の)けて猛威をふるった政治的な情動は、西洋近代的な「ナショナリズム」の発現というよりもむしろ、朱子学に対する陽明学の変種として把握される（『近代日本の陽明学』講談社選書メチエ、二〇〇六年）。

3　山崎闇斎の逆説

さて帝国日本の植民地研究というフィールドは本来、このような日本近代に対する二つの対照的な見方が、相互に渉(わた)りあうべき知的な闘技場(アリーナ)であった。もし明治以降の日本の歩みが「西洋化であるとともに朱子学化でもあった」とすれば、日本による中国周辺領域の植民地化のプロセスもまた、単なる西洋化した「先進国」による、近代化の「途上国」の併合という形では描けなくなる。中南米やアフリカへと進出したヨーロッパ式の帝国主義とは異なり、文化的に縁の深い近隣地域を略取の対象とした日本独自の植民地統治は、むしろ儒教化（中華化）の「途上国」の方が、朱子学体制の「先進国」の支配を目論む過程だったからである。

事実、日韓の研究者によって編まれた『植民地近代の視座――朝鮮と日本』（岩波書店、二〇〇四年）は、全体としてはいわゆるポストコロニアリズムの潮流の系譜を引く論文集だが、同書のなかで宮嶋博史氏〔二〇〇四：一九二〕はこう指摘している。

明治維新以後における新しい国家体制の確立過程は、一面では西欧的な「国民国家」体制確立への道であったが、他面では朱子学的国家体制を日本においてはじめて本格的に確立する過程でもあった、とみることができる。……日本の政策が他の植民地支配に見られない独特の内容と性格をもたざるをえなかったのも、ごく自然なことであった。なによりも日本が植民地として支配することになった大部分の地域は、社会構造など多くの面で日本と共通する部分をもつ地域であった。

近世前期の山崎闇斎による「もし日本に孔孟(こうもう)が攻めてきたら」の想定問答は、日本儒学史の分水嶺としてとみに引かれるが、現実に起こったのは「孔孟の道」を遅れて歩み、明治に入ってようやく（教育勅語に象徴される）儒教化した王権を手にした日本の方が、「孔孟の道」の総本山へ侵攻するという真逆の事態であった。――だとすれば、植民地支配下で生じた日本帝国と現地社会の葛藤こそは、「西洋近代」と世界諸地域の摩擦を剔抉する欧米圏のポストコロニアル・スタディーズを越えて、徳川儒教史を核としその普遍性を吟味してきた、日本思想史学においてこそ中心的に主題化されるべきイシューだったのではなかろうか。

たとえばこの二十年間における植民地研究の基礎を提供した、駒込武『植民地帝国日本の文化統合』（岩波書店、一九九六年）は一般に、「制度面での平等化と差別化」・「文化面での同一化と差異化」の両軸を置くことで、帝国末期＝日中戦争以降の皇民化政策の印象から漫然と「同化政策」と同一視されてきた、日本の植民地統治構想の多様性――ないし場当たり的性格を解明した書物として受容されている（この座標軸はハワイ研究者の山中速人氏の創案になるもので、駒込著を経たのち、小熊英二『〈日本人〉の境界――沖縄・アイヌ・台湾・朝鮮』新曜社、一九九八年、などにも受け継がれて広く知られた）。

しかしかような視点で再訪するとき、同書からは欧米の植民地とも重なる「同化か異化か」「フランス（アルジェリア）型直接統治か、イギリス（インド）型間接統治か」という問題圏とは別個に、後発の儒教国家であった日本が中華文明の先達を支配しようと試みたがゆえの矛盾が、やがて帝国を内破させてゆく過程をも辿ることが可能となろう（次章参照）。たとえば日清戦争後の領有初期に教育行政を担当した伊沢修二は、台湾人の儒教的伝統教育の厚みに直面して、易姓革命論を含む『孟子』の削除という改編を伴いつつも、それを漢文科（読書科）という形でカリキュラムに取り入れざるを得なかった。

さらに辛亥革命や三・一運動が植民地統治を動揺させると、台湾でも朝鮮でも天皇による統治の正統性の軸足を「万世一系」から儒教的な天命ないし仁政に移し替える、教育勅語の修正が構想された。しかし、後者の議論をリードした井上哲次郎がいわゆる不敬事件の際、王道政治の実現を天皇支配の条件に加える議論は「神州を以て、易姓革命の国家と同一視せるもの」だとして攻撃されたように、日本における儒教原理の未定着、いわば中華としての後発性によって、そうした転換はなし得ずに終わったのである。

4　植民地近代の陥穽

明治以降の日本内地の国民形成を「近代そのもの」として把握することを試みたポストモダニズムに近似する視角は、帝国日本研究では「植民地近代」論として二〇〇〇年頃から展開されるようになった。これは米国の学界でいうColonial Modernityの訳語であり（一九九九年刊のG-W. Shin and M.Robinson eds., *Colonial Modernity in Korea*, Harvard University Asia Center が代表的な研究書にあたる）、『朝鮮農村の〈植民地近代〉経験』（社会評論社、二〇〇五年）の著者である松本武祝（たけのり）氏による二〇〇二年時点での要点を得たレビューが、『植民地近代の視座』にも再録されている。

長らく植民地支配の肯定と同義だった「植民地近代化」論と、帝国日本による搾取が朝鮮・台湾の近代化を阻害したとする「植民地収奪」論の二項対立を止揚（しよう）し、欧米の近代社会に模倣したモダニズムの外観で現地住民を誘引しつつ、裏面でフーコーの監獄論がいう不可視の規律訓練を遂行する装置として、グラムシ的な意味での帝国の「ヘゲモニー」を捉えるのが植民地近代の概念である（うがった見方をすれば、ポストモダンの潮流によって「近代」の価値づけ自体がマイナスに転じたことを受けて、日本による統治を「近代化という恩恵」ではなく、むしろ「近代による支配」だと読み替える議論だったともとれる）。しかし、代表的研究だった金振松『ソウルにダンスホールを――一九三〇年代朝鮮の文化』（法政大学出版局、二〇〇五年。原著は一九九九年）の表題にも示されているように、植民地下で「近代的」な統治の空間が成立したとしても、それはあまりにも一部の大都市に限られた事象ではないかとする批判が、後に寄せられるようになっている。

先の駒込著によれば、一九二四年に京城帝国大学が設置されるなどの文化政治が採られ、就学率の大幅な向上がみられた二〇年代前半の朝鮮ですら、二五年段階で男子の四〜五人に一人が普通学校で教育を受けたに留まる。フィールドワークも用いつつ地方農村部が体験した植民地統治の実相を描いた板垣竜太『朝鮮近代の歴史民族誌——慶北尚州の植民地経験』（明石書店、二〇〇八年）は、文化政治が終焉する三七年前後に至っても「日本語を解する朝鮮人」の比率が男性一割強、女性二％程度だったことを明らかにしている。そして板垣著の叙述が王朝期から始まるように、やはりここでもまた日本によって導入される新式学校とヘゲモニー上の抗争を繰り広げたのは、近世以来の儒学教育の担い手だった現地の書堂（漢文塾）であった。

実際にコロニアル・モダニティの議論の一部が、既往の歴史叙述では「親日派」とされてきた人々に、単なる民族への裏切りではなく普遍的な「近代」を追求したものとして新たな光を当てたことに対しては、むしろ徹底的に「近代」とは無縁な土着の論理にこそ、帝国の支配に対する抵抗の基盤があったはずだという批判を、民衆思想史の趙景達（チョギョンダル）氏が加えることになる（『植民地期朝鮮の知識人と民衆——植民地近代性論批判』有志舎、二〇〇八年）。これは植民地支配下におけるモラル・エコノミーの源泉として、朱子学王朝時代の伝統を位置づけなおす議論でもあり、たとえば「近代ナショナリズム」の発現にみえる三・一独立運動も、かような視角からは元（もと）皇帝・高宗の葬儀に触発されて、大同思想的な均分社会の実現を求める大衆心理に支えられた反乱となる（同氏『朝鮮民衆運動の展開——士の論理と救済思想』岩波書店、二〇〇二年）。

事実、帝国日本の側が朝鮮支配にあたって試みたのも、近代の導入というよりは儒教的秩序の

新城道彦『天皇の韓国併合』

「延長」による統治だったように思われる。新城道彦『天皇の韓国併合――王公族の創設と帝国の葛藤』（法政大学出版局、二〇一一年）が明らかにしたのは、民衆に対する酷薄さで知られる朝鮮総督府が、彼らの統合に際して象徴として利用するために、旧韓国皇室の保護には意外なほど力を入れていた史実だ（琉球王国の尚氏が華族に編入されたのに対し、そもそも併合条約の第三・四条は「韓国皇族」に「相当」の待遇を約していた）。結果的に独立運動を招いた一九一九年の高宗の葬儀も、内地式で挙行した国葬には現地人がほぼ集まらず、李王家の内葬として朝鮮式で行われた部分のみが多数の参列者を集めたことに鑑みて、二六年の純宗の葬儀は朝鮮式を基調とし、民衆の目に触れぬよう輿に入れるという条件ながら、「皇帝」と記した銘旌（弔旗）の使用も認めたという。

しかし、ここでもやはり障壁となったのは天皇制であった。旧韓国皇室（の一部）によって編成された王公族と、日本の皇族とは果たして本当に対等かが問われたのは、一九一六年に浮上した梨本宮方子と李垠の婚姻問題である。朝鮮統治の円滑化を狙って、王公族を「皇族ニ準シ」るものと明記しようとした伊東巳代治らの王公家軌範案は一八年、皇族と外国王室との婚姻を防ごうとした皇室典範の趣旨に背くとして枢密院に否定され、典範三九条に皇族女子の王公族への婚嫁を可とする旨を増補するという、玉虫色の決着にならざるを得なかった。

また日本による旧韓国皇室の利用に、朝鮮の一般民衆にアピールする余地がそもそもあったのかに関しては、併合までの過程を扱う小川原宏幸『伊藤博文の韓国併合構想と朝鮮社会――王権論の相克』（岩波書店、二〇一〇年）が示唆に富む。日露戦後に初代統監となった伊藤博文の施策は、儒生の王室への上疏禁止・李完用総理大臣の権限強化・一進会を率いる宋秉畯の入閣など、いわば彼が内地で行った君権制限（＝天皇親政の拒否と立憲政体の導入）および政治主体の近代化（＝内閣制度設置と議会政党結成）を、朝鮮で再演する試みだったともみなせよう。

さらに一九〇九年には民心の統合を図って、あたかもかつての明治天皇の如くに新帝・純宗の地方巡幸を行うが、王権への直訴禁止に憤慨していた朝鮮民衆はこれを「日本への皇帝拉致計画」とみなし、逆に強い拒絶を示したという。直訴や巡幸といった直接的接触を通じて王の正統性を民が再生産する朝鮮の儒教的民本主義に関しては、原武史氏による日本との対照研究（『直訴と王権――朝鮮・日本の「一君万民」思想史』朝日新聞社、一九九六年）が知られるが、小川原氏の緻密な政治史叙述もまた、遅れてきた儒教体制である明治国家を、その先進地域へ移出する試みの蹉跌を描いたものとして、思想史的に読むことが可能であろう。

結局のところ、帝国日本は近代国家である以前に、儒教体制としてすら挫折していたのかもしれない。愼蒼宇『植民地朝鮮の民衆と警察世界――「近代」と「伝統」をめぐる政治文化』（有志舎、二〇〇八年）によれば、王朝末期となっても朝鮮には公権力と民衆のあいだで、合法／違法の線引きをめぐって交渉の余地がある徳治的な警察文化が残り、かつ反乱者に対しても王権が大義を説いて宣諭する文治の伝統が持続していた。しかし併合の過程および武断統治下で日本軍や憲兵警察が行ったことは、かような朝鮮人どうしのバーゲニングに対する無理解と不信感に基づく、剝き出しの暴力による懲罰的弾圧だったのである。あたかも、士大夫階層の朱子学道徳ではなく、もっぱら戦士身分の「御武威」によって国民統合を達成した、徳川時代の日本近世へと回帰したかのように。

松浦正孝『「大東亜戦争」はなぜ起きたのか』

――日中戦争が「大東亜戦争」へと拡大する過程でアジア主義思潮が果たした役割を総括した松浦正孝氏による、「アジアの連帯は西洋帝国主義に対抗するためのものであり、アジアへの侵略は「中華帝国」に対抗することが出発点となっている」（『「大東亜戦争」はなぜ起きたのか――汎アジア主義の政治経済史』名古屋大学出版会、二〇一〇年、一〇三頁）との箴言もまた、かような文脈においてこそ、十全に位置づけられるのではなかろうか。

5　三島由紀夫が見た闇

それこそ思想史的には自明であるように、あらゆる学問や研究潮流にもまた、それを支える時代の影が存する。一九九〇年よりこの方、ひとまずは明治日本に「近代」が成立したものと見なし、その帝国主義を批判的に乗り越えようとする営みが展開されたゆえんは、ひとつには冷戦体制の終焉にあったと思われる。

日本の旧植民地だった韓国・台湾で権威主義的な軍事政権が融解したことで、反共独裁の下で抑え込まれていた民衆の「ナショナリズム」が勃興し、（特に前者で）慰安婦問題をはじめとする圧殺されてきた記憶の吐露と、新たな問題解決を求める運動が生じた。そうした背景の下では、歴史の共有や人々の和解を阻む障害を「国民国家」体制を導入した「近代」に求め（したがって、帝国日本や東アジアにも近代は「あった」ことになる）、その克服を領導することに学問の使命を賭けることが、説得力のあるアジェンダたり得た。その過程で、かつては侵略肯定論と見られがちだったアジア主義の側からする「近代の超克」構想の諸相に、ポジティヴな注目が集まったのもまた、ゆえのないことではなかった（最良の論集として、石井知章・小林英夫・米谷匡史編『一九三〇年代のアジア社会論――「東亜協同体」論を中心とする言説空間の諸相』社会評論社、二〇一〇年）。

しかし、そのような知の構えは二〇一〇年代の今日もまだ、現在と切り結ぶ上で〈アクチュアル〉だといえるのだろうか。たとえばさまざまな諸点で、西洋的な意味での「近代」を実現しているとは見えない中国の「台頭」と呼ばれる現象を前にして、東アジアの問題を「近代」の導入に起因させる叙法の妥当性は、その半ばを減じざるを得ないのではないか（さらにいえば、「近代」を実現した「強者」としての日本の側から、いまだその「途上」にある「弱者」としてのアジアに対して恩恵を譲りましょうという政治的な姿勢自体にこそ、密やかな「西洋中心主義」が忍び込んでいたということにはならないか）。

もしくは、すでに実効支配を敷く側がことさらに領土問題を煽りたて、愛国者を名のる政治家がかえって国益を毀損（きそん）するという、眼下の日韓両国で進行中のプロセスは、はたして「ナショナリズム」の名に値するものなのだろうか。むしろそれを駆動しているのは、近代以前のなにかではなかろうか。

一九六八年、著名な「文化防衛論」で三島由紀夫〔二〇〇六：四一〕は、このナショナリズムと呼ぶにはネーションそのものを自壊させかねない毒を秘めたファナティシズム（熱狂）について、以下のような経験を語っている。

私はテレビジョンでごく若い人たちと話した際、非武装平和を主張するその一人が、日本は非武装平和に徹して、侵入する外敵に対しては一切抵抗せずに皆殺しにされてもよく、それによって世界史に平和憲法の理想が生かされればよいと主張するのをきいて、これがそのまま、戦時中の一億玉砕思想に直結することに興味を抱いた。

周知のとおりその三島自身が二年後、みずから「革命の哲学としての陽明学」を記して破滅的な蹶起(けっき)へと赴くのだが、おそらく時代区分としての近代においても、またそれ以降にあっても、東アジアの国々を拘束しつづけてきたのは、西洋的なレジームとしての「近代」とは別のものなのだろう。そしてその歴史的な深度は、たかだか十九世紀以降のウェスタン・インパクトなどよりも、遥かに深い。その正体を明るみに出し、新たな時代をこの地域で構想する未完のポストコロニアリズムのためにこそ、日本思想史学という方法との協働が切に求められているのではないかと、いま考えるゆえんである。

【引用文献】

小島毅 二〇〇七 『靖国史観　幕末維新という深淵』ちくま新書。
成田龍一 二〇一二 『近現代日本史と歴史学　書き替えられてきた過去』中公新書。
三島由紀夫 二〇〇六 「文化防衛論」『文化防衛論』ちくま文庫（初出一九六八年）。
宮嶋博史 二〇〇四 「東アジアにおける近代化、植民地化をどう捉えるか」宮嶋博史ほか編『植民地近代の視座　朝鮮と日本』岩波書店。

9　荒れ野の六十年
――植民地統治の思想とアイデンティティ再定義の様相

1　方法――「思想史」から植民地を問う

日本思想史の講座で「植民地統治の思想」がとりあげられるのは画期的なことである。この分野を切り開くにあたって多大な役割を果たした丸山眞男が近世儒学史を出発点として以来、特に政治思想史の中心的テーマは徳川儒教の諸派におかれがちであり、近代以降の、ましてや植民地における思想という課題は長く想起されて来なかったように思う。一方、それぞれ文化史および倫理思想史という形で、やはりこの研究分野の基礎づけを行った津田左右吉(そうきち)や和辻哲郎(わつじ)の方法もまた、それが第一次大戦後の帝国再編期、「日本人」および「日本文化」の範域を中国・朝鮮から切断し列島の内部に限定しようとする両名の志向と強く結びついていたために、「日本思想」が指す領域を戦後的な国民国家の内側に限定する効果を伴っていた〔米谷二〇〇二：四七-四八〕。かくして思想史という方法論において、植民地という主題は文字どおり周縁化されてきた感がある。

一方歴史学の分野で、帝国主義の問題に対する反省と検討とを戦後担ってきたのはマルクス主義の戦線だったが、下部構造に照準する方法論ゆえに、そこで「思想」という課題が問われることはやはり稀だったのではないか。加えて、その歴史的経緯から対外戦争と植民地支配の責任を切り離すことができないという、世界で東アジア地域のみに固有の事情ゆえに、植民地に関して「思想」ということばが口にされた際も、議論はもっぱら短絡的な意味での政治主義――すなわち対外侵略に奉仕した（とされる）「思想」の糾弾と抵抗した（とされる）「思想」の擁護、ないしはその逆――に陥りがちであり、思想の観点から歴史のダイナミクスを捉える思想史的な省察へと至る環境が、従来整えられてこなかった。

いな今日に至っても、いわゆる思想史プロパーの研究者と、「植民地主義」の批判的剔抉を目標に掲げる関連諸学（典型的にはカルチュラル・スタディーズやポストコロニアリズム）の論者とのあいだでの関心の懸隔は、いまだ大きなものがあろう。それは双方にとって不幸なことである。

本章では近年の植民地研究の成果を踏まえながら、実際には帝国の建設から破綻に至る政治過程で浮上した問題系こそが、日本思想史の観点からも最も魅力的なフィールドであることを示そうと思う。なぜならそれは、各々に固有の特質を帯びて形成された東アジア諸地域の思想文化が、それぞれの普遍性を賭けて対峙した時代——結論を先取りしていえば、中華世界における覇権が近世以来はじめて直接にむき出しの政治的闘争にさらされ、日本思想の臨界が他者の前に問われる経験だったからである。したがって叙述は、まずは狭義の「植民地領有」の時期から遠く遡った地点から開始される。

2　前提——「自覚的に曖昧な秩序」としての東アジア近世

もっぱら今日的な関心のみによってなされる「戦争／植民地責任論」は、しばしば〈ヨーロッパは謝罪や和解に成功したのに東アジアは失敗している〉という形で、〈進んだ西洋と遅れた東洋〉の構図に則った問いを立てる（政治的な党派の左右は、「遅れ」の主因を「日本人の無反省」と「中国／朝鮮人の偏狭なナショナリズム」のどちらに帰するかをめぐる、些細な対立に過ぎない）。しかし思想史的な観点からは本来、そのような態度こそが「近代」に偏重した視野狭窄であり、歪んだ西洋中心主義のドグマとして排されなければならない。

そもそもヨーロッパが三十年戦争（一六一八～四八年）に至る宗教戦争を通じた主権国家原理への目覚めを経て、フランス革命（一七八九年）以降の国民戦争を準備する国際紛争に明け暮れていた「近世」の時期、東アジアの日朝清三国は――直前の壬辰・丁酉倭乱（豊臣秀吉の朝鮮出兵、一五九二～九八年）という混乱にもかかわらず――長期にわたる平和と安定を誇っていた。むろんそれは渡航制限（鎖国・海禁政策）を中心とした国家間関係の希薄化を前提としていたが（渡辺二〇〇一：二八一－二八二）、しかしそのなかで育まれた東アジア的な近世社会のあり方が、十九世紀以降に導入される西洋近代のそれとは別個の文明と呼びうるものであったことを踏まえない限り、思想史的な意味での植民地支配の問題を扱うことはできない。

それはすなわち、「自覚的に曖昧な秩序」とでも呼ぶべきものである。近世東アジアにおける平和外交を支えたのは、第一に国際関係における曖昧さの活用だった。琉球王国や朝鮮王朝の国家としての自立性は、近代西洋の主権国家に比して著しく不明瞭だったが、薩摩藩を通じて琉球を服属させた徳川日本も、琉球・朝鮮双方から朝貢を受けた清朝中国も、ともにそれを問題視していなかった。日清間には正式の国交さえなく、日朝関係もまた通信使の来航を日本側は「朝貢」（朝鮮の臣従）、朝鮮側は「巡視」（日本に対する監視）と把握するなど相互の認識が食い違うものだったが（三谷・山口二〇〇〇：二九）、そのように国境線の所在や国家間の上下関係をめぐって多義的な解釈の併存を許容する外交秩序が、国際紛争の発生を予防していたのである。

この曖昧さの戦略的活用という特質は、国内統治についても見ることができる。近代西洋的な意味での「法の支配」が貫徹しなかった東アジア諸国では、たとえば徳川日本の場合、刑法典の内容が表向きは民衆に公開されず、厳罰と赦免のあいだで行政官による裁量の余地の大きい人治主義を採ったことが、統治者の権威を支えていた〔Botsman 二〇〇九：五一―五二、七三〕。日本の目明しと同様、朝鮮でも治安機構の末端を担ったのは小吏とよばれるアウトローだったため〔慎二〇〇八：三五―三六〕、「国家による暴力の独占」も徹底しておらず、公的警察と私的制裁とが社会の底辺で相互に浸透していた。

清朝では徴税方式にも民間の請負が普及し、徴発行為にはしばしば恣意性が伴ったが、一般民衆は厳格な法適用を求めるというよりも行政官に手心を加えてもらうための「相場」を織り込むことで、明文化された「人権」の欠如に対応していた〔上田二〇〇五：二二三〕。すなわち、合法的な権利／権力の行使と非合法のそれとの境界の所在が曖昧であることを活用して、統治者と被治者のあいだで駆け引きが行われる政治文化が定着していた。

統治の正統化に関して多義性と曖昧さを活用する近世東アジア文明の特質は、必然的に国家、およびそこに住まう民衆のアイデンティティの形も規定する。少数民族である満洲族を支配者とした清朝は、漢族に対しては儒教道徳の実践者、モンゴル・チベット等の周辺民族に対しては仏教の庇護者として多面的にふるまうことで、広大な帝国における多民族統合を支えていた〔平野二〇〇四：九四―九五〕。より正確にいえば、皮膚の色や生物学的出自によって分類される近代的な民族分類よりも、「八旗」に代表される行政的職能集団への帰属の方が優先されており〔劉二〇〇六：七六〕、さらには科挙への合格によって獲得される士大夫というアイデンティティの重要性を勘案するとき、中華世界におけるアイデンティティとはいわば「である」以上に「になる」ことが重視される、可変的かつ動態的な形態をとっていたと判断されよう。それは朱子学の形成によって「聖人」を努力次第で誰もがなりうる存在とし、為政者に普遍道徳の担い手たることを絶えず求めることで国家の政治運営を統御してきた、宋朝成立以降の儒教的近世の帰結であった〔宮嶋二〇〇四：一八一－一八二、宮嶋二〇〇六：二二〕。

3　発端——「十九世紀の危機」と伝統文明の失調

ウェスタン・インパクトの世紀として語られる十九世紀とは、かような東アジア近世の「自覚的に曖昧な秩序」が各国の内外両面から揺らぎ、結果的に西洋近代型のリジッドな主権／国民／法治国家体系の導入へと傾いた百年間であった。政府間の外交を伴わず、したがって国家間の序列に関する相互の見解もまた不一致のままに辺境地帯（広州）で自由に行われていた互市交易の慣例を無視して、英国王使節マカートニーが直接乾隆帝に面会し三跪九叩頭の礼を要求された事件（一七九三年）は、その予兆を示すものである〔岩井二〇〇七：三八二、上田二〇〇五：三六三〕。政治経済の双方において、条約締結を通じて関係各国間の認識の同一化を要求するヨーロッパの外交システムは、やがて十九世紀半ばのアヘン戦争、アロー戦争を通じて清朝中国に喰い入って来ることになる。

同じ時代、朝鮮王朝では内政面の動乱が進行していた。前世期までの人口増加とオンドルの普及による森林の過剰開発が、生態系のバランスを崩し水害を増加させたことで、稲作生産性の低下、農村実質賃金の急落、市場数の減少、死亡率の増加という「十九世紀の危機」が生じていた。その結果、本来は儒教王権的な徳治の一環として運営されていた還穀制度が再分配機能を喪失し、元穀の給付なしに利子穀のみを徴収される桎梏と化したことが民衆の不信を高め、十九世紀後半のインフレーションとともに民乱の続発をもたらしてゆく〔李 二〇〇八〕。さらに大院君政権期（一八六四～七三年）の二度の洋擾に勝利を収めたことは、文治主義の強かった朝鮮社会でも軍事力使用の評価を高め、武器を持たず（中間搾取層を襲撃しても）国家の公式地方官である守令には危害を加えない「民乱」の様式を逸脱して、武装蜂起によって易姓革命を志向する「兵乱」の正統性を上昇させていった〔慎 二〇一〇：四七〕。

十八世紀までは完結していた朱子学による国家統合が一時的な機能不全に陥る一方、士族（両班）の下で地方行政の実務を担当する吏族層の台頭や、一般民衆における家族規範の両班化（長子優先）などを通じて、儒教道徳の解釈権をいわば下から要求することで、既存の両班層のヘゲモニーに挑戦する動向も生まれていた〔板垣 二〇〇八：九〇-九三〕――やがて抗日的な「兵乱」の全面抑圧の後に来る植民地時代、前者の経済停滞は四方博らの日本人学者による「朝鮮社会停滞論」として併合の事後的な正当化に用いられ〔李 二〇〇八：二〇一〕、後者の新興台頭勢力の一部はその上昇志向を総督府に吸い上げられて、いわゆる「親日派」の供給源を構成することになる。むろん、〈中国・朝鮮のみがこの時代に混乱しており、諸外国による侵入を許していた〉という形で、近代日本の順調な発展を称揚し、その侵略・併合行為を正当化する議論は戒められるべきであり、実際には日本の明治維新もまた、中朝両国に類似した「十九世紀の危機」の産物として把握されねばならない。ラクスマン来航（一七九二年）によるロシア問題の発生以来、儒学的な万国普遍の「道」によってあるべき対外交渉の論理を探り、結果として従来の鎖国政策の妥当性を疑問に附す動きが、（狭義には洋学者とされる「蛮社の獄」グループも含めて）確実に胎動していた〔渡辺 二〇一〇：三六六、三六九〕。

欧州でフランス革命を生んだともされる十八世紀末の小氷期現象（寒冷化による大凶作）は、日本では松平定信による寛政改革をもたらし、その下で初めて朱子学が幕府の公的イデオロギーに指名されたことで（異学の禁、一七九〇年）、近代西洋的な市民感覚とは異なり儒教的な志士仁人を範とする主体形成が進むことになった〔小島 二〇〇七：三〇-三二〕。十九世紀初頭以降の農村部への儒学的通俗道徳の普及と過剰人口の滞留は、（朝鮮における民乱から兵乱への移行と同様に）庄屋層に統率される非武装の請願運動だった百姓一揆の作法を崩壊させ、若者組やアウトローを担い手に武器を携行して実力行使に及ぶ、民衆運動の暴力化をもたらした〔須田二〇〇二：二九、四三、一一六─一一七〕。下級藩士の急進化によって非妥協的な武力討幕へとエスカレートした、十九世紀半ばの「明治維新」のプロセスもまた、かような東アジア諸国に共通する「危機」の発動の一例と見なされるべきである。

それでは危機の時代の後、結果的に西洋型の近代化に「成功」し植民地帝国の支配者となった日本と、隷属者に貶められた朝鮮／中国の分岐を決したものはなにか。むろん政治経済や地勢に基づく要因も大きいが、少なくとも思想史的には、三国のうち日本のみが社会秩序の「儒教化」というカードをこの時期まで切っていなかったことを挙げなければならない〔宮嶋二〇一〇：一八、宮嶋二〇〇四：一九〇─一九二〕。

幕藩体制という非儒教的政体を十八世紀末まで維持していた日本人のみが、対外的には他国にも通用する世界普遍性の主張、国内的には規範道徳による現状批判と既成身分の相対化という、儒教思想の解放的性格を「守旧」ではなく「変革」のエネルギーに利用することが可能であった。横井小楠をはじめとして、幕末の日本では西洋的な文明開化を朱子学的な理想社会の実現と読み替えて受容する思想家が頻出したのに対し、すでに儒教的な王道政治を行っていると観念されてきた中国／朝鮮社会において、攘夷論者（たとえば衛正斥邪派）の転向がより困難であったことは、その証左である〔藤田二〇〇一〕。

4　葛藤――「自覚的に曖昧な秩序」への近代文明の侵攻

かくて「西洋化」と「儒教化」の時機の巧まざる同調によって成立した維新政権によって、対馬や琉球からの外交権回収を通じた国際関係の「近代化」（中央政府による一元的掌握）が進められることになるが、その進路は当初茫漠としていた。一八七二年には琉球藩が設置されるが、井上馨が唱えた急進的併合＝前年の廃藩置県に倣った即時内地化は否定され、明治天皇が尚泰を藩王に冊封するという中華世界の伝統に則った解決が行われている〔小風 二〇〇一：七〕。いわばこの時点での明治政府の琉球政策は、西洋近代的な国民国家化というよりも自国の宗主国化＝「中華化」に近い形態をとっており、琉球藩の対清朝貢も否定されていない（朝貢停止の命令は七五年）。

一八七四年の台湾出兵もまた、琉球の帰属に関して多義的に解釈可能な条約文面によって日清間に講和が成立しており〔茂木 一九九二：六八〕、近世東アジア諸国間の「自覚的に曖昧な秩序」という外交文化は、容易に消滅しなかった。これは中朝間も同様であり、朝鮮は清朝の「属国自主」であるというレトリックを、中国側は「属国」、朝鮮側は「自主」に重きを置いて解釈していたため、朝鮮政府の中国からの独立性の度合いに関してコンセンサスは存在していなかった〔岡本 二〇〇四：二三―二五〕。

むろん、ある時期からの日本政府が国境の所在、および水平的国家関係の明確化を目標として行動したことは疑い得ない。一八七九年には琉球への排他的主権を宣言するために沖縄県設置を行い、また朝鮮に対しても、清国から「独立自主」の国となるよう江華条約〔日朝修好条規、一八七六年〕の締結をはじめとする種々の圧力を加えている。しかし、福沢諭吉らに影響されて対清独立をめざした金玉均や朴泳孝の路線は、八四年の甲申政変の失敗で挫折し、失望した福沢は翌年に「脱亜論」を発表して、東アジアから分離した日本一国の近代化を唱えることとなる〔坂野一九七四〕。この時代の日本の朝鮮論に、どの程度将来の「併合」につながる意志を見るか、論者によって評価は分かれるが、相手国の支援や保護を謳いつつ当該地域への対外進出を正当化していく、「大東亜戦争」まで一貫するパターナリスティックな言説の原型を提供したことはまちがいない。

いずれにせよ、日本と欧米列強による朝鮮の対外的地位の明確化＝脱曖昧化への志向が呼び水となって、清朝も袁世凱を漢城に派遣して従来は「自主」とされたはずの内政面での「属国」化を進めるなど、冊封体制が有していた相互認識の差異に関する自由度は大幅に低下してゆく。結局、すべての決着をつけたのは日清戦争〔一八九四〜九五年〕であり、朝鮮の対清独立・日本の台湾領有・その結果としての琉球帰属問題の自然消滅によって、東アジア三国間の領域確定が強行される。「自覚的に曖昧な秩序」の下での同床異夢的な共存を終焉させたのは、国民戦争という近代的な暴力の行使であった〔岡本二〇〇四：三六三、三八三〕。

戦争による中華の権威の破砕は、主権国家的な国境の画一化のみでなく、民族国家的なアイデンティティの変容をもたらすことになる。そもそも一八七九年の「琉球処分」の当時、日本側の併合正当化論の根拠とされたのは「薩摩藩による徴税権の取得」であって、いわゆる日琉同祖論は採用されていなかった。上海で発行された『中報』等、中華世界の側からの対日批判の論理も、一般住民の民族的血統よりも琉球王室の王統を問題とし、併合行為が徳義を欠くことを批判するものであり、エスニシティを政治的正統性の根拠として重視しない近世東アジアの文明秩序＝統治者と被治者のあいだに同質的なアイデンティティを要請しない政治文化が、この時期までは持続していたといえる〔與那覇 二〇〇九：五〇-五一、五六、一〇四〕。

日清戦争によって中華体制復帰の可能性が断たれて以降、沖縄では戦前には一割台だった就学率の急騰（日露戦後にほぼ皆学化）〔近藤 二〇〇六：二〇、二七〕、徴兵令の施行（一八九八年）、伊波普猷（一九〇六年に東京帝大より帰郷）による日琉同祖論の普及を通じて「日本人」意識の定着が進んでゆくが、これも中央政府が既存のイデオロギーを上から注入したというよりは、沖縄人たちが外挿された国家を下から抱きとめるために創出したアイ

與那覇潤『翻訳の政治学』

デンティティが、当初は空虚であった「日本人」の内実を埋めるものとして内地に還流したと見るべき側面が強い〔石田二〇〇〇：七五、一二二〕。琉球処分を「民族統一」として語る伊波らの営為は、国境と民族的境界とを一致させることによって差別的待遇の解消を意図した、周辺から中心への異議申し立てであり、東アジア世界においてはそれ自体新しい実践であった〔與那覇二〇〇九：一七九―一八二〕。

このような植民地における政治のプロトタイプは、実は帝国議会開設期の北海道に見出せる。北海道は一九〇〇年の衆議院選挙法改正以前は参政権がなく、政府や入植者のあいだでも同地を「殖民地」と見なす認識が一般的で、民権運動も「殖民地」ゆえの特別議会設置を求めるものと、「府県」同様の地方議会設置＝内地化を志向するものとが混在していた。運動従事者の主張を支えたのは、彼らが本来内地から移住した「日本人」であるという意識であり、そうではない先住民＝アイヌに対する差別は当然のものとされていた〔塩出二〇〇二：六七、七一、七八〕。

結局、北海道の政治制度は内地へと漸近する「地方化」の道を選ぶことになるが、これは開拓使時代（一八六九〜八二年）以来同地の利権を独占する黒田清隆ら薩派に対して、内閣による統制を強めようとした伊藤博文・品川弥二郎ら一部長派の挑戦と、藩閥による国政私有を指弾する自由党ら政党勢力の攻勢が期せずして合流したことの帰結で〔前田二〇〇九：八二、九二―九四〕、現地住民のアイデンティティを考慮したビジョンに支えられていたとは言いがたい。しかし、「殖民地」を内閣と帝国議会の管理下に置くのか、それとも内地とは立法・財政的に遮断された独自の政体を樹立するのかをめぐる中央政府内の対立軸は、やがて台湾領有以降、伊藤によって創設された政友会の系統による民政志向の「内地延長主義」と、薩派および陸海軍を中心とする軍政志向の「特別統治主義」との抗争という形で再演されることになる〔前田二〇〇九：九五〕。

誤って長らく「同化政策」と同一視されてきた帝国日本の植民地主義は、実際には時代に応じてかなりの振れ幅を示しており、そもそも「主義」と呼べるほどの一貫したプリンシプルがあったかも疑問である上に、現地住民のアイデンティティへの顧慮が政策決定にさほど大きな役割を果たしたとも考えがたい。一八九五年の台湾領有の翌年、伊藤博文内閣（第二次）は司法省顧問の英国人カークウッドの助言に基づき、台湾総督に法律同様の効力を有する律令（りつれい）の発布権を認めた「六三法」を制定するが、同法と明治憲法との整合性は当時から疑問視され、三年ごとに更新が必要な時限立法として成立する玉虫色の決着になった〔春山二〇〇八：一八五―一八七〕。

当初よりこれを批判し「内地延長主義」を唱えたのは政友会の顔役となる原敬で、内相（第一次西園寺内閣）時代の一九〇六年には法律・勅令の律令に対する優越を明記し更新期限を五年とした「三一法」への改正、首相時代の二一年には内地法施行を原則／律令制定は特例であると位置づけ恒久法とした「法三号」の制定に成功する〔春山二〇〇八：二二三―二二四〕。原は確かに、内地法による台湾統治が可能な理由を日本との近接性に依拠して語ることもあったが、しかし一八九七〜九八年、『大阪毎日新聞』編集者時代の条約改正論では国内法に服するあらゆる外国人の均等待遇を主張しているところからみても、そもそも彼の構想の主軸をなすのは法に代表される制度の画一性に対する信頼であって、人種的な同質性は要件とされていない〔春山二〇〇八：一七八〕。

一方、代表的な「特別統治主義」の政治家は、児玉源太郎総督の下で台湾民政長官（一八九八〜一九〇六年）を務め、匪徒刑罰令をはじめとする台湾独自の律令を活用して統治安定に「成功」した後藤新平だが、『衛生制度論』（一八九〇年）などで説かれたその自治論も、地方分権や住民の主体性に対する配慮はむしろ薄く、政党排除と官治主義に通ずるものであった〔小原二〇〇四〕。法学者岡松参太郎を招聘して行った台湾旧慣調査や、満鉄総裁（一九〇六〜〇八年）時代に満鮮歴史地理調査部を設置し白鳥庫吉や津田左右吉を育てた点は着目に値するが〔米谷二〇〇二：三二―三三〕、前者は一九一四年に法案起草を完了させたものの立法化には至らず、後者も一五年には廃止された。児玉・後藤は一九〇二年の帝国議会での六三法延長審議に際し、総督が伝統中国の統治者同様に三権を掌握することの必要性を説き、台湾の特別統治制度の存在を明文化する憲法改正をも構想していたが、最終的には「内地延長主義」の前に阻止されている〔春山二〇〇八：二八三、二七〇―二七二〕。

原も後藤も、英明な能吏による合理的な制度設計を重視した点は共通しており、両者の相違は政策実現の基盤を政党政治に求めるか否かで、決定されたにすぎないとみるべきかもしれない。

もしくは同じエリーティズムが、原の場合は西洋的な近代法制の貫徹という形を採ったのに対し、内地の既成組織を嫌い台湾や満洲の現場から思考した後藤の場合は、儒教的な人治主義に流れる要素があったというべきか〔北岡 一九八八：五八−五九〕。

そもそも「儒教化」のカードを遅く切ったがゆえの明治維新の成功を、文明の普及と称して近隣地域に輸出する試みは、もとより朱子学国家であることを自任していた朝鮮で最も痛烈な抵抗にあう。日清戦争のさなか、朝鮮公使井上馨と甲申政変の首謀者朴泳孝が乗り込んで指導した甲午改革（一八九四〜九六年）は、忠君愛国思想の鼓舞による君主の権威の国民化と、内閣制度創設および宮中・府中の分離による恣意的権力の制限の二兎を追う形で、明治期天皇制の成立過程をなぞった王権の近代化をめざしたが、一君万民的観念の強い朝鮮の文脈では前者が後者を凌駕し、史上最も専制的な大韓帝国の成立（一八九七年）に帰結する〔月脚 一九九五〕。

一九〇五年、日露戦争によってロシアの影響力を駆逐し初代統監となった伊藤博文は、儒生の王室への上疏禁止、総理大臣（李完用）の権限強化、一進会指導者（宋秉畯）の入閣を通じて君権制限と政治主体の近代化を強行し、ハーグ密使事件（一九〇七年）を口実に反日的な皇帝高宗を退位させると、〇九年には新帝純宗の地方巡幸による民心統合を図った〔小川原 二〇一〇：一四六、一四九−一五〇〕。あたかも明治天皇の巡幸活用から、大宰相主義の模索を経て政友会結成に至った自身のキャリアの集大成の観があるが、その成功を阻んだのは朝鮮社会の儒教的民本主義に寄せる強固な信頼であり、王権への直訴禁止に憤慨する民衆が巡幸を「日本への皇帝拉致計画」とみなして拒絶するなど、伊藤の目論見はことごとく裏切られた〔小川原二〇一〇：二六七－二六九〕。

それは遅れてきた儒教体制である明治国家を、その先進地域たる朝鮮へ移入することの矛盾が露呈した瞬間だったといえよう。加えて台湾と異なり、帝国編入前から相当規模の在韓日本人社会が形成され、彼ら民間勢力が既得権益擁護を唱えてしばしば統監府以上の強硬路線を要求したことも、政策の選択肢を狭める結果となった〔浅野二〇〇八：一二九、二八三〕。

一九一〇年の併合前後のいわゆる武断政治とは、日本政府がかような東アジア伝統文明の統治への活用を放棄し、逆に軍事力によるその徹底的破壊を選択したものである。合法的な暴力と非合法のそれとの境界が曖昧であり、公権力と民衆とのあいだでバーゲニングの余地が大きかった朝鮮の徳治的警察文化は、治安機構の規律化とともに一切の異議申し立てを封殺する憲兵警察のそれに代わった（一方で、末端を担う朝鮮人補助員と民衆とのあいだには一定程度、旧来の脱法的な相互依存関係が持続した）〔愼二〇〇八：三二一－三二三〕。反乱者を王権が宣諭した文治の伝統にのっとり、一九〇七年になっても義兵将閔肯鎬（ミングンホ）は観察使黄鉄とのあいだで、兵乱の大義如何（いかん）を巡る問答を続けたが、その後に続いたのは日本軍の朝鮮人不信と、見せしめとしての懲罰的弾圧であった〔愼二〇〇八：二三〇〕。

皮肉にも、武断統治下の政治制度は維新の精華の輸出どころか、あたかも徳川時代に逆行したかのようなものとなった。すなわち私的土地売買の規制と移動の自由の制限（一九一二年）、治安機構による司法業務代行（一九一〇年）と大韓帝国期以上に濫発された笞刑の執行、猟銃規制を通じた民間の非武装化（一九一一年）と官吏の着剣義務化による武威の強調である〔趙 二〇一〇：八五-八七、慎 二〇〇八：三〇四-三〇五〕。伊藤博文は統監時代の一九〇七年、講演でドイツ帝国の連邦制に倣った併合案を語ったほか、私的覚書では二院制の植民地議会（上院は両班から互選）、および副王（摂政）＝統監指導下の内閣を設ける自治植民地的なビジョンも持っていたとされるが〔小川原 二〇一〇：一八七-一九〇〕、その構想は結局、後の文化政治の時代にすら果たされずに終わる。

朝鮮・台湾ともに、強圧的軍事支配以外の選択肢はなかったのだろうか。思想史的にみてありうべきだった道は、帝国日本が「中華」となることのみであったように思われる。一九〇九年、一進会の李容九らが推進した合邦請願運動は、樽井藤吉の『大東合邦論』（一八九三年公刊）に示唆を受けつつ日本に徳義国家たることを要請し、天皇を中華皇帝に見立てて日韓間に冊封体制的な秩序を構築することで、一方的な併合強行を避ける試みだったという。

それを阻んだのは徳治の失敗による天皇への問責可能性をあくまでも拒否せんとする、いわば充分に「儒教化」されざる日本王権の特質であった〔小川原 二〇一〇：三二一、三四〇〕。もっとも安重根による伊藤博文暗殺（一九〇九年）の際、彼を幕末の志士と同様の「義士」とみなして擁護する言説がわずかであれ紡がれたように、伝統思想のエートスが東アジアを共感でつなぐ可能性は皆無ではなかった〔見城 二〇〇七〕。だがその政治文化は、やがて奇妙な形でさらなる帝国の拡張に連なることになる。

5　転換――「中華世界」の再浮上と日本帝国との拮抗

朝鮮における武断政治から文化政治への転換を促したのが、第一次世界大戦（一九一四～一八年）による全地球規模での民族自決主義の高揚と、その表れとしての三・一独立運動（一九一九年）の衝撃だったことはよく知られる。しかし東アジア文明に内在する視角からは、朝鮮民衆が抗日を貫いた王である高宗の葬儀（同年二月から）に触発された皇帝幻想を支えに、近代的な共和制の建国というより王政復古による大同思想的な均分社会の実現を夢見ていたことに加えて〔趙 二〇〇二：一九六―一九八〕、一九一一年に開始された辛亥革命以降の中華世界再編の文脈とも、重ねて理解される必要があろう。それは半世紀にわたり西洋列強のなすがままとされてきた中国復権の狼煙（のろし）であると同時に、国際政治における普遍的道義性の訴求力が急速に上昇する時代の先触れだった。

門戸開放原則を掲げたアメリカ合衆国の東アジアへの登場によって、直接的な領土分割から「新中国への便宜提供」を競う形へとゲームが変わると同時に、国際連盟設置（一九二〇年）や不戦条約（一九二八年）の締結によって、主権国家を上から制約するものと観念される超国家的な規範が形成されてゆく、いわば欧米諸国も含めて国際社会の構造自体を往時の中華世界に近似した状態へ移行させる巨大な転換が生じていたのである。連盟委任統治をはじめとして国際規範に則った外地経営の制度が創設される一方〔Duus 一九九二〕、帝国主義を資本制の最終形態とみなし、民族解放を掲げてその打倒を主張するコミュニズムの挑戦が、これらの傾向に拍車をかけた。二十世紀の帝国日本の政治動向は、思想史的にはこの幾重もの意味での「中華」の再浮上への対応としてこそ、読み解かれなければならない。

たとえば沖縄ではこの時期、日琉同祖論による日本人化の説得にも応ぜず、植民地的な従属状況に倦んでいた『沖縄毎日新聞』の青年執筆者層が、辛亥革命の理念に熱烈な共感を表明する一方、その挫折後はむしろ内地で生じた大正政変（一九一三年）を「革命」と名指すことで、立憲主義とデモクラシーへの参与を日本への「同化」として受容する現象が生じている〔與那覇二〇〇九：第四章〕。民族的な同一性ではなく普遍的な理念の下へ馳せ参じ、絶えず自らをより文明的な存在へ高めようとする運動として「日本人」というアイデンティティを選択した彼らの実践は、むろん一九一二年の衆議院選挙法施行（離島部を除く。宮古・八重山の総選挙参加は二〇年）により、沖縄が内地同様の参政権を獲得していたからこそ可能だった。

かような新しい同化路線を「新理想主義」として弁証したのは、当時伊波普猷に対する鋭い批判者でもあった島袋全発だが、やがてこの哲学用語はかの後藤新平までもが『政治の倫理化』（一九二六年）で表明することとなる。諸民族の利害闘争への欲求を前提に、『日本膨張論』（一九一六年）で英米の「仮面的平和主義」を偽善として批判しつつ、遠い将来の理想としては相互調和に至る人間

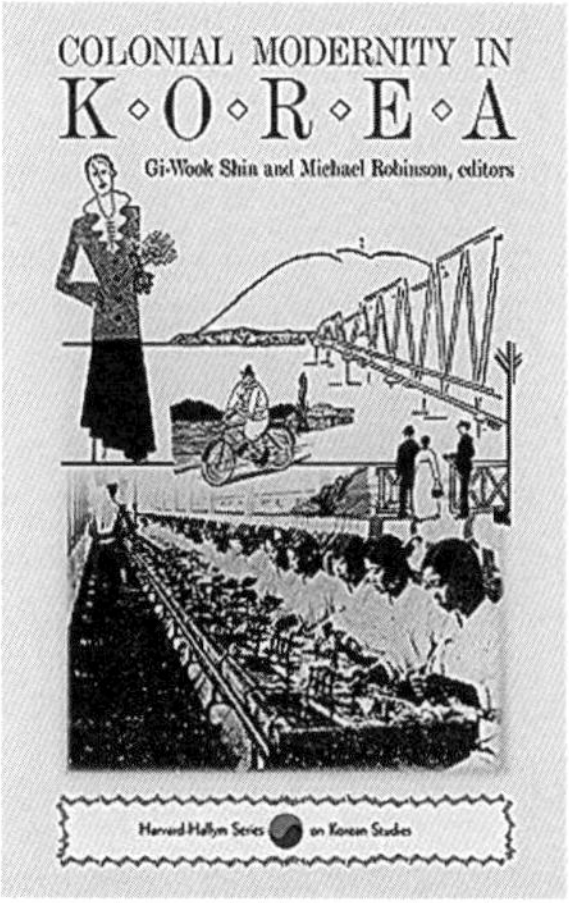

Gi-Wook Shin and Michael Robinson(eds.)『Colonial Modernity in Korea』

の本性を措定していた後藤の思想は、このとき確かに横井小楠ら幕末儒学者の普遍主義に連なってもいた〔苅部二〇〇四：八三-八四〕。

その後藤の幼馴染である斎藤實が一九一九年、やはり同郷の原敬首相の漸進的な内地延長志向を担い朝鮮総督に赴任して始まる文化政治は、ほぼ江戸時代同然だったとさえ呼びうる武断統治を排して、西洋近代的な規律権力と文化資本の普及に伴うヘゲモニー（植民地近代）の構築をめざすものだった〔Shin and Robinson 一九九九：七-八〕。原は同年に台湾で初の文官総督（田健治郎）を実現するが、彼らの下で台湾では日本人と現地人の中等教育共学化（第二次台湾教育令、一九二二年）、朝鮮でも修業年限の内地並みへの引き上げが行われ（第二次朝鮮教育令、同年）、都市部を中心に学校増築と就学率向上（朝鮮男子では二〇年の六・五％が二五年に二二％に）が進む〔駒込一九九六：一二八、

一五一、一九六─一九七〕。二四年に京城帝大、二八年に台北帝大が設置されたことも、内地人教授による現地調査の拠点となるとともに、現地知識階級のリクルート装置として機能した。

特に朝鮮では郡守の八割以上に朝鮮人が任命され（台湾ではほぼなし）、二〇年には府と指定面で諮問機関議員の制限選挙制が導入される（台湾は三五年から）など、下級官吏や地方議員として政治過程に参入する経路が一部開放されたことが、地方名望家や近代教育を受けた新興エリートに体制内協力の選択肢を提供した〔岡本二〇一〇：一二二─一二三〕。一方、朝鮮に比して当初その余地の乏しかった台湾では、本国の帝国議会に対する台湾議会設置請願運動（一九二一〜三四年）が林献堂を中心とする同種の社会階層によって展開され、山本美越乃や泉哲ら植民政策学者の支持を得ている〔若林二〇〇一：八八〕。

吉野作造や矢内原忠雄らの自由主義者によって、多元的な民族文化の併存を前提とした帝国改造の試みが語られたのも、同じ戦間期であった〔米谷二〇〇六：八一─一一三〕。むろん、内地人の多くはパリ講和会議での人種差別撤廃提案否決（一九一九年）や、米国の排日移民法制定（一九二四年）を通じて、この時期むしろ欧米への憤懣と「新外交」に対するシニシズムを鬱屈させるのであり、植民地放棄を唱えた石橋湛山のように現実を理念へと近づけてゆく秩序刷新の戦略に思い至るのは稀であった〔三牧二〇〇八〕。

こうして戦間期に成立した帝国日本と植民地住民との折衝の空間に、どの程度「公共性」の存在を認めるかは議論が分かれる〔並木二〇〇四〕。留意すべき点の第一として、かような政治的バーターの対象とされたのは、あくまでも男性地主層を中心とする被治社会の最上層部のみであり、台湾では一九二三年に皇太子裕仁（後の昭和天皇）の行啓（ぎょうけい）が行われたように、より広範な「臣民」に対する支配原理は――内地も同様だが――君主儀礼による規律訓練を通じて調達された〔若林二〇〇一：四二六〕。

第二に、朝鮮の地方（尚州）においてもこの時期、地域政治の担い手は士族系儒林からより近代的な青年層へ、教育の中心も近世以来の書堂（漢文塾）から新式学校へというヘゲモニーの移行が観察されるが、文化政治が終焉する三七〜三八年に至っても「日本語を解する朝鮮人」の比率は男性一割強、女性は二％前後に過ぎず、「植民地近代」が包摂できた人口の狭隘さを物語る〔板垣二〇〇八：三二五、三二四-三二五〕。加えて二〇年代末からは、尚州郡庁が住民に教育普及事業と新幹会系の青年運動とのあいだで二者択一を迫るなど、許容される「近代性」の範囲にも制限が加えられていた〔板垣二〇〇八：二二〇-二二一、二九三〕。

なお、幕藩体制以上に男女の序列化に厳格な儒教社会だった朝鮮では、日本の「良妻賢母」言説さえもが家政において女の主体性を認める進歩的な思想として受容され、ミッション・スクール等を通じた内地留学女性によって普及されるなど、帝国日本は「近代知」の供給に一定の役割を果たしているが〔朴二〇〇五：一三九-一四一〕、しかし東京のみが当時の植民地にとってメトロポリスだったわけではない。たとえば三〇年代、都市部の台湾女性のあいだでは和装が忌避される半面、洋装と並んで上海から輸入されたチャイナドレスが先端的な風俗とみなされるなど、モダニティの供給源としても「大陸」は「内地」に拮抗する実力を備えていた〔洪二〇一〇：二六八、二七五〕。

そもそも領台以来、日本の植民地統治は「中華帝国」の残影との絶えざる格闘に直面していたといえる。台湾総督府初代学務部長（一八九七年まで）として積極的な同化教育を説いた伊沢修二は、現地の儒教信仰の強さを前に漢文教育存続を余儀なくされ、さらに放伐革命論を含む『孟子』を教材から除くという配慮を必要とした。これは杞憂ではなく、一九一三年には辛亥革命への参加体験を有する羅福星が『論語』の天命・仁人思想に基づく武装蜂起を企てて逮捕されている（苗栗事件）〔駒込一九九六：四三、五三―五五、一三九―一四二〕。あたかも前年夏、代替わりに際して天皇崇拝の重心を万世一系という内向きの論拠から、儒教的天観念へと移行させた台湾版教育勅語の構想が、隈本繁吉らにより総督府内で極秘裏に検討された直後のことだった〔駒込一九九六：一六〇―一六四〕。

さらに三・一独立運動後には、井上哲次郎までもが王道的仁政観念を踏まえて、朝鮮・台湾向けの教育勅語修正を主張している〔駒込一九九六：一九九―二〇三〕。遅れて切った「儒教化」のカードに基づき、横井小楠の高弟・元田永孚らが中華世界に通底する儒学的徳目と日本独自の国体論とをぎりぎりのところで縫いあわせて作った教育勅語（一八九〇年）が、文字どおり「中外ニ施シテ悖ラス」ものであるのか否かが、中国革命と民族運動の熱気を前に激しく問われていたのである。

6　蹉跌——「中華帝国」との最終戦争と敗北

一九三一年の満洲事変に続いて翌年建国された「満洲国」は、かような文明間の抗争の果てに見出された、帝国日本と中華世界と西洋近代の混成体（アマルガム）だった〔山室 二〇〇四〕。そもそも中国東北部と朝鮮半島を地政学的に一体とみて強力な統一支配の必要を主張する満韓不可分論は、日露戦争期に満洲軍総参謀長を兼ねた児玉源太郎らの構想から続く伝統がある〔小川原 二〇一〇：一〇六–一〇七〕。

朝鮮人の国籍離脱を禁じて周辺地域と切り離そうとした帝国日本の方針にもかかわらず〔小熊 一九九八：一五八–一五九〕、国境地帯の間島が抗日パルチザンの根拠地となり、事変直前の万宝山（まんぼうざん）事件（一九三一年七月。満洲事変は九月）では中朝の農民が水利権を巡り衝突するなど実効支配の帰趨（きすう）が曖昧な状況を、関東軍は日清戦争以来の軍事力による境界画定で一挙に突破した。しかし、当初模索された日本による直接領有は、第一次大戦後の帝国主義再編の国際秩序の前に修正を強いられ、結局は傀儡（かいらい）国家の樹立という形態をとって、期せずして冷戦下で来るべき開発独裁や衛星国体制の先駆けとなる〔Duara 二〇〇三：二四七〕。

『礼記』の大同世界を掲げた王道主義を説いて満洲国の桂冠学者となった橘樸は、内藤湖南の『支那論』（一九一四年）にみえる郷団自治論に、戦間期の欧米で国家の相対化を企図した政治的多元主義やギルド社会主義の発想をかけあわせた結果、民間団体と主権国家を越える国際秩序とを直結させる新たな「帝国」のビジョンに奉仕することとなった（酒井 二〇〇七：一六六―一六九、駒込 一九九六：二六〇）。その他、三〇年の台湾霧社事件に際しては植民地解放を衆議院で質した無産代議士浅原健三が、事変の首謀者石原莞爾の理想に惹かれ側近となっていったように（桐山 二〇〇三：一〇七、春山 二〇〇八：六八）、少なからぬ日本人が主観的には善意で、国家主権や民族主義を超克した新秩序の建設を期していたのは事実である。

しかし、それをなしうるだけの力量が帝国に備わっているかは疑問であった。そもそもイエ制度の発想に基づいて国籍制度が整備された経緯により、近代日本は内地戸籍への登録が欧米社会でいう市民権獲得と同様の機能を果たし、朝鮮・台湾籍からの本籍移送を禁ずることで彼らを二級市民の地位に留め置くという、独特の人種主義を有していた（嘉本 二〇〇一：二三九―二三〇、小熊 一九九八：一六〇）。内外地のあいだで唯一可能な転籍手段は通婚ないし養子によるものだが、その手続きが体系化された「共通法」（一九一七年）の後も、戸口調査簿しかなかった台湾では三三年まで内地人との法的婚姻が行えないなど、かなり混乱した状況にあったらしい（小熊 一九九八：二一一、七〇二）。

また兵役法は本籍地主義によって運用され、朝鮮・台湾に居住する内地人も徴兵されたが、参政権賦与は住所地主義のみに基づいて行う方針が一九二〇年に確立したため〔松田 一九九五：二〇-二三〕、特に二五年の普通選挙法成立後、内地居住の植民地出身者が多く選挙に参加できるようになり、三二年には朝鮮人衆議院議員朴春琴（パクチュングム）の誕生を見ている。もっとも、ここでも多民族統合の理念が真剣に討議された形跡はなく、在日朝鮮人の投票動向も無産政党寄りという基調のほかは、実生活面での個人的な恩顧関係を重んじたもので、たとえば民族政党結成による組織的な政界進出という動きは見られなかった〔松田 一九九五：六七-六九〕。すなわち帝国日本は戸籍制度という外皮に覆われた人種主義と、曖昧な法運用との相互作用のために、公的な場面での〈アイデンティティの政治〉の可視化がなされにくい状態にあり、複数の民族間の協調という形で政治を運営する慣行を養うことができなかったといっていい。

在日朝鮮人数が四万人から四十万人へと十倍増を示し、エスニック・コミュニティも形成された一九二〇年代は、本来は帝国再編の好機だったはずである〔外村 二〇〇四：四二、一〇四〕。しかし帝国日本は同年代末から、むしろ産業育成や社会事業による雇用創出を通じて、朝鮮農民の内地移住を抑制する方針をとり〔水野 一九九九：二六二-二六四〕、二八年以降は渡航証明書の導入、三四年以降は渡日希望者の満洲国への振り向けによって、政策的に新規渡日者は減少させられている〔外村 二〇〇四：三二、三六、五〇〕。再び上昇するのは三九年以降の労務動員によるものだが、四四年の段階でも帝国議会では朝鮮人労働力の増加が内地人中心の秩序を乱すものとして危険視されるなど、多民族雑居への警戒感はむしろ増大していた〔外村二〇一〇：二〇三、二〇九、二一九〕。

一方、半島では二〇年代以来、低賃金を武器とした中国商人・労働者の進出による朝鮮人との摩擦が高まっており、万宝山事件の報を受けての排華運動の際には平壌のみで百人近い中国人が殺害されたが、総督府は現地住民の不満をそらす好機とみてこれを傍観した〔趙二〇〇八：一二三－一二五〕。多民族帝国の統治者がこの程度の心性では、孫文の三民主義を乗り越える思想として満洲国で喧伝（けんでん）された「五族協和」の理想が宙に浮くのも当然であった〔駒込一九九六：二六九〕。

結局、日本が実現させた帝国改造は物質面での近代化、すなわち産業化のみだったのかもしれない。三〇年代前半、宇垣一成（かずしげ）総督下で朝鮮半島の工業化が進展、満洲国との貿易による台湾の好況も追随して、いわゆる高橋財政も手伝って世界恐慌からの立ち直りの早かった日本は自身の帝国経営の「優越性」に自信を深めることになる〔松浦二〇一〇：二〇一、二〇五、二一八－二一九〕。しかし、満洲事変以降の日貨排斥によって中国市場を失った結果、東南アジア以西への販路拡張を巡って英国との対立が激化し、貿易商や繊維業社を中心に反英感情と被害者意識が昂進していった〔松浦二〇一〇：二四五、二五〇〕。

大正期よりビハリ・ボースら亡命インド人によって種の撒（ま）かれた汎アジア主義の構想が、この時代に突如として世論を席巻したゆえんであり、一九三三年結成の大亜細亜協会の座長格だった松井石根はやがて上海派遣軍（のち中支那方面軍）司令官として南京攻略を強行、「北支事変」を世界戦争化することになる〔松浦 二〇一〇：五五三、五九四〕。松井が描くビジョンもまた、台湾軍司令官時代（一九三三〜三四年）の福建分離独立工作の体験をもとに、地域集団ごとの自立に基づく連省自治によって国民政府の主権を解体しようとするもので、中華帝国と日本帝国との最終決戦の観を呈していた〔松浦 二〇一〇：五六八-五七二〕。

盧溝橋事件（一九三七年）の当時首相の座にあったのは、大亜細亜協会でも当初会長に擬された近衛文麿だったが、そのブレーントラストたる昭和研究会を触媒として、日中戦争期には政界中枢でも帝国の統治思想をめぐる知識人の角逐が展開された。焦点のひとつは、蔣介石の国民政府を英国資本に対する脱植民地化の担い手として認めるか否かであり、華北分離工作の失敗を踏まえて事件後は不拡大路線に徹した石原莞爾や、内閣改造に伴い外相に就任して和平工作に当たった宇垣一成など、有力軍人の一部にも蔣政権容認論として浸透した。

もうひとつは、戦時動員を通じた国内政治の「革新」をどこまで進めるかであり、広義国防論を唱えて統制経済による労働者の地位向上を図る麻生久や亀井貫一郎ら社会大衆党系の代議士が、資本主義体制の修正に踏み込む動きを見せていた〔米谷 一九九七：七七-八二、八六〕。その陣営の一角には、東京の在日朝鮮人地区で強制移転時の代替地を確保し、彼らの信頼と得票を集めていた浅沼稲次郎の姿もあった〔松田 一九九五：七〇、七二〕。

そもそも明治初年の征韓論と民権論の結合以来、対外領土拡張を通じて内地の政治経済的な民主化を図る発想は珍しくなく、日清戦後に英国の社会帝国主義を取り入れた徳富蘇峰や「倫理的帝国主義」を掲げた浮田和民〔宇野田 二〇〇三：一六―二〇、二四―二八〕、蘇峰を批判しながらボーア戦争（一八九九～一九〇二年）を機に同様の路線に転じた陸羯南などの先例がある〔平塚 二〇〇三：一〇―一二〕。また統合主義的な北東アジア地域構想の標榜とソフトパワーを用いた開発政策も、ある面では満鉄時代に後藤新平が唱えた「新旧大陸対峙論」に基づく「文装的武備」の再来ともいえよう〔北岡 一九八八：九四―一一五、二三〇〕。

昭和期の議論の新しさのひとつは、マルクス主義の影響下に脱植民地化と資本主義の克服とをワンセットで論ずる視点が台頭したことで、中国共産党に期待を寄せる尾崎秀実や中西功らコミュニストのほか、社会民主主義者の蠟山政道、京都学派左派の三木清らが含意を異にしながらも、論壇上で互いに増幅させあう「東亜協同体」のテクストを量産していた〔大澤 二〇一〇〕。もうひとつは欧米帝国主義を範とすることを止め、アジア主義的な情念を基礎に日本の植民地統治の全世界的な冠絶性を称揚する言説の突出であり、対米英開戦後の大東亜共栄圏論や京都学派右派の「世界史の哲学」に帰結してゆく。第二次近衛内閣下での新体制運動（一九四〇年）が革新派の敗北に終わり、財閥中心の既成秩序の維持が固まった頃から、前者の路線は退潮し取締の対象となっていくが〔米谷 一九九七：九五―九七〕、マルクス主義とアジア主義の用語がともに有する間地域性は、期せずして帝国の外縁にも思想の連鎖を生んでゆく。

そもそも蔣介石の反共クーデタ（一九二七年）以来、東アジア諸地域では革命を阻む構造の淵源をめぐる論争（たとえば中国社会史論戦）が進展しており、それらは近代日本を半封建制とみなす講座派と、資本制とみる労農派とが対立した日本資本主義論争とも理論的に接合していた。三四年には満洲経済論争が始まり、帝国統治に必要なデータを望む関東軍と、将来の革命に備える企図を自負する転向知識人との同床異夢のもとで、満鉄経済調査会による満洲・華北の農村調査が大々的に展開された〔Young 二〇〇一：一七九―一八四〕。

朝鮮でも三五年前後にマルクス経済学者のあいだで、土地調査事業による私有地の確立を封建制と資本制のどちらと認めるかが論争となり、前者の立場を採り内発的な資本主義化の可能性に悲観的だった印貞植は三八年に転向すると、「アジア的生産様式論」を日本帝国の独自性を肯定する論理へと変換し、農工併進を達成した宇垣総督の事業をその証左と位置づけてゆく〔洪 二〇一二〕。一方で三〇年代に朝鮮でも進行した浪漫派的な民族古典の称揚を、ファシズムの文化本質主義に絡めとられる道として批判した徐寅植は、東亜共同体論や世界史の哲学に接しても、資本のグローバル化作用を個人間の対等な交換原理に還元することで、世界の多中心性と運命の自己所有とを擁護する歴史哲学を対置した〔趙 二〇〇七：一三二―一三七、一八九―一九五〕。ここでもまた、帝国を統合する思想原理の普遍性が、植民地の側から問いなおされたのである。

しかしその徐も一九四〇年には言論の筆を折ったように〔趙二〇〇七：二〇三〕、日本の植民地統治は強権による同化と動員一辺倒の路線へ傾斜していった。帝国の拡大にともない多文化融合的な言説が前線で宣布されてゆくほど、中心に近い地域では皇民化政策による強制的画一化が進展する逆説が生じたのである〔大江一九九二：二九〕。英米側の大西洋憲章発表（一九四一年）への対抗から、日本もようやくアジア諸地域への厚意提供外交に舵を切り、四三年にはほぼ同時に連合国が蔣介石、日本が汪兆銘の政権と不平等条約撤廃を行った。四四年には「民族解放」を掲げる共産国家ソ連との不可侵体制を恒久化するために、同盟締結とのバーターで皇族軍人東久邇宮稔彦（戦後に首相）は朝鮮独立をも俎上に載せたというが、これは政権内部で棄却される〔浅野二〇〇八：五〇八-五〇九〕。

四四年度より朝鮮にも徴兵制が実施され（台湾は翌年度から）、同年には国民徴用令に基づく動員の法的強制化までもが行われたが、帝国議会への参政権賦与は四五年に、しかも国税納入額十五円以上という制限つきで認められたに過ぎなかった（台湾と同時）〔浅野二〇〇八：五〇二、外村二〇一〇：二一七〕。直前まで朝鮮総督を務めた首相小磯国昭が唱える、神がかり的な日鮮同祖論の産物だったが、この期に及んでも司法省は内地への転籍解禁のみによる「平等化」を模索し、内務省は単なる「皇民化」を越えた完全な「内地人化」を移籍の要件に加えるよう求めるなど、アイデンティティに関する一貫した政策体系は存在しなかった〔浅野二〇〇八：五一七、五二七-五二九〕。一方、植民者の「原住民化」を懸念する優生学や人口研究の観点からは、大東亜共栄圏への拡大の頃から混血の忌避による「日本人」の純粋性保持が説かれるようになり、敗戦後の「単一民族国家」にむけた意図せざる準備が始まっていた〔坂野 二〇〇五：四四三-四四八〕。

7　総括――「中華になり損ねた帝国」の崩壊

結局のところ、大日本帝国の思想史的な敗因はなんだったのだろうか。ひとつには、天皇という特殊主義的に語られる存在を国体論の中心としたところから生じた、統治イデオロギーにおける普遍性の欠如であろう。そもそも日本のナショナリズムは近世国学以来、他者に同化を求める文明意識というよりは、自己の唯一性を守ろうとする選民意識に基礎をおいている〔藤田 一九九三：一〇六-一〇七〕。加えて近代天皇制が万世一系を掲げて「革命」の可能性を否定する教義を採ったことは、植民地統治に援用できる現地の土着思想の幅を著しく狭くした。

たとえば王道主義を掲げたはずの満洲国では、易姓革命的な発想の忌避によって徐々にその排除が進み、天照(アマテラス)大神を祀(まつ)る建国神廟の創建時（一九四〇年）には完全に「惟神(かんながら)の道」に取って代わられていた〔駒込 一九九六：二七八、二八一-二八二〕。汎アジア主義の昂揚の中で版を重ねた『回教概論』（一九四二年）が著者大川周明の国体観を投影して、政教一致のイスラーム像を理念型的に描写しながら、第一次大戦後の中東諸国の帰趨を知るがゆえに含意を十全に展開できなかったのも〔臼杵二〇一〇：一四三―一四四、二三三〕、同様の事例かもしれない。儒教やイスラームの普遍原理を統治イデオロギーとして摂取するには、日本の「国体」は頑なに過ぎたのである。

ふたつめに、同じことの裏返しであるが、明文化された教義に基づく政治の伝統の浅さゆえに、その統治はしばしば理念上の一貫性を欠き、無方針な状況主義に陥りがちだった。帝国経営において唯一プリンシプルらしきものは、原敬の内地延長主義くらいだが、これはもっぱら藩閥勢力との対抗関係と、西洋産の諸制度に対する楽観とに規定されたもので、なんらかの思想的な裏づけがあったとはいいがたい。

日蓮主義を敷衍した最終戦争論に基づき、珍しく統一的なビジョンの下に満洲事変を遂行したとされる石原莞爾も、実のところその信仰の基底にあるのは霊感即応的なシャーマニズムであり、そのことが当初は不拡大を唱えた日中戦争の追認や、戦後の平和主義への「転向」に帰結したという〔松岡二〇〇五：一二九―一三〇〕。このことはキリスト教のミッション理念と、その世俗版としての「文明化の使命」という、よくも悪くも強固な信念によって貫徹された欧米の植民地主義との対比を考える上でも重要であろう〔駒込二〇〇一：一九二〕。

第三にそれらの帰結として、朝鮮領有初期の武断統治に顕現したのと同様、異文化・他民族の地域を支配するにあたっても、特殊日本的な「近世」以来の秩序の強要以外に手段を持たなかったことがあろう。すなわち理念を欠いた統合原理の無思想性と、被治者の小集団単位への分割とに基礎を置く、武威の強調に依存した権威主義的統治である。

一九四〇年以降に強行された創氏改名事業が、改名者であると判別できる特殊な姓を名乗らせるなど、実態としては同化政策とすら呼べるものでなく、むしろ宗族集団の弱体化とイエ制度への分割収容に眼目があったことは〔水野 二〇〇八：五〇-五二〕、帝国日本の統治技法が徳川時代の遺産にいかに依存していたかを示すものである。否むしろ、朝鮮工業化と満洲国建設にリンクして「裏日本」で台頭した「日本海湖水化構想」を、豊臣秀吉が朝鮮出兵時に目したとされる環日本海地域統合への進路に照らしてみるとき〔村井 二〇一二：六四、二一九、松浦 二〇一〇：四八、一〇三〕、はたして近代日本の対外膨張に、鎖国下で中絶していた過去の想像力の反復以上の意義があったのかという疑念すら抱かざるを得ない。

第四に、遅れて切った「儒教化」のカードによって台頭した帝国日本が、これらの歴史的経緯に拘束されて、きわめて偏奇した形での中華文明の受容を行った点である。たとえば主観的な純心さによって暴力の使用を免罪し結果の成否すら不問に付す態度は、対外的にはアジア解放の「真意」を理解せよと被害者の側に要求するパターナリズムとなってつねに日本の帝国主義を正当化したが〔有馬 二〇一三：八九〕、国内的には青年将校による軍事クーデタの論拠ともなったことの動機偏重のエートスを、陽明学の亜種とみることも可能なのだ〔小島 二〇〇六〕。あるいは、講座派時代にはウィットフォーゲルらに依拠しつつ、中国社会における治水灌漑権力の専制的性格を批判した平野義太郎が、三七年の転向を経た大東亜戦争期には、一転して帝国日本による大規模開発と物資動員を賛美する文脈にその学知を流用したことを想起してもよい〔盛田 二〇一〇：二二一、二三五〕。

動機の純粋さのパセティックな強調と、生産力至上主義による経済的な「達成」のマチズモの誇示とは、確かに当時からある程度「親日派」（たとえば李光洙や玄永燮）や皇国少年のリクルートに実効を挙げ〔趙 二〇〇七：九六、趙 二〇〇八：一六七、二五三〕、かついまだなお多くの「戦争／植民地支配肯定論」の骨格ともなっている。そうであればこそ、しかしそれが東アジア地域の最終的な統合に失敗したイデオロギーであること、すなわち近代日本が「中華になり損ねた帝国」だったという史実に、目を向ける必要がある。

抗日戦争さなかの一九三九年、蒋介石はかく述べたという。「儒教の本家たる中国に、儒教の分家たる日本が勝利できるわけがない」〔菊池 二〇〇九：三一八〕。

8　回帰――「自覚的に曖昧な秩序」としての戦後東アジア

帝国日本による西洋文明の導入は、はたして東アジアの「自覚的に曖昧な秩序」を払拭したのだろうか。軍事力による国境紛争解決の強行は、琉球・朝鮮問題から満蒙問題へ、そして中国統一問題へという形で、主権帰属が問われる領域を拡散させていっただけであった。植民地からの人口流入もあり、内地においてすら「日本人」アイデンティティの均質化は達成されなかった。

一九三〇年代末に及んでも在日朝鮮人の三割弱は日本語を理解せず、その後協和会の下で同化圧力が強められても徴用忌避者が続出し、終戦に至るまで戦争の存在自体を知らないものさえいたといわれる〔外村二〇〇四：一七一－一七二、趙二〇〇八：二四六－二四九、二〇〇九〕。ましてシンクレティズム系の民間教団の強い満洲国では、多数の宗教のひとつとして日本神道も教義に取り込ませる程度が関の山で、天照を祭神としたといっても民衆側の解釈はおのずと異なっていた〔駒込一九九六：二八五－二八六〕。帝国の底辺と先端とで、近代権力が前提とする同質的な空間は破れ、曖昧さと多義性が持続していた。

戸籍制度と組みあわされた属人法的原理による待遇差別が存在する状況では、もとより植民地出身者が法治の利点を感受できる局面は乏しかったが、戦時体制下でも法的徴用の前に官斡旋（四二年より）等の形態が採られたように、法の外部における徴発行為は頻繁に行われていた。そのことはいまも、強制連行者や従軍慰安婦に対する責任と補償に影を落としている。

大日本帝国崩壊後の東アジアの秩序を確定したのは、朝鮮戦争（一九五〇〜五三年）である。北朝鮮と韓国のどちらが民族を代表する正統な主権であるのかを、軍事力によって確定する試みは挫折した。加えて、一時は米国さえ見放しかけた台湾国民政府の存続が支援され、「二つの朝鮮」と「二つの中国」のあいだで相互に矛盾した解釈に基づく、敵対的な共存が始まった〔和田 二〇〇二〕。ここに、戦争を通じて認識の同一性を創出する試みは放棄されたのである。

さらに五〇年代、在日朝鮮人のあいだに祖国志向型ナショナリズムの形成が進んだことで、単一民族幻想に安住する日本人と、現在の居住地をあくまで仮の宿とみなす朝鮮・韓国人とが奇妙にすみ分ける、対話を欠いた多文化状況が列島に出現した〔外村 二〇〇四：四四六-四五〇〕。境界が不明瞭な東アジア近世の秩序を、近代化された巨大な暴力によって整除しようした日清戦争から朝鮮戦争までの六十年間の後に、再び自覚的な曖昧さの活用による、合意なき事実上の平和が回帰したのであった。

「中華になり損ねた帝国」としての日本がその植民地に与えられなかったもの、それはひとことでいえば単なる力への信仰や同化主義ではない、普遍的な理念の下でより高い状態へとなりゆく存在としてのアイデンティティの基軸だった。戦後、旧植民地のうち沖縄の人々だけが自身の意志で「復帰」を選んだのは、自らの島の要塞化の裏面（りめん）として作為された平和憲法という、日本の新しい国是がまたも期せずして、はじめて充分に中華としての機能を担ったからでもあろう。しかし「潜在主権」という曖昧な概念の下、天皇メッセージ（一九四七年）によってアメリカの「排他的戦略的支配」に供されたその地域には、往古の「日中両属」の時代とは比較にならない規模での外国軍の駐兵がいまも行われている〔明田川二〇〇八：一〇六、一二〇–一二二〕。大陸では反帝運動のなかで創出されたマジョリティの「中華民族」意識と、日本軍による傀儡工作の反作用として少数民族への自決付与を放棄した共産党の施策とが、清朝下では可能だったチベットやウイグルとの共存を困難にしている〔王二〇〇六：二〇三–二〇六〕。伝統神話の上に植民地時代の武断思想と集産主義とを接木して建国された半島北部の「金氏」の王権は、李朝のそれよりもはるかに過酷な収奪機構と化していよう〔鐸木一九九二：一五六–一六〇、一八七–二〇二〕。

これが一八九四年から一九五三年へと至る、わたしたちの〈荒れ野の六十年〉の遺産である。そのことの自省の上に立って、いかに東アジア文明にとっての西洋的な「近代」の意義を総括し、少なくとも近世よりも前進したと呼びうる世界を築くための道標（みちしるべ）を見出してゆくか。それこそが日本思想史という方法論が有する、真に「ポストコロニアル」な課題にとってのアクチュアリティにほかならない。


【参照文献】

明田川融二〇〇八『沖縄基地問題の歴史　非武の島、戦の島』みすず書房。

浅野豊美二〇〇八『帝国日本の植民地法制　法域統合と帝国秩序』名古屋大学出版会。

有馬学二〇一三『日本の近代4 「国際化」の中の帝国日本　一九〇五～一九二四』中公文庫（原

著一九九九年）。
石田雄 二〇〇〇 『記憶と忘却の政治学　同化政策・戦争責任・集合的記憶』明石書店。
板垣竜太 二〇〇八 『朝鮮近代の歴史民族誌　慶北尚州の植民地経験』明石書店。
李榮薫 二〇〇八 「朝鮮における「一九世紀の危機」」金鎔基、チョン・ギョン訳、今西一編『世界システムと東アジア　小経営・国内植民地・「植民地近代」』日本経済評論社。
岩井茂樹 二〇〇七 「清代の互市と〝沈黙外交〟」夫馬進編『中国東アジア外交交流史の研究』京都大学学術出版会。
上田信 二〇〇五 『中国の歴史9　海と帝国　明清時代』講談社。
臼杵陽 二〇一〇 『大川周明　イスラームと天皇のはざまで』青土社。
宇野田尚哉 二〇〇三 「成立期帝国日本の政治思想　民友社系知識人の場合を中心に」『比較文明』一九号。
王柯 二〇〇六 『二〇世紀中国の国家建設と「民族」』東京大学出版会。
大江志乃夫 一九九二 「東アジア新旧帝国の交替」大江志乃夫ほか編『岩波講座近代日本と植民地1　植民地帝国日本』岩波書店。
大澤聡 二〇一〇 「複製装置としての「東亜協同体」論　三木清と船山信一」石井知章・小林英夫・米谷匡史編『一九三〇年代のアジア社会論　「東亜協同体」論を中心とする言説空間の諸相』社会評論社。
岡本隆司 二〇〇四 『属国と自主のあいだ　近代清韓関係と東アジアの命運』名古屋大学出版会。
岡本真希子 二〇一〇 「植民地期の政治史を描く視角について　体制の内と外、そして「帝国日本」」『思想』一〇二九号。
小川原宏幸 二〇一〇 『伊藤博文の韓国併合構想と朝鮮社会　王権論の相克』岩波書店。

小熊英二 一九九八 『〈日本人〉の境界　沖縄・アイヌ・台湾・朝鮮　植民地支配から復帰運動まで』新曜社。
嘉本伊都子 二〇〇一 『国際結婚の誕生　〈文明国日本〉への道』新曜社。
苅部直 二〇〇四 「帝国の倫理　後藤新平における理想主義」御厨貴編『時代の先覚者・後藤新平 一八五七～一九二九』藤原書店。
菊池一隆 二〇〇九 『中国抗日軍事史　一九三七～一九四五』有志舎。
北岡伸一 一九八八 『後藤新平　外交とヴィジョン』中公新書。
桐山桂一 二〇〇三 『反逆の獅子　陸軍に不戦工作を仕掛けた男・浅原健三の生涯』角川書店。
見城悌治 二〇〇七 「近代日本の「義士／義民」表象と朝鮮観」『朝鮮史研究会論文集』四五号。
洪郁如 二〇一〇 「植民地台湾の「モダンガール」現象とファッションの政治化」伊藤るり、坂元ひろ子、タニ・E・バーロウ編『モダンガールと植民地的近代　東アジアにおける帝国・資本・ジェンダー』岩波書店。
小風秀雅 二〇〇一 「華夷秩序と日本外交　琉球・朝鮮をめぐって」明治維新史学会編『明治維新とアジア』吉川弘文館。
小島毅 二〇〇六 『近代日本の陽明学』講談社選書メチエ。
小島毅 二〇〇七 『靖国史観　幕末維新という深淵』ちくま新書。
小原隆治 二〇〇四 「後藤新平の自治思想」前掲『時代の先覚者・後藤新平』。
駒込武 一九九六 『植民地帝国日本の文化統合』岩波書店。
駒込武 二〇〇一 「日本の植民地支配と近代　折り重なる暴力」『トレイシーズ』二号（別冊『思想』九二八号）。
近藤健一郎 二〇〇六 『近代沖縄における教育と国民統合』北海道大学出版会。

酒井哲哉二〇〇七　『近代日本の国際秩序論』岩波書店。
坂野徹二〇〇五　『帝国日本と人類学者　一八八四～一九五二年』勁草書房。
塩出浩之二〇〇二　「明治立憲政の形成と「殖民地」北海道」『史学雑誌』一一一―三号。
趙寛子二〇〇七　『植民地朝鮮／帝国日本の文化連環　ナショナリズムと反復する植民地主義』有志舎。
慎蒼宇二〇〇八　『植民地朝鮮の民衆と警察世界　一八九四～一九一九　「近代」と「伝統」をめぐる政治文化』有志舎。
慎蒼宇二〇一〇　「韓国軍人の抗日蜂起と「韓国併合」」『思想』一〇二九号。
鐸木昌之一九九二　『北朝鮮　社会主義と伝統の共鳴』東京大学出版会。
須田努二〇〇二　『「悪党」の一九世紀　民衆運動の変質と〝近代移行期〟』青木書店。
趙景達二〇〇二　『朝鮮民衆運動の展開　士の論理と救済思想』岩波書店。
趙景達二〇〇八　『植民地期朝鮮の知識人と民衆　植民地近代性論批判』有志舎。
趙景達二〇一〇　「武断政治と朝鮮民衆」『思想』一〇二九号。
月脚達彦一九九五　「甲午改革の近代国家構想」『朝鮮史研究会論文集』三三号。
外村大二〇〇四　『在日朝鮮人社会の歴史学的研究　形成・構造・変容』緑蔭書房。
外村大二〇一〇　「朝鮮人労務動員をめぐる認識・矛盾・対応　一九三七～一九四五年」黒川みどり編『近代日本の「他者」と向き合う』解放出版社。
並木真人二〇〇四　「植民地期朝鮮における「公共性」の検討」三谷博編『東アジアの公論形成』東京大学出版会。
朴宣美二〇〇五　『朝鮮女性の知の回遊　植民地文化支配と日本留学』山川出版社。
春山明哲二〇〇八　『近代日本と台湾　霧社事件・植民地統治政策の研究』藤原書店。

坂野潤治 一九七四 「「東洋盟主論」と「脱亜入欧論」 明治中期アジア進出論の二類型」佐藤誠三郎、ロジャー・ディングマン編『近代日本の対外態度』東京大学出版会。
平塚健太郎 二〇〇三 「陸羯南と南アフリカ戦争 反「帝国主義」からの転換の契機として」『現代史研究』四八号。
平野聡 二〇〇四 『清帝国とチベット問題 多民族統合の成立と瓦解』名古屋大学出版会。
藤田雄二 一九九三 「近世日本における自民族中心的思考 「選民」意識としての日本中心主義」『思想』八三二号。
藤田雄二 二〇〇一 『アジアにおける文明の対抗 攘夷論と守旧論に関する日本、朝鮮、中国の比較研究』御茶の水書房。
洪宗郁 二〇一一 『植民地朝鮮の転向者たち 帝国／植民地の統合と亀裂』有志舎。
前田亮介 二〇〇九 「初期議会期の北海道改革構想 第一次松方内閣（明治二四～二五年）を中心に」『史学雑誌』一一八―四号。
松浦正孝 二〇一〇 『「大東亜戦争」はなぜ起きたのか 汎アジア主義の政治経済史』名古屋大学出版会。
松岡幹夫 二〇〇五 『日蓮仏教の社会思想的展開 近代日本の宗教的イデオロギー』東京大学出版会。
松田利彦 一九九五 『戦前期の在日朝鮮人と参政権』明石書店。
水野直樹 一九九九 「朝鮮人の国外移住と日本帝国」樺山紘一ほか編『岩波講座世界歴史19 移動と移民 地域を結ぶダイナミズム』岩波書店。
水野直樹 二〇〇八 『創氏改名 日本の朝鮮支配の中で』岩波新書。
三谷博・山口輝臣 二〇〇〇 『19世紀日本の歴史 明治維新を考える』放送大学教育振興会。
三牧聖子 二〇〇八 「リベラリスト石橋湛山の「リアリズム」 リベラルな政治闘争」『国際政治』

一五二号。
宮嶋博史 二〇〇四 「東アジアにおける近代化、植民地化をどう捉えるか」宮嶋博史ほか編『植民地近代の視座　朝鮮と日本』岩波書店。
宮嶋博史 二〇〇六 「東アジア世界における日本の「近世化」　日本史研究批判」『歴史学研究』八二一号。
宮嶋博史 二〇一〇 「日本史認識のパラダイム転換のために　「韓国併合」一〇〇年にあたって」『思想』一〇二九号。
村井章介 二〇一二 『世界史のなかの戦国日本』ちくま学芸文庫（原著一九九七年）。
茂木敏夫 一九九二 「中華帝国の「近代」的再編と日本」前掲『岩波講座近代日本と植民地1　植民地帝国日本』。
盛田良治 二〇一〇 「平野義太郎とマルクス社会科学のアジア社会論　「アジア的」と「共同体」の狭間で」前掲『一九三〇年代のアジア社会論』。
山室信一 二〇〇四 『キメラ　満洲国の肖像　増補版』中公新書。
與那覇潤 二〇〇九 『翻訳の政治学　近代東アジア世界の形成と日琉関係の変容』岩波書店。
米谷匡史 一九九七 「戦時期日本の社会思想　現代化と戦時変革」『思想』八八二号。
米谷匡史 二〇〇二 「津田左右吉・和辻哲郎の天皇論　象徴天皇制論」網野善彦ほか編『岩波講座天皇と王権を考える1　人類社会の中の天皇と王権』岩波書店。
米谷匡史 二〇〇六 『アジア／日本』思考のフロンティア、岩波書店。
劉正愛 二〇〇六 『民族生成の歴史人類学　満洲・旗人・満族』風響社。
若林正丈 二〇〇一 『台湾抗日運動史研究　増補版』研文出版（原著一九八三年）。
渡辺浩 二〇〇一 「思想問題としての「開国」　日本の場合」朴忠錫・渡辺浩編『日韓共同研究叢書

3　国家理念と対外認識　一七～一九世紀』慶應義塾大学出版会。
渡辺浩　二〇一〇　『日本政治思想史　十七～十九世紀』東京大学出版会。
和田春樹　二〇〇二　『朝鮮戦争全史』岩波書店。

Botsman, Daniel V. 二〇〇九　『血塗られた慈悲、笞打つ帝国　江戸から明治へ、刑罰はいかに権力を変えたのか』小林朋則訳、インターシフト（原著二〇〇五年）。

Duara, Prasenjit. 二〇〇三 *Sovereignty and Authenticity: Manchukuo and the East Asian Modern.* Lanham, Maryland: Rowman& Littlefield Publishers.

Duus, Peter. 一九九二　「植民地なき帝国主義　「大東亜共栄圏」の構想」藤原帰一訳、『思想』八一四号（原著一九九一年）。

Shin, Gi-Wook and Robinson, Michael. 一九九九 “Introduction: Rethinking Colonial Korea.” In *Colonial Modernity in Korea*, edited by G-W. Shin and M.Robinson. Cambridge, Mass: Harvard University Asia Center.

Young, Louise. 二〇〇一　『総動員帝国　満洲と戦時帝国主義の文化』加藤陽子ほか訳、岩波書店（原著一九九八年）。

10　靖国なき「国体」は可能か
――戦後言論史のなかの「小島史観」

学界では近世中国思想史のフロントランナーとして知られた小島毅氏が、独自の視座から既往の日本史叙述への積極的な提言を始めたのは、二〇〇五年の『義経の東アジア』（増補版二〇一〇年）を端緒とする。以降、本章で紹介する『靖国史観』（原著二〇〇七年）の姉妹編である『近代日本の陽明学』（二〇〇六年）のほか、『足利義満 消された日本国王』（二〇〇八年）、『織田信長 最後の茶会』（二〇〇九年）をはじめとする、いわば「小島史観」ともいうべき数々の書物を、一般にも読みやすい形で江湖に問われてきた。かくいう評者自身が当時、その清冽な語り口に耽溺し、「小島史観で日本通史を学びなおす」という趣旨のセミナーを（著者に無断で）開講してきた一人

「史観」ということば。その意味は、いま正しく伝わっているだろうか。

である。

不幸にして、この「史観」ということば自体にもっぱらネガティヴな意味が伴うかのように誤解された時期があり、そしていまやそうした時期があったという史実さえ、歴史の彼方へと置き去られる時代が訪れているように見える。タイトルにこの語を銘打った書物の解説であればこそ、迂遠（うえん）に見えてもまずはそこから、話を始めてみたい。

1　「史観」が問われた季節

それぞれの公式ウェブサイト（当時）によると「日本を不当に貶める自虐史観を排し、偏見にとらわれない公正な視点から歴史を見直し、新しい歴史教育の創造をめざす任意団体」なるものとして「自由主義史観研究会」が発足したのは一九九五年、「これまでの教科書が日本を不当に悪く描いていたのを改め、子供たちが日本に誇りを持てる教科書で学べるようにすること」を目標に掲げる「新しい歴史教科書をつくる会」の結成は九七年のこと。日本史研究に「小島史観」が登場するちょうど十年前、この国の社会は歴史認識をめぐる論争に揺れた。

特に前者は当初、みずからがめざす歴史叙述の模範として明治維新や日露戦争を肯定的に描く「司馬史観」を掲げ――『靖国史観』文庫版一一〇頁のコラム「幕末史の虚像と司馬遼太郎の功罪」にも、それは微妙な影を落とす——、また両団体ともに仮想敵としての戦後教育（的な価値尺度）を「自虐史観」と名指して激しく攻撃した。結果としてこれらの動きに批判的な人びとでも（否、批判的であればあるほど）、「史観」ということばづかい自体をいかがわしいもの、品位ある知識人が口の端にのぼらせるべきではないもののように、扱う時期があったと思う。公正のために添えれば、戦後的な価値観の全盛期にはいわゆる進歩的知識人の側が、彼らの目に復古・反動的と映じたものを「皇国史観」と切って捨てていたのだから（本書第七章参照）、史観ということばの不幸は、それ以前からはじまっていたのかもしれないが。

史観ということばがもっぱら侮蔑語であるかのように誤認されるのは、それが「史実」の対義語だと短絡されるからだろう。いわく、私の歴史観は厳密に実証された「史実」に基づく正当なものだが、お前の主張は歪んだ「史観」（自虐史観ないし皇国史観）にすぎない、といったように。むろん、かつて起きたことを起きなかったと主張したり、逆に存在しなかった物事を存在したと唱えたりする歴史叙述であれば、それが「史実に反する史観」として断罪されるのは当然である。

しかし、真の問題はそこにはない——「史実に反する史観」は、いわば初学者向けに出題される平易な正誤判定試験のような、安易なケースにすぎないのだ。実際には、歴史を描く上で無限の材料たりうる人類の歩みのなかから、いかなる事象を語るに値する史実として選ぶのか、その選択の尺度こそが史観と呼ばれるものの本質である。みずから「進歩的」であることをもって任じ、かつそうありたいと願う多くの歴史学徒に繙かれてきたE・H・カー〔一八九二―一九八二〕の一九六一年の講演『歴史とは何か』（転向直前の清水幾太郎訳による岩波新書！）は、劈頭以下のように述べる。

シーザーがルビコンという小さな河を渡ったのが歴史上の事実であるというのは、歴史家が勝手に決定したことであって、これに反して、その以前にも以後にも何百万という人間がルビコンを渡ったのは一向に誰の関心も惹かないのです。

2　「史観」を語るのは誰か

二〇〇一年に検定を通過した最初の『新しい歴史教科書』でメインライターを務めたとされる、思想史家の坂本多加雄〔一九五〇―二〇〇二〕――まちがいなく、同グループでもっとも識見ある歴史家だった――は、みずからの思想を表明した『象徴天皇制度と日本の来歴』（一九九五年。現行の再版は改題『天皇論』）で、初期ハイデガーをリクールに接続した議論を展開する。すなわちハイデガーが『存在と時間』（一九二七年）で述べたように、物事を時間という流れの中で把握する点にこそ人間の人間たりうるゆえんがあり、そして価値ある生を生きるために必要な「先駆的決意」とは、過去から未来へと持続する来歴＝物語の一部として、自己のいまある現在を位置づける営みにも重なると。

だとすれば結論は明白である。われわれが語る（ないし学ぶ）べき歴史は、単なる史実の集積体ではなく「史観」を持たねばならない（正確には、眼前にある史実を集める根拠となった史観の存在を自覚し、再把握しなければならない）。しかし、まさにそうして物語ることを通じて同時に作り上げられる「自己」の範囲、いわば誰を主語とする史観を打ちたてるのかについての答えは、坂本らが掲げた「日本人」であるべきだとは限らない。

後期ハイデガーを読みぬくことで批判的な哲学の視座を獲得したデリダの研究者として知られる、高橋哲哉氏が坂本ら「新しい歴史教科書をつくる会」へのカウンター（対抗運動）のシンボルとして立つことになるのは、その意味で必然だった。『靖国史観』と同じレーベルから刊行され、小泉純一郎政権下（二〇〇一〜〇六年）で繰り返された首相の靖国参拝への批判書としてベストセラーになった『靖国問題』（二〇〇五年）はしかし、ある一点で決定的に、むしろ坂本＝ハイデガー的な立場を密輸入しているようにみえる。靖国の神学は悲しむべき親族の死を、喜ぶべき、ありがたがるべき存在へと変えてしまう「感情の錬金術」を発動させていると高橋氏（二〇〇五：四三-四四）が述べるとき、そこでは人間たる以上、本来遺族はみずからの縁者の死を悲しむものである（そのような物語を持つ）はずだという、また別の本質主義的な自己像が立ち上がっているからだ。

かくて「「小泉と高橋も同じ人間」かもしれない」（一六頁）という宣言からはじまる、『靖国史観』の出番となる。日本人であれ、高橋氏が配慮の必要性を強調する旧植民地の人びとであれ、なんらかの人間集団の来歴を語る形で史観を打ちたてようとすれば、「そもそもその集団の範囲は適切か」「それは本当にその人の本来的な物語か」という同形の問題を生じざるを得ない。

しかし小島氏はまったく異なる戦術――靖国神社にまつわる言説を彩る「国体」「英霊」「維新」、そして二〇一四年の文庫化に際して増補された「大義」という、ことばの来歴の方をたどることで、歴史問題によって引き裂かれているはずの既往の国境をやすやすと越えてみせる。それが東アジア思想史・海域史の探求から生まれた「小島史観」の真骨頂であり、私にはむしろ言語の使い手ではなく書かれたもの（エクリチュール）自体を主体として哲学を構成しなおしてみせた、デリダ的な営為のように思われるのである。

3　「史観」の起源にせまる

「石原［慎太郎］と小田実（まこと）って、全然同じ人間だよ」と言ってのけた三島由紀夫――『義経の東アジア』および特に『近代日本の陽明学』でも、重要な役割を演じる――の最期にならって「檄文」と銘打たれた今作の主張は、きわめて明快である。

靖国神社の思想的根拠は（神道というよりは）儒教にある（一一二頁）。

英霊は大和言葉ではない（九三頁）。

［水戸学由来の靖国の神学でいう］「日本」とは、北はどこそこから南はどこそこまでという空間領域のことではなく、ある王家のことにすぎない（一八三頁）。

維新の功労者ながら「賊軍」の首魁として死んだ西郷隆盛が祀られていないことに象徴されるように、靖国神社が「日本のために戦った人たちを祭る」というとき、その内実は「「天皇のため」であって「日本国のため」ではない」（九五頁）。当初は徳川幕府の法を犯すテロリスト集団だった薩長の人びとが、錦旗を握ることで政権簒奪に成功し、その行為を彼らの基礎教養だった朱子学の経典『大学』（における『詩経』の引用）の「周は旧邦と雖も、其の命、維れ新たなり」から重引して「維新」と呼んだ。だから、「明治の「文明開化」とは、西洋化であるとともに朱子学化でもあった」（一五〇頁）のだし、その明治政府がみずからの存在を正統化するために創建した以上、「靖国神社もまた、いまなお明治時代に創られた物語の圏内で、自己の物語を紡いでいるにすぎないのである」（一一一頁）。

物語は自身の起源――ストーリーの内部で最初に設定される場面ではなく、「そのストーリー自体が、いつどのようにして創作されたか」という意味でのそれ――を見失うとき、容易に自己実現ならぬ自己暗示への頽落をはじめる。かような陥穽を伴うと同時に、その罠から抜け出る縄梯子(なわばしご)にもなってくれるものこそが「ことば」だ。あまりにも自明のものとして定着してしまい、呼吸のごとく自然に私たちの思考を拘束していることばの来歴を、一語一語、歴史的に蓄積してきたテキストの積み重ねを遡って、そのおおもとの意味すなわち「正義」(!一九九頁)まで辿りなおしてみること。

それこそが「「モダンな人」同士の相撲(すもう)」にすぎない既往の靖国論争にはない、この書物ならではの魅力であり、結果として見えてくるのは、われわれ日本人は江戸後期から幕末維新にかけて進行した「儒教化」を、日本古来の伝統、ないし(まったく逆なのだが)モダナイゼーション＝西洋化のプロセスだと勘違いしてきたとする、衝撃的な歴史像である。靖国参拝になんとなく古きよき日本を見出してしまうあまたの日本人は、実はいまもモダンな人ではなく、「儒教な人」なのだ。

4　比較史の技法としての「史観」

かような観点に立って振り返ると、朱子学一尊（＝日本の政体の儒教化）を定めた松平定信の改革で知られる元号「寛政」の元年が、西洋的な近代化（＝「モダンな人」の創出事業）の原点に当たるフランス革命と同じ一七八九年であることの意味が見えてくる（三一一‐三一二頁）。この創見に満ちた「小島史観」をより敷衍するとともに、それ自体を戦後言論史（という史観）のなかに位置づけるための素材として、私は真っ先に山本七平の史論を挙げたい。それは単にその主著『現人神の創作者たち』（一九八三年）が小島氏と同様、明治以降の天皇思想の始原を、徳川時代における中国儒教の摂取と変容の過程に探っているからに留まらない。

第三章で鎌倉初期の『愚管抄』や南北朝期の『神皇正統記』など、中世の歴史書が引かれる靖国論としては破格の展開に、意外の念を抱いた読者は少なくないだろう（正直に告白すれば、評者自身がそうであった）。それらは単に近世の水戸学以前は、必ずしも天皇絶対視や武家政権の否定を伴わない、ほどほどに穏和な自国史認識が存在した史実を示す添えものにすぎないのだろうか。否、ユダヤ人の仮面をかぶって山本が著した「ベンダサン氏の日本歴史」（一九七三～七五年。没後に単行本『山本七平の日本の歴史』）が、北畠親房の戒めに従わなかった後醍醐帝の自滅と、一九七〇年の三島由紀夫の孤独な自決とを重ねて描いたことを想起するとき、それは「小島史観」の全体

小島毅（監修）『東アジア海域に漕ぎだす』第1巻

像をもより立体的に浮き彫りにする、格好の補助線になるのではないか。

後醍醐と三島の敗北に、山本は日本的なるものの成立――小島著の第一章に登場するあまたの「国体」論者の高唱とは異なり、決して特定の思想（たとえば儒教）や宗教を原理主義的に突き詰めないことによって、太平を得る王権の本質をみた。最終的な南朝の敗北、ないしは水戸学にいう「大日本の滅亡」（一六五―一六六頁）を一三九二年として、さてふたたびヨーロッパに視野を転じてみよう。

一四〇〇年前後の数十年間は、西欧においてもローマとアヴィニョンに教皇が分立した教会大分裂（シスマ）の時代であり、それを終焉に導いたコンスタンツ公会議（一四一四〜一八年）でスケープゴートとして処刑されたヤン・フスの思想に、作家の佐藤優氏（二〇一四）は西洋近代の出立をみている。現実の教会が分裂と堕落の状態にあればこそ、フスは聖書という（王家ではなく！）テキストへの「復古維新」を、各個人がいわば想像の共同体として帰属する、心のなかの「目に見えない教会」を求めた。それはルターとカルヴァンの名で知られる十六世紀の宗教改革の先駆けであると同時に、フス派が力を得たチェコにおける民族意識の目覚めでもあった。

かたやわが国の王朝分裂を克服した足利義満は、いっとき学界を賑わしたように、真に天皇家の廃位を目論んだのだろうか。小島氏（二〇〇八：八四）は別著『足利義満 消された日本国王』でこの問いには留保を表明しつつ、むしろ一三九二年が隣国朝鮮では李成桂（イソンゲ）による王権簒奪の年であることとの符合に注意を喚起する。高麗を滅ぼして建国されたいわゆる李氏朝鮮は、松平定信より遥かに先行する「朱子学一尊」の体制で知られるが、世界各地域での「国体」（国のかたち）の成立は実は一四〇〇年の近辺に最初の一線が引かれ、一八〇〇年前後にはじまる狭義の「近代（モダン）」は第二幕にすぎなかったのかもしれない……。

かような連想をも誘う点こそが、単なる史実の羅列ならぬ「史観」の本領であり、小島氏の監修にかかる叢書『東アジア海域に漕ぎだす』（全六巻、二〇一三～一四年）の帯びる相貌も、たとえばそうした視座に立つかどうかで変わってこよう。

5　靖国という「史観」を超えて

冒頭に述べたように（明白な虚偽を含まないかぎり）史観とはそれ自体としては、決して忌避されたり賤しまれたりするべきことばではない。靖国史観も、その起源と構造を剔抉した「小島史観」もともにひとつの史観であり、両者を読み比べた上でなお前者を選択するというのであれば、その人の自由である（氏もそれは認めている）。しかし靖国神社が提供する神学、たかだか第二幕の「国体」――一八二五年の会沢正志斎『新論』を嚆矢とするそれは、それほどまでの魅力を、絶対性を持つものだろうか。

一九九一年、齢七十を目前に没するまで保守論壇の中心に君臨した山本七平は、イザヤ・ベンダサン（一九七五：二二〇-二二一）の筆名でものした最初期の著作『日本教について』（一九七二年）に、以下のごとく記す。

日本人の最初の大規模な外征といえば「朝鮮の役」ですが、この戦争の後、島津義弘が高野山に碑を立てております。一種の慰霊碑でしょうが、彼はこれで、敵も味方も日本人も朝鮮人も明人も差別なく、すべての戦没者を慰霊しております。……靖国神社が問題になっておりますが、この神社は西欧の模倣だと私は考えております。……伝統に根ざしているものは残り、根ざしていないものは、政府が梃入れしても、いずれ消え去って行くでしょう。

前半部分については「靖国参拝批判」の急先鋒だった高橋哲哉氏（二〇〇五：一六六-一六七、一七四）も、著書においてふれる。山本の予言から四十年以上が経ったいま、直近の時代はむしろ逆の方向に振れているようにみえるけれど、過去から未来を貫いて数百年、一千年近くを視野に入れる「史観」のもとでは、それは決して不変の結論ではありえない。

そう読者を鼓舞し、時代も国境をも越える新たな史観の織りなおしへと旅立たせるための「檄文」としてこそ、『靖国史観』の叙述は何度でも、著者小島氏の史観とともに甦るに違いない。

【参照文献】

小島毅 二〇〇八『足利義満　消された日本国王』光文社新書。
坂本多加雄 二〇一四『天皇論　象徴天皇制度と日本の来歴』文春学藝ライブラリー（原著一九九五年）。
佐藤優 二〇一四『宗教改革の物語　近代、民族、国家の起源』角川書店。
高橋哲哉 二〇〇五『靖国問題』ちくま新書。
ベンダサン、イザヤ 一九七五『日本教について』山本七平訳、文春文庫（原著一九七二年）。
Carr, Edward Hallett. 一九六二『歴史とは何か』清水幾太郎訳、岩波新書（原著一九六一年）。

【補論Ⅲ】

ノンフィクションに学ぶ、「中国化」した世界の生き抜き方

二〇一一年の末に『中国化する日本――日中「文明の衝突」一千年史』（文藝春秋）なる背伸びした書物を出したところ、本企画への執筆依頼をいただき、さらに背伸びを続けることになってしまった。同書は中国史家でもチャイナ・ウォッチャーでもない筆者が、もっぱら先学の研究によって、日中両国の「近世」社会（宋朝以降／江戸時代）がそれぞれに一個の文明として、正反対の特徴を持っていることを明らかにし、それらを基に「中国化」と「江戸時代化」という二つのベクトルを設定することで、これまでは「西洋化」として語られてきた日本史の見え方がまったく変わることを論じたものである。

いわばアームチェア・ヒストリアンの産物なだけに、大きな歴史の「見取り図」の粗描（そびょう）のみは

なし得（たとし）ても、それらの社会で生きた人びとの息づかいを伝える繊細さに欠ける恨みがあった。そもそも中国化した社会（＝近世宋朝以降の大陸中国で展開したような社会）で生きるとは、どのようなことなのか。江戸時代化——たとえばムラやイエへの帰属、「御上（おかみ）」意識（身分制）と長期の安定ないし停滞——した社会を前提とする日本人にとって、一見するとそれは完全なカオスに投げ込まれるかのように映るが、鍵になるのは以下の二つだ。

ひとつは中間団体、およびその積み重ねの上にあるものとしての「国家」を徹底的に懐疑し、それらへの依存欲をはなから断ち切って生きること。もうひとつは、そうした集合体なき社会を生きるよすがとして、信奉する者どうしのネットワークに人びとを誘引可能な、なんらかの「普遍性」を伴った理念を胸に抱くと同時に、しかしそれが当座、実現することは決してないという冷めたイロニーにも身を浸すこと。その苛烈な実践のありさまは、アカデミックな歴史叙述の世界から別物視されがちだったノンフィクション、とりわけ周縁的な世界を生きた個人に焦点を当てた作品の系譜こそが、よく捉えてきたのではないか。

佐藤忠男『キネマと砲聲——日中映画前史』（岩波現代文庫、二〇〇四年。原著一九八五年）は、戦前から戦後にかけ一貫して「映画を通じた日中交流」のために尽くした川喜多長政（一九〇三〜八二）の日中戦争下の苦闘を中心に、治安維持法下で弾圧された亀井文夫（監督）や岩崎昶（あきら）（評論家）らの群像も交えて、「戦争と映画（人）」という主題をはじめて東アジア大で描ききった作品

佐藤忠男『キネマと砲聲』

である。長政は陸軍砲兵大尉だった父・大治郎を一九〇八年、北京で日本の憲兵によって殺害される。日露戦争後に清国の北洋軍官学校に教官として赴任して以来、中国の将官たちとの間に深い紐帯を築き、骨を埋めてでも隣国の近代化に尽くしたいとした大治郎の言動が、日本の軍機を金で売るものと曲解されての出来事だった。

しかしその遺志を継いだ長政は、一九二二年に（胡適教授の面接を経て！）北京大学に入学、折しも「五・四運動」の抗日の嵐の中で滞在は一年に留まるも、相互理解の夢を捨てず、日中戦争下の三九年には上海で映画統制に当たる中華電影股份有限公司のトップとして赴任する。事前に日本陸軍と交渉し、可能な限り軍部の容喙を排するとの言質を取っての行動であり、実際、長政は日本の国策や検閲に対する上海映画人の自主性をギリギリのところで守って、彼らの信頼を勝ち得てゆく。

目を見張るのはその中華電影を舞台に展開された、対日協力と抵抗との危うい一線をまたいだ中国映画人たちの生き様だ。現場でナンバー2として長政を支えたのは、戦前来の豪腕プロデューサー・張善琨だったが、彼は長政が信頼できる人物だと上海の映画人に請けあったばかりか、中華電影に提出する映画のシナリオを、工作員を通じて重慶国民政府にも提出・検閲させていたという（一八一頁）。頼れる人材なら国境を越えて「顔」をつなぎ、戦局がどちらに転ぼうと大丈夫なよう保険をかける、このしたたかさが日本軍占領下の諸作品にも巧みに「抗日」のメッセージを潜り込ませるとともに、戦後も彼らを「漢奸」の汚名から守るはずだった。その目論見を打ち砕いたのは、当時だれも予想し得なかった共産党の勝利であり、人民中国の支配下で上海映画界のある者は香港に逃れ、ある者は残留した結果、文革期を中心に徹底した弾圧を被ることになる。

支配者がコロコロ変わる「国家」こそが信用できない――したがって、個々人の顔の見える面子（メンツ）のネットワークで日々を生き延びるしかない、この中国社会では一般的な状況を戦後生きざるを得なくなった地域こそ、奥野修司『ナツコ――沖縄密貿易の女王』（文春文庫、二〇〇七年。原著二〇〇五年）が描く米軍占領下の沖縄だ。主人公・金城夏子（旧姓宮城、一九一六？～五四）は糸満漁民の家に生まれ、「女も男も十三を境に親とは財布も別にして独立し」「夫を寝とられても商売の取引先だけは渡さないといった」（一二二頁）、きわめて自主自立の気風が強い魚売りの生活文化で育った。十八歳で姉や兄を頼って一時フィリピンに渡り、同地が忘れられなかったらしく、三八年には敢えてマニラ在住者を選んで写真結婚。しかし四一年には日米開戦の噂を聴きつけ早くも帰郷し（同地に残った夫は軍の嘱託（しょくたく）として戦死）、四四年にも台湾に疎開して沖縄戦を逃れている。

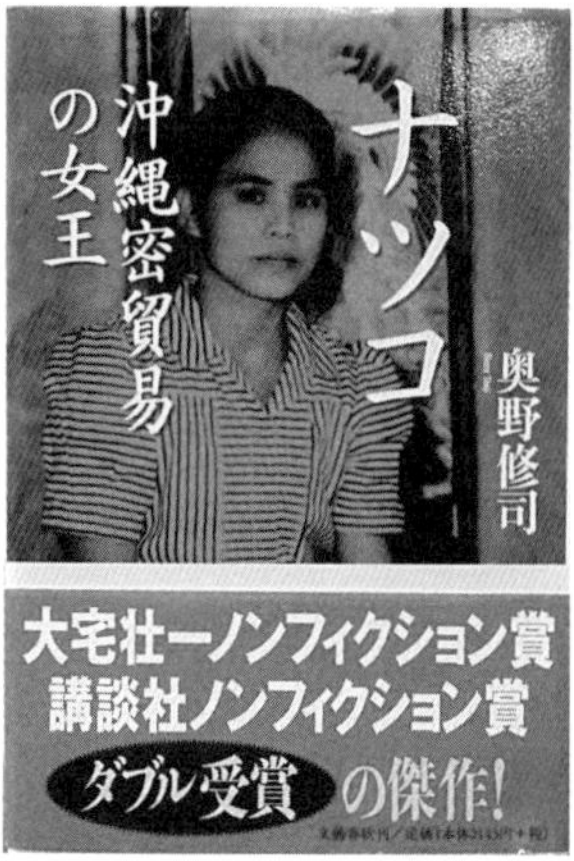

奥野修司『ナツコ』

同胞のネットワークがあると自ずとリーダーに担がれて商売を仕切ってしまう剛毅な性格で、フィリピンでは株、台湾では砂糖を商い、戦前から電気アイロンやミシンに触れ、敗戦を見越してドル札も準備していたという。戦後、国共内戦下の中国で非鉄金属が高騰すると、沖縄で入手した米軍の薬莢を香港に持参、食糧や日用品・医薬品と交換して持ち帰る「香港商売」に参入して巨利を築いた——むろん、軍や警察の監視をかいくぐっての密貿易だから、頼れるものは国家権力でも法の支配でもなく、自らの眼力で選んだ同志との信頼関係のみ。台湾出身華僑で戦前から石垣島にパイン産業を持ち込んだ林発をブレーンに、国籍も組織も問わず「人」に投資するやり方で、警察の内部にまで及ぶ協力者を集めていった。

闇に頼らなければ生きていけなかったこの時期、夏子は逮捕されても「何もない沖縄のために食糧を運んできてなぜ逮捕される？」（八六頁）と啖呵を切ったが、実際に八重山最西端の与那国島は一時、自警団が警察に密貿易を黙認させる無政府地帯として繁栄し、その異種混淆ぶりから「第二の香港」「東洋のハワイ」とまで仰がれたという。これを断ち切ったのは朝鮮戦争寸前の一九五〇年初夏、中共軍の台湾侵攻に備えて米軍が交易ルートの徹底遮断に踏み切ったことだった。

夏子も共産圏のスパイを運んだのではないかとして裁判にかけられ、無罪を勝ちとるも、東アジアとの紐帯ゆえに花開いた「密貿易時代」は、冷戦構造の下に窒息させられる。

夏子が闇でも武器と麻薬だけは扱わないことを矜持としたように、国家や集団への帰属を自身のよりどころにできない社会においては、なんらかの大義や信念を自らの手で、生きる目標として選ばなければならない。山本七平『洪思翊中将の処刑』（ちくま文庫、二〇〇六年。原著一九八六年）は、日本への留学中に祖国大韓帝国の滅亡を経験するも、そのまま帝国陸軍の中で軍事を身につける道を選び、敗戦後のフィリピンで捕虜虐待の責任者として絞首刑に処されるに至った朝鮮の武人に焦点を当てる。

韓国併合当時、陸軍士官学校に在学中だった洪思翊（一八八九〜一九四六）らは青山墓地で密かに対応を協議し、隠忍自重し日本から学べることは学んで時を待つと決した。やがて同志の何名かが脱走して抗日運動に身を投ずると、彼ら韓国系将校は軍内の会報を通じてその家族を援助し、密かに独立の日を期し続けた。にもかかわらず、自らの戦犯裁判ではそれを弁明に用いず、粛々と刑を受け入れた洪の生き方を、著者の山本は国家や体制へのではなく「自らの決断への忠誠」であり、「儒教的個人主義」だったと呼んでいる（上巻・一二二頁）。

山本七平というと保守（右翼）の論客の印象が強く、同書もまた単純な「「勝者の裁き」批判」だと誤解されている節があるが、実際には遠縁に大逆事件の刑死者を持つ出自に生まれ、かつクリスチャンとして終生、日本社会に徹底した違和感を持ち続けた人物だった。長大な裁判記録の読解を通じて、山本はあくまでも力ではなく普遍的な法で敵国を裁こうとする西洋文明のリーガル・マインドを高く評価し、特にあえて日本人戦犯の弁護に立った欧米人に「その時点の「一時的感情の充足」という最も強い要求に対決するという苦しい任務に耐えることを当然と考え、堂々とそれを実行した人たち」（下巻・二三三頁）と最大級の賛辞を送る。

そのような態度は、法と道徳のどちらに依拠するかの違いこそあれど、自らの理念をすぐには現実化できない苦しい条件の下で、遠い「時間」の果てを見つめて静かに眼前の矛盾を耐え忍び続けた、洪思翊の生涯とも響きあうものを持ってはいないか。そう山本は、読者たる戦後の日本人に向けて問うのである。前近代には中国、近代には日本という二つの帝国に頭を押さえられ、理想の成就が遅延され続ける環境を前提としてきた朝鮮民族の生き方とともに――。

拙著でも論じたとおり、近代日本とはいわば、中華文明にも西洋文明にもなりきれぬまま滅んだ帝国だった。そしていま、いわゆる「中国の台頭」「アジアの時代」のかけ声とともに、アジアの方が日本を飛び越えて、西洋主導のグローバル秩序と一体化する時代が始まろうとしている。そうした世界をいかに生きるのか。これまで周縁化されてきた人びととの叙述から学べることは多い。

あとがき——収録作品解題

病気とは人よりはやく年をとることだと、私は考えている。究極のかたちとしては、早逝して寿命じたいを終えるわけだが、そうでなくても人よりもはやく「晩年」を迎えるということがありうる。私の場合は後者のパターンのようなので、このたび自選集を出すことにした。

作品を選ぶにあたって去来したことについて、以下、初出の媒体や改稿した場合の方針とあわせて記す。二〇〇八～一五年にかけての論考を収めることになったが、この期間はちょうど私のような、大学院重点化と大学法人化を前提に研究者をめざした世代（それは、いわゆるロスジェネ世代とも重なる）が、ようやく学界や論壇に発言権を持ちはじめた時期だった。そうした時代の証言にもなっていればと思う。

＊　＊　＊

I　西洋化のとまった世界で——同時代への提言

1　「三つの時代と「日中関係」の終わり——今こそ読みなおす山本七平」

初出は『文藝春秋SPECIAL　米韓中日本包囲網——平成ナショナリズムは日本を幸せにするのか』二〇一四年夏号（同年七月）。

特集名に「米」が入っていることに注目されたい。民主党政権末期の二〇一二年に、韓国大統領（李明博〔イミョンバク〕）の竹島上陸と日本政府による尖閣諸島国有化が行われ、韓国・中国との関係は当時、戦後最悪と呼ばれる状態にあった。そのうえ二〇一三年十二月に安倍晋三首相が行った靖国神社参拝が、アメリカのオバマ政権からも強く批判されたことで、日本は世界で孤立するのではないか、その反動で排他的なナショナリズムが噴出するのではないかと、つよく懸念されていた時期の稿である。語りおろしで一般の方にも読みやすいと思われたので、学術論文集としては異例ながら、巻頭に置くことにした。

識者の真価は「危機」にこそわかるものだと、私は考えている。平時には「日本の侵略の犠牲者である中国・韓国の気持ちに寄りそえ」と連呼している人士が、このときはただ口をつぐみ、嵐が過ぎ去っていつものように「アジアと連帯する私」を気安く演じられる日が来るのを待つばかりだったことを、近くで過ごした私はよく知っている。そのことで彼らは国民の信用を決定的に失ったし、もう戻ることはないであろう。

2　「再近世化する世界？——東アジア史から見た国際社会論」

初出は大賀哲・杉田米行編『国際社会の意義と限界——理論・思想・歴史』国際書院、二〇〇八年六月。

大学院生のころに参加していた「国際関係思想」の研究会が編んだ論文集に、博士論文（二〇〇七年七月）の結論部を掲載していただいたものである。博論はその後、『翻訳の政治学——近代東アジア世界の形成と日琉関係の変容』（岩波書店、二〇〇九年十二月）として刊行されたが、高価で入手しがたい本であり、また論文集むけに切り出す際にあたらしく行った工夫もあるので、あえて再録していただいた。

国際関係思想とは耳慣れない用語だが、当時は国際政治学と社会思想史の研究者が協働して、国際政治経済の語られ方／分析のされ方じたいを「思想」として位置づける視点が注目されていた。背景にあったのは二〇〇三年開戦のイラク戦争と、同時期に世界を席巻したネオリベラリズム（新自由主義）の動向である。

「この道しかない。これだけが現実的な対応だ」として政治学者や経済学者が唱える構想自体に、じつは思想的な背景と、それゆえの（主観的な）価値観が潜(ひそ)んでいるかもしれない。そうした「学問の自己反省」は文化人類学や歴史学ではおなじみだったが、ついに社会科学にも及んだかと感慨深かったことを思い出す。

もっとも二〇一〇年代、潮流は逆転していった。大学は欧米型の業績主義へと傾斜し、メディアもまたデータだ、エビデンスだと「客観性」の神話を振りかざす（端的には、フリップに統計やグラフを載せればウケる）風潮に席巻されていった。その種の「エビデンス論客」の多くが、数理経済学の通説に基づくという（誤った）認識のもとでアベノミクスを盲信していった事実が、「実証志向」によっては思想的なナイーヴさを贖えないことを証明したいま、われわれはもういちど知の舵とりを迫られていよう。

なお、初出時には私の個別論文二点を注記していたが、ともに先に挙げた博士論文の刊行本に再録されているので、出典表記をそちらに改めた。

3　「中国化する公共圏？――東アジア史から見た市民社会論」

初出は『法政研究』七七巻一号（九州大学法政学会）、二〇一〇年七月。

前章の論文集でもお世話になった大賀哲さんが九州大学で主催した、第二回アジア市民社会公開シンポジウム（二〇〇九年十一月三日）での講演内容を活字にしたものである。その前章で批判的に言及している孫歌さんがメインスピーカーで、いささか気恥ずかしかったのを思い出す。

本文をみれば瞭然のとおり、議論の基軸はアレントとハバーマスだが、いま読みなおすと驚くほどまじめに「マルクス主義史学」をやっていたようで我ながら微笑ましい。日中両国の伝統社会（＝近世社会、清朝と江戸時代）を社会経済構造、なかでも徴税権力のあり方と民衆側の戦略的な対応（＝組織化、宗族形成か村社会か）の観点でモデル化したうえで、その上にいかなる思想や公共圏が載りうるかを考察している。

まるで教科書のような「下部構造論」だが、二〇〇〇年代前半に起きた公共哲学ブームが、往々にして「ハバーマスに通じる思想家」を各国の思想史から抜き出しては自足していた――「上部構造」のみで完結しがちだったことへの対抗心があったものと思う。二〇〇〇年に小渕恵三内閣の懇談会が造語して以来、「新しい公共」は平成の学界や論壇でキーワードとなり、多くの大学（主に法学部）に「公共政策」を掲げる研究科が設置されたが、それがいかなる公を築きえたのか。そろそろ検証されてよいころであろう。

なおこのシンポジウムには続きがあり、私も再登壇している。開催日は二〇一一年三月十二日。前日には近郊の大学の友人と約束があったため、震災の発生と惨禍はホテルに帰室した後、深夜のテレビで初めて知った。そこからの日々は、思い返せないほどに慌ただしく過ぎていった。

補論一　「社会の「支え方」の日中比較史――陶徳民ほか編『東アジアにおける公益思想の変容――近世から近代へ』書評」

初出は『史学雑誌』一一九編八号、二〇一〇年八月。なお「社会の「支え方」の日中比較史」は、再録にあたり新たに附したタイトルである。

『史学雑誌』は東京大学文学部内にある史学会が編集する学術誌で、実証史学の牙城である。民間の（とりわけビジネス保守的な）評論家に、アカデミックな歴史学がいまもマルクス主義に支配されているかのように吹聴するむきがあるが、事実ではない。『歴史学研究』（歴史学研究会）や『歴史評論』（歴史科学協議会）など左派色の濃い学会誌はあるが、そうした媒体でも、いまどき実証ぬきで「マルクスにしたがえば……」式の論文が載ることはありえない。

博士号を取得し地方大学に就職した時点（二〇〇七年十月）で、私は査読つきの論文が八本あったがうち純粋な歴史学の雑誌は『歴史評論』の一本のみという、奇特な「歴史学者」だったので、書評の依頼をいただけて大変うれしかったことを覚えている。論文集の内容も充実したものであり、たんに要約するのではなく同書から「通史像」を組み立てればこうなるという形で、本気で批評させていただいた。

そうした優れた書物もあることを前提にいうのだが、「共著での学術論文集」という媒体の意義は、もはや自明でなくなっていると思う。検索では本のタイトルと編者名しかわからず、寄稿しても個々の論文の存在に気づかれない事例は多い（出版社のサイトにすら、十全な目次が載っていない場合もある）。掲載のプロセスも見えにくいので、若手の研究者が投稿するなら学会の査読誌のほうがプラスになる。科研費等の助成金に頼って出版されるケースが多いが、そうした本は買う方も同業者が経費で落とすので、お金を出す一般の読者のためにという気持ちが湧きにくい。知の公共事業といっていいだろう。

むろん公益に資する事業もあるのだが、これが堕落すると、すでに学内紀要に発表済みの論考で水増しして一冊の本を作り、その大学の内輪でのみ「わが学科の共同研究の成果」と鼓吹して、無理やり授業で教科書指定しては学生から搾取することになる。たいそう立派な業績の錬金術で、「古い公共」は田中角栄ばかりでないと痛感させられる。

II　歴史のよみがえりのために――古典にさがす普遍

4　「革命と背信のあいだ――逆光のなかの内藤湖南」

初出は内藤湖南『支那論』文春学藝ライブラリー、二〇一三年十月。なお、当時の副題は「「同病相憐れむアジア主義」の預言書」だったのを今回改めた。

文藝春秋が保守系の識者の名著を翻刻する「文春学藝ライブラリー」を立ち上げるということで、同社刊の『中国化する日本――日中「文明の衝突」一千年史』（二〇一一年十一月、現在は文春文庫）で湖南に依拠した私が、解説を担当したものである。他の創刊ラインナップは、浜崎洋介さんの編んだ福田恆存（つねあり）の選集や、江藤淳『近代以前』の復刊であった。湖南は東洋史学界での存在感に反して、門外漢が手軽に生涯や業績を見通せる媒体に乏しかったので、書かせていただいてよかったと思っている。

いっぽうで驚くのは、同書にアマゾンで寄せられたレビューだ。解説文ににじむ與那覇の思想が気に入らない、というのは、むろん自由である。しかし「こんな事、湖南って主張していましたっけ？（それとも別の著書で主張しているのですか？）」と、おそらく真顔で書いている購入者は、なにを考えているのだろう。本書にも再録したとおり、初出時から私は『支那論』の何ページに根拠があるのか、頁数を付記し、それ以外の湖南の著述に依拠する場合は「全集何巻の何頁」と添え、必要に応じて湖南以外の参照文献も明記している。文庫の解説文としては過剰なほどの出典表示をしても、なお平然と「主張していましたっけ？」とは、どういう思考回路なのだろうか。

当該レビューの投稿日は二〇一五年の十二月で、私が病気でまったく活動できなかった時期に当たるが、そのあたりからこの国では「書物」が果たす機能が変わりだしたらしい。オンラインサロンの流行の本格化がこのころで、本を読書の対象というより、アクセサリーないしファン・アイテムとして扱う傾向が強まったようだ。「自分はこんな著者の本を読む人間です」として、フェイスブックやインスタグラムに書影を上げるのが目的なら、本の中身よりも「事前に流布した著者のイメージ」のほうが大事になる。内藤湖南であれば、「支那の近代国家たりえぬ所以(ゆえん)を喝破した保守の碩学」であってくれねばこまる、ということになろう。

西洋近代的な公共圏の基盤であった「読書する公衆」が変質してゆくことには脅威を覚えるが、それもまた『近代以降』の宿命なら受けいれるほかはないのだろう。『中国化する日本』簡体字版の刊行に際して訪中した際(二〇一三年六月)、書店でのイベントでコメンテータを務めてくださった劉檸さんは、本稿にも興味を持たれ、自身が携わる思想誌に翻訳を転載してくださった(『東方歴史評論』六号、広西師範大学出版社、二〇一五年二月)。そうしたかたちで、買う・飾るだけでなく「読む」相手とのつながりを愚直に作ってゆくことしか、畢竟(ひっきょう)書き手にはできないのだと思っている。

5 「史学の黙示録――『新支那論』ノート」

初出は山田智・黒川みどり編『内藤湖南とアジア認識――日本近代思想史からみる』勉

誠出版、二〇一三年五月。

これから述べる事情のために、率直にいって本稿は私にとって、あまり納得のいく作品ではなかった。再録を見合わせることも検討したが、しかし読みなおしたところ案外に悪くなかったことと、以下のような学界の問題点を江湖に問う素材としてもよいかと思われたので、収めた次第である。

初出媒体は研究会として刊行した論文集で、『中国化する日本』を読んで湖南に関心を持ったという研究者が、「湖南はじめ、戦前日本の中国論を読む読書会をしないか」と声をかけてくださる形で始まった。大学院生のころからお世話になっていた方でもあり、そのときは心底うれしかった。

ところがいざ研究会がはじまると、議論は毎回、今日の観点から見て「湖南の叙述は差別的であり、内心では中国を下に見ていたものと思われる」といった類の話に終始した。本章でも登場する子安宣邦氏の湖南批判を副読本として併読した回など、「やはり湖南はついていけない。子安氏の本の方が面白かった」などと言う者まで現れたが、それならそもそも読書会を開く意義がないだろう。

湖南以外に講読したのは吉野作造と津田左右吉だったが、吉野はともかく津田は、今日の基準に照らせば相当問題のある「シナ思想」の扱い方をしている。その点を当方が指摘したところ、「いやいや、津田は自由主義者だから。内藤なんかとは違う」なる回答が返ってきたのを機に、この研究会とのつきあいは止めさせていただいた。

かように「いや、この著者はシリコンバレーでいま話題の起業家だから。褒めないなら仲間はずれだよ」といったビジネスサロンと同類のサークルは、大学や学界にも多い。たいして、小島毅先生が近著『志士から英霊へ――尊皇攘夷と中華思想』（晶文社、二〇一八年六月、一三三―一三五頁）にて拙論を評価し、他の寄稿者の論文に苦言を呈してくださったのには励まされた。もっとも同研究会では（本章で依拠した湖南研究の第一人者である）「フォーゲルはおかしい」といった会話が平素飛び交っていたので、彼らは「小島毅もおかしい」としか感じなさそうではある。

本章の内容については、原著から引用したフクヤマとジェイクスにその後邦訳が出たこと以外、付記すべきことを持たない。それにしても、あのころ中国は「弱者だ」ないし「外部だ」と連呼していたアカデミシャンは、日本の一般市民が日常的に中華スマホを使い、ファーウェイ社が世界最強の米国政府の規制に丁々発止と渡りあういま、どこでなにをしているのだろう。

こうなることは、少なくとも本章の初出の時点には、虚心に先哲の学問を読みとけばわかったはずなのである。そうした「未来にはあたりまえになること」を、逐一肩をいからせて説かねばならない時期があったことの証左としては、本書のうちもっとも苛立った筆致で書かれている、この章にも意味があるものと思う。

6 「変えてゆくためのことば──二十世紀体験としての網野善彦」

初出は網野善彦『歴史を考えるヒント』新潮文庫、二〇一二年八月。なお、節ごとのタイトルは今回あらたに附したものである。

私が人生で、最初に書いた文庫の解説文である。その相手が網野善彦というのも「役過剰」にすぎたが、光栄なことでもあり、明鏡止水の境地で臨んだのを覚えている。刊行になった際の帯は、『もののけ姫』の公開時（一九九七年）に網野と対談している宮崎駿さんで、見本を手にして二重に恐縮したものだ。

文庫で読める網野史学の入門書としては、ちくま学芸文庫の『日本の歴史をよみなおす』（二〇〇五年）が定番で、当時は「全日本人必読」という趣旨の帯やポップの効果で数十万部売れる事態も起きており、それにあやかった文庫化という側面はあったと思う。SNSでは「あれだけ深く「日本人」という前提を疑った網野さんの本で、「全日本人」を煽るのはどうなのか」とするコメントも多かった。震災後の「だれもがなにか言わねば」という空気のもと、ITと読者層の幸福な結合が、あたらしい公共圏を開くかもしれないと期待された時期だった。

なお本章で示した「遅れてきた戦中派」（網野善彦、山本七平、司馬遼太郎）という視角で戦後史を捉え返す作業は、病前最後の学術論文として「歴史――山本七平と網野善彦」『近代日本政治思想史』（河野有理編、ナカニシヤ出版、二〇一四年九月）に帰結した。こちらについては、亜紀書房より刊行の時評・対談集『歴史がおわるまえに』に再録している。

7　「無縁論の空転――網野善彦はいかに誤読されたか」

初出は『東洋文化』八九号（東京大学東洋文化研究所）、二〇〇九年三月。

私の論文のなかで、もっとも大きな反響をいただいたものである。二冊目の本『帝国の残影――兵士・小津安二郎の昭和史』（NTT出版、二〇一一年一月）は、この紀要を読んだ編集者からの声掛けで実現したし、前章の依頼にも影響はあっただろう。文中で言及した東島誠先生は『自由にしてケシカラン人々の世紀』（講談社選書メチエ、二〇一〇年六月）で応答され、ともに共著『日本の起源』（太田出版、二〇一三年八月）を作ることになった。二〇一四年の網野の十周忌に際しても、本章が機縁で雑誌『現代思想』から依頼をいただいたはずだが、病気のためにお応えできなかったのを申し訳なく思っている。

記憶違いがなければ本章の原型は古く、大学院博士課程の折（二〇〇六年か）にはほぼ完成していた。当時、網野の無縁論を高く評価されていた安冨歩先生に言われて『無縁・公界・楽』の誤読史」をレポートにまとめたものが、おおむねそのまま論文になったはずである。外国人の学者名を原綴りで表記するなど、いかにも若書きという感じで恥ずかしいが、あえてそのまま再録した。

その安冨氏とは初出媒体の紀要が刊行された直後、絶縁している。その仔細は、ここに記すべき性格の内容ではないものが多いので、読者に益すると思われる理論的なことのみを書いておく。

一読してわかるように、本章にはデリダの影響が強い。無縁を「在地領主の支配地にはなく、アジールにあるものだ」のように本質化して捉えるのではなく、むしろそうやって実体化しようとする都度に逃れ去ってしまうダイナミクス——「もの」ではなく「はたらき」として把握するのは、デリダが「正義」や「民主主義」の概念にたいして行った脱構築論的な読みなおしと同じである。

この構想に当初は安冨氏も同意していた（と私は理解していた）のだが、中途から彼は「デリダのような反本質主義は、屍体愛好的でダメだ。生命を肯定する思想はドゥルーズでありスピノザだ」と言いはじめた。無縁とは「有縁性の外部だ」といった空虚な否定神学（=積極的なものをなにも提示しない解釈）を退けるという趣旨なら、私も合意するところだったが（本書第二章参照）、氏はそこで止まらず「社会による抑圧を排し、生命が真に欲するとおりに行為すればすべてうまくいく。それこそが倫理である。心が清らかな人には「ほんとうの自分」が求めているものがわかる」と唱え出すにいたった。

安冨氏としては、エーリッヒ・フロムらフロイト左派の精神分析から練りあげた思想であり、それこそが網野のいう無縁だと考えていたようである。しかしそうした論理は究極的な性善説で解釈したばあいの儒教とおなじで、陽明学の反復になりませんか（第三章参照）と疑念を呈したところ、非礼だとしてメールで絶縁を告げられたが、彼はその後「超訳」で知られる自己啓発の版元から『論語』の要約本を出している。

初出時の本章には三つの「補論」があったが、再録にあたり割愛した。他の章と内容が重複することに加えて、安冨氏が「自分や、自分の親しい人間から研究会を通じてアイデアを得てきた以上、返礼としてそのことを明記する文章を加筆せよ」と、強圧的に要求するのに応えて執筆した部分が多いからである。知や思考の軌跡すらをも「所有」（私有）しようとしてやまない姿勢は、はたして網野善彦の無縁論にふさわしいものだろうか。判断は読者のみなさんにおまかせしたい。

補論Ⅱ　「社会科学にとって歴史とは何か――久米郁男『原因を推論する――政治分析方法論のすゝめ』書評」

初出は『レヴァイアサン』五六号、二〇一五年四月。

病前最後の原稿である。二〇一四年の夏に本稿を脱稿した直後、私は重度のうつ状態に陥り休職・離職することとなった。そのため内容に不安が残るところが多かったが、人文学と社会科学の対話のあり方として、本書の他の論文と響きあうところもあり、再録することにした。

『レヴァイアサン』は政治学の伝統ある雑誌で、専門家と他分野の研究者が同じ本を批評する「同時書評」という新しい企画からお声掛けをいただけたのは光栄だった。専門家が書く方の書評は福元健太郎氏が担当されたが、かなりきびしい批判を寄せたため、著者の久米郁男氏による反論が同誌五七号に掲載され、そのなかで拙稿にも言及いただいている。ご関心のあるむきは参照されたい。

III　もういちどの共生をめざして——植民地に耳をすます

8　「帝国に「近代」はあったか——未完のポストコロニアリズムと日本思想史学」

初出は『日本思想史学』四四号、二〇一二年九月。節題は再録時に附した。『日本思想史学』を刊行している日本思想史学会は、研究者時代にもっとも多く発表させていただいた学会である。その編集部から依頼されて「動向」の欄を執筆したもので、メールで打診をくださったのは黒住眞先生だったと思う。

論旨としては次章と重なる部分も多いが、こちらでしか紹介できていない優れた研究文献もあり、かつ「学界でもこうした提言は現にあった」ことを示す資料として、再録することに決めた。

9　「荒れ野の六十年——植民地統治の思想とアイデンティティ再定義の様相」

初出は苅部直ほか編『日本思想史講座4——近代』ぺりかん社、二〇一三年六月。

私が大学教員として残したなかで、もっとも優れた論文である。読んでのとおり、刊行当時に最新のものだった諸研究を読みこんで全体像を紡いだもので、「一番の業績が研究レビューなのか」と言われればそれまでだが、そうしたタイプの研究者であったことは隠しえないし、また恥ずかしいこととも思っていない。

依頼状で指定されたテーマは、サブタイトルに採ったとおりの「植民地統治の思想とアイデンティティ再定義の様相」で、植民地統治の思想となっているところに、依頼の趣旨を感じて執筆した。つまり植民地支配を「批判」したり「抵抗」したりした、「良心的」な何人かの思想をつないでこと足れりとする安直なポストコロニアリズムではなく、日本が帝国であった（――あえて言えば、あらざるを得なかった）ひとつの時代の構造を、全体像として描ききることを目標とした。

図書館であたっていただければわかるが、文献表に挙がっている諸作品は分量的に厚く、内容も重いものが多い。これほど執筆に難渋した論文はなく、夢でまでうなされたのは唯一である。その甲斐あってか、編者の苅部先生には当該巻の総論で、既存の通史像を批判する新しい動向の「いわば極北（あるいは極左？）の位置にある」「ショック療法をお望みの場合は、最初に読むのもいい」との過分の（？）ご紹介をいただくことになった。

なお初出時には講座全体の書式にあわせる必要から、文献表のみで注記（出典頁数）はついていない。どうして今回ついているかといえば、このテーマだけは新しく研究に取り組む世代に受け継ぎたいと思い、執筆当時から手許にページ数を控え、校正ゲラのコピーに転記して残しておいたからである。それ抜きでは、病気の後に再現しようとしてもできなかったであろう。

戦後和解や共通の歴史像といったものは、もはやありえなくなったので、そうした試みも無駄といえば無駄であろう。それでも私は、こうして築かれた廃墟が心から好きである。そんな場所に佇(たたず)んでも現世で得られるものはなにもないが、いつか訪れる人がいるのなら思い残すことはない。

10 「靖国なき「国体」は可能か——戦後言論史のなかの「小島史観」」

初出は小島毅『増補　靖国史観——日本思想を読みなおす』ちくま学芸文庫、二〇一四年七月。

本文にも記したとおり私は読者として、また教育者（執筆当時）として、著者の歴史観のファンであった。その解説を書けるというのは、大好きなミュージシャンにCDのライナーノーツを頼まれるようなものである。小島先生には二〇一二年十一月、当時の勤務先で講演された際にコメントさせていただいたので、その縁でご依頼くださったものだろう。礼を失することにはならないと思うので、その裏であった秘話を記しておく。拙著『中国化する日本』でも随所で「小島史観」を（むろん出典を明記して）引用したところ、ある中国人の研究者から「小島さんとは距離をとった方がいい。とくに『靖国史観』には依拠すべきでない」と言われたことがあった。

その方いわく、同書は中国では「靖国神社が儒教の産物である以上、儒教を日本に輸出した中国が、首相の参拝に文句をつけるのはお門違いだ」とする主張として読まれ、小島氏は日本政府の提灯持ちだと思われているというのだった（文庫版に記載があるとおり、第一次安倍内閣で日中共同歴史研究に関わられたことに尾鰭がついたものか）。さすがに憤慨して「それはひどい誤読じゃないですか」と告げたところ、「そう見られているのは事実だし、率直にいって私もそう疑っている」と返されたので、そこで会話は途切れている。

『中国化する日本』を出してからしばらく、「日中比較をやるなら、東京大学の一流研究者である小島毅先生のご著書に倣うべきだ。地方大学勤務の與那覇はマスコミで売れるために、中国脅威論を煽って右翼に媚びている」といった攻撃をSNSで執拗に受けたが、ウィキペディアで検索可能な情報のみで「事情通」を気どるこうした（自称）ネット知識人は、上記のような話を知る由すらなかったであろう。

研究の現場に実名で参与したことのある者と、匿名や半匿名でコピー&ペーストをくりかえすだけの者とでは、（思考力の高低は不問としても）得られる情報がかくも異なる。むろん後者の発言する権利を封じるものではないが、そうした区別の存在を共通の前提としないかぎり、いくら目新しいプラットフォームを整備しようと、価値ある公共圏などできるはずはない。同種の中傷に悩まされる研究者はいまも多いようなので、あえて問題を提起させていただく次第である。

補論Ⅲ　「ノンフィクションに学ぶ、「中国化」した世界の生き抜き方」

初出は『アジアの〈教養〉を考える――学問のためのブックガイド』勉誠出版（『アジア遊学』一五〇巻記念号）、二〇一二年五月。

『アジア遊学』は勉誠出版が刊行している、学術雑誌と一般誌の中間的なジャーナルである。毎号テーマを決め、専門の研究者に編集を委託するのが特徴で、手元にあるところだと一八五号の『「近世化」論と日本』（清水光明編、二〇一五年六月）などは、私の指導教授であった三谷博先生のほか、本書でも多くを依拠した岸本美緒・宮嶋博史の両先生なども寄稿する本格的な論集になっている。

同誌が一五〇号を記念してブックガイドを作るということで寄稿を依頼され、こうした形で書かせていただいた。「歴史の間口は広くあっていい」というのは、研究者時代からの私の一貫した考えである。『帝国の残影』で映画評論を引用するのは当然として、博士論文だった『翻訳の政治学』でも切通理作氏の『怪獣使いと少年』、『中国化する日本』では沢木耕太郎氏の『テロルの決算』、病前最後の単著『日本人はなぜ存在するか』（二〇一三年十月、現在は集英社文庫）では猪瀬直樹氏の『唱歌誕生』と、批評やノンフィクションの良作には意図的に言及してきた。病気をして狭義の歴史学界から離れても、とくに寂しさを覚えないのはこうした素地があるためだろう。

＊　＊　＊

この解題ではあえて、私が一研究者として執筆時に体験した学界のありようについても、読者に伝えるよう努めた。それでもなお、とりわけ「学問としての」歴史の世界に足を踏み入れようとする方がいるなら、掛け値なしにすばらしいことであり、どうかよくよく「人を見る眼」をもって、と助言するばかりである。

逆にわざわざ「学問として」歴史をやる意義が、わからなくなったと感じる読者もおられるかもしれない。じっさいに、著者にもいまはもうわからない——というか原則論としては、「ない」と述べたい気持ちに傾いてきたのが正直なところだ。人びとが生きるものとしての歴史は、学問的な相貌をしているとはかぎらないし、その表情を写しとる手法は多様にあるのであって、うちひとつが欠けたところでさほど困らないからである。

結局のところ、人生は歴史（学）よりも、はるかに豊穣なのだから。

＊　＊　＊

日本の歴史学界には、発表した個別の論文を『明治国家の政治史的研究』のような無味乾燥なタイトルで、分厚い一冊に綴じて刊行する学者が「本格派だ」とされる妙な慣習がある。本書もほんらいはそうした書物として企画されたが、二〇一四年の夏から私の病気のために進行を止めてしまい、勉誠出版には大変なご迷惑をおかけした。

再起動にあたって担当の岡田林太郎氏（現・みずき書林）、および編集を引きつがれた吉田祐輔氏と協議の結果、そうした「知の公共事業」の必要が当方にはなくなった現在、より広く一般の読者に手に取ってもらえるかたちで公刊することとし、内容を絞りこんだ次第である。本書の構想じたいは『中国化する日本――日中「文明の衝突」一千年史』の末尾にも記していたため、期待していただいた方にはなんと、八年間もお待たせしてしまったことになる。伏してお詫びしたい。

最後に、本書がいまも廃墟に棲む人、少なくともその存在を記憶する人びとにとって、わずかでも力になりますように。

二〇一九年夏　都内にて

著者識す

著者略歴
與那覇　潤（よなは・じゅん）
1979年生まれ。東京大学教養学部卒業。同大学院総合文化研究科博士課程修了、博士（学術）。専門は日本近現代史。2007年から15年にかけて地方公立大学准教授として教鞭をとり、重度のうつによる休職をへて17年離職。歴史学者としての業績に『翻訳の政治学』（岩波書店）、『帝国の残影』（NTT出版）。在職時の講義録に『中国化する日本』（文春文庫）、『日本人はなぜ存在するか』（集英社文庫）。共著多数。
2018年に病気の体験を踏まえて現代の反知性主義に新たな光をあてた『知性は死なない』（文藝春秋）を発表し、執筆活動を再開。本書の姉妹編として、学者時代の時評と対談を中心に集めた『歴史がおわるまえに』（亜紀書房）がある。

荒れ野の六十年
――東アジア世界の歴史地政学

2020年1月30日　　初版発行

著　者　與那覇 潤

発行者　池嶋洋次
発行所　勉誠出版株式会社
〒101-0051　東京都千代田区神田神保町 3-10-2
TEL：(03)5215-9021(代)　FAX：(03)5215-9025

印刷
製本　中央精版印刷

ISBN978-4-585-22264-4　C1020

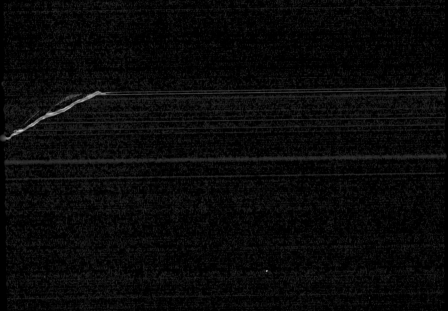